本书为国家社会科学基金项目
"乡村传播生态变迁与西南边疆地区乡村治理研究"
（19BXW072）阶段性成果

受宜春学院学者文库著作出版计划的资助

乡村社群的传播结构

基于白马村的田野研究

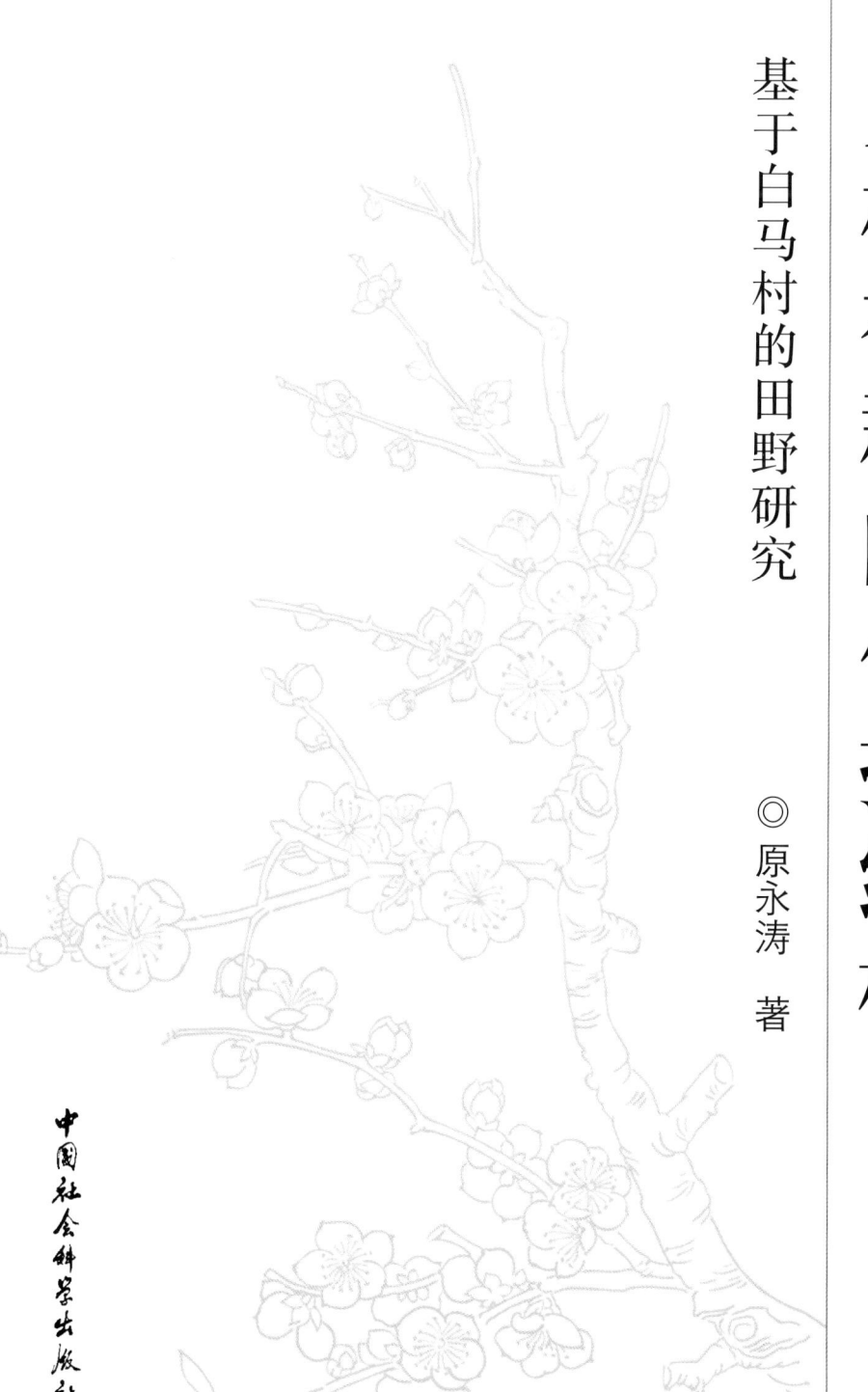

◎ 原永涛 著

中国社会科学出版社

图书在版编目(CIP)数据

乡村社群的传播结构:基于白马村的田野研究/原永涛著.—北京:中国社会科学出版社,2022.4
ISBN 978-7-5203-9746-9

Ⅰ.①乡… Ⅱ.①原… Ⅲ.①乡村—信息学—传播学—社会调查—山东 Ⅳ.①G206

中国版本图书馆 CIP 数据核字(2022)第 027320 号

出 版 人	赵剑英	
责任编辑	陈肖静	
责任校对	刘 娟	
责任印制	戴 宽	

出　　版	中国社会科学出版社
社　　址	北京鼓楼西大街甲 158 号
邮　　编	100720
网　　址	http://www.csspw.cn
发 行 部	010-84083685
门 市 部	010-84029450
经　　销	新华书店及其他书店

印刷装订　北京君升印刷有限公司
版　　次　2022 年 4 月第 1 版
印　　次　2022 年 4 月第 1 次印刷

开　　本　710×1000　1/16
印　　张　15.75
插　　页　2
字　　数　201 千字
定　　价　88.00 元

凡购买中国社会科学出版社图书,如有质量问题请与本社营销中心联系调换
电话:010-84083683
版权所有　侵权必究

目　录

导论　以传播学视角审视乡村日常生活 …………………（1）

第一章　乡村与乡村传播研究的脉络与问题 …………………（4）
　　第一节　中国乡村研究的三种进路 …………………（5）
　　第二节　旧逻辑与新问题 …………………（19）
　　第三节　当前中国乡村传播研究的问题意识 …………………（26）

第二章　理论资源、分析路径与方法 …………………（32）
　　第一节　乡村传播研究的理论资源 …………………（32）
　　第二节　中国乡村传播研究的分析路径 …………………（46）
　　第三节　民族志与田野研究方法 …………………（54）
　　第四节　作为研究个案的白马村 …………………（64）

第三章　乡村传播的空间结构 …………………（72）
　　第一节　开放空间 …………………（74）
　　第二节　私隐空间 …………………（89）
　　第三节　小结：传播空间与信息圈层的形成 …………………（92）

第四章　乡村传播的日常交往结构 (100)

第一节　乡村日常交往的两种类型 (101)

第二节　信息性交往结构 (104)

第三节　事务性交往结构 (118)

第四节　小结：乡村交往的连接性结构 (125)

第五章　乡村传播的媒介结构 (129)

第一节　白马村的大众媒介概况 (130)

第二节　电视在乡村信息结构中的地位 (133)

第三节　数字媒介与乡村信息传播的现代化 (150)

第四节　社区媒介的传播效果 (177)

第五节　小结：大众媒介在乡村的边缘化 (193)

第六章　乡村传播结构的一般分析框架 (196)

第一节　白马村的传播结构特征 (196)

第二节　雨涟格局 (200)

第三节　自谐秩序 (205)

第七章　回顾与讨论 (213)

第一节　乡村传播研究中的社群逻辑 (214)

第二节　乡村传播结构研究的现实意义 (220)

第三节　不足与展望 (223)

参考文献 (225)

导论　以传播学视角审视乡村日常生活

大众的日常生活是社会结构及其运行机制的具象形态，社会结构及其运行机制通过日常生活而影响大众的文化和政治意识。在最近一百年的现当代史中，中国经历了社会结构、政治制度、经济体制的变革等重大历程，与之相适应，人们的日常生活也发生着时代性的变化。这些变化植根于思想观念的各个面向，如政治观、价值观、审美观等，并在日常生活中通过社会表达和社会交往得以实践性的呈现。因此可以说，考察大众的日常生活是理解政治、社会和文化变革的一种可行进路。

除了政治学和社会学之外，传播学也为这一进路的理论研究提供了可用的分析视角。从逻辑推演来看，社会和经济文化的变革既表现为物质文明的进步，也表现为精神文明的发展，后者通过信息传播和人们的社会表达行动得到体现，这些传播和社会表达自然地进入到大众传播学和受众研究的范畴。从学术脉络来看，近现代哲学、政治学、社会学中的很多观点已被引入到传播学研究中来，如景观社会理论、日常生活批判理论、社会交往理论等，并经由传播视角的运用而得到进一步的丰富化，焕发了更多的理论活力。从社会实践来看，许多具有典型性的社会和公共事件、议题构成了社会"热点时刻"，如思想解放、"下海"、90

后现象、城镇化和农民工问题、文化移植、民族主义以及法治建设等，其过程和后果都有必要并且能够通过传播学和媒介研究来开展更全面深入的探讨。

就目前而言，国内传播学对日常生活的研究尚算不上充分。其原因之一，很可能是受到了西方传播学经典理论研究取向的影响。新闻传播学科发端于欧美，其理论发展主要是基于西方工业化国家的社会背景，媒介研究特别是大众媒介的传播效果研究是其理论关注的重心。可以说，当代传播学的整个学科理论框架是以"结构—功能"分析为基本模式而搭建起来的，缺少一种对日常"平淡无奇"的信息传播活动的学术关怀。

农耕文化是中国的主流文化背景，农村和农民问题一直是国家发展和社会治理中的重要内容，关注乡村问题理应成为理论界发扬其人文和社会关怀的路径之一。美国传播学教授斯图尔特指出：人的传播质量和生活质量之间有着直接关联。[1] 我们也不妨假设：农民的传播质量与他们的生存质量有着直接关联。从这个角度出发，将传播学研究的目光投向乡村，关注农民群体的信息结构和传播实践，就理所当然地成为中国新闻传播学界的主要任务之一。同时，自改革开放以来，传播治理作为一种策略正在乡村治理中发挥出越来越重要的政治认同、社区整合和社会发展的功能[2]，因此这一研究进路也有助于传播学为国家和社会发展贡献力量。

在可行性方面，交叉学科特别是社会学领域的研究成果为乡村传播研究提供了丰富的理论参考。华中师范大学、华中科技大

---

[1] ［美］约翰·斯图尔特编：《沟通之桥：人际传播经典读本》第10版，王怡红、陈方明译，北京大学出版社2017年版，第6页。

[2] 费爱华：《乡村传播的社会治理功能探析》，《学海》2011年第5期。

学、中国农业大学等高校分别开创了中国农村研究院、农村改革发展协同创新中心、中国乡村治理研究中心、乡村传播研究中心等科研机构，很早就开展了中国本土特色的乡村研究；一些海外归国学者也投入到中国乡村研究中，如赵月枝召集创建了河阳乡村研究院，并保持了很高的活跃度。这些机构近十年来发表了大量的研究论文和专著，为更深入的乡村传播研究提供了可供参考的视角和理论营养。

总体来看，以传播学视角研究中国农村问题既有学理上的价值，也体现了传播学科的人文社会关怀。同时，社会学和其他交叉学科的研究成果和理论进展也为中国乡村传播研究提供了智力支持。开展乡村传播研究的问题意识和可行性都已经具备。

问题在于，这种研究应当以什么样的思路展开。乡村日常生活提供了具体的、感性的经验材料，但这些材料往往又是表面的、琐碎的。理论研究者应当从表面的材料中探寻深层的机理，建立起有助于理解其内在本质的分析逻辑。

本书提出"传播结构"的概念，用以概括乡村日常生活中信息流动的模式和特征，并尝试将其作为乡村传播研究的一般性分析框架。

第一章 乡村与乡村传播研究的脉络与问题[①]

中国是农业大国,"三农"问题是国家和社会发展中的重要领域。2008年中国共产党第十七届三中全会通过的《中共中央关于推进农村改革发展若干重大问题的决定》指出,农业、农村、农民问题关系党和国家事业发展全局,没有农业现代化就没有国家现代化,没有农村繁荣稳定就没有全国繁荣稳定,没有农民全面小康就没有全国人民全面小康。改革开放以来,国家积极投入各种力量推动解决"三农"问题,截至21世纪初期,农业问题通过改革和发展基本解决了,但农民和农村问题还有待努力。[②]

在学界看来,"三农"问题的特殊性在于它内含着城市与乡村、中心与边缘之间的悖论逻辑:在世界范围内,乡村在精神和

[①] 理论界对"乡村"概念的使用有两种不同的理解。一种观点将其等同于"农村",认为乡村是相对于城市的、包括村庄和集镇等各种规模不同居民点的一个总的社会区域概念,主要是农业生产者农民居住和从事农业生产的地方,所以通称为农村;另一种观点则认为,农村一般是指职业角度的,意义相对狭窄,乡村的含义则包括多重角度,包括职业的、生态的和社会文化的。参见袁镜身编《当代中国的乡村建设》,中国社会科学出版社1987年版;张小林《乡村概念辨析》,《地理学报》1998年第4期。可以进行类似辨析的还有"村民""农民"和"乡民"三个概念,例如"村民"一般是指划入某个行政村户籍的农村人口,"农民"是从经济角度指向一种职业或谋生方式,"乡民"则更强调一种区别于资产阶级和知识分子的文化或社会阶层。在本书的研究语境中,这些概念表达上的细微差异并不构成对研究问题的实质性影响,在以下讨论中将根据惯常表达方式和行文顺畅性的需要来使用这几个概念,不影响意义表达的情况下不做刻意地辨析对比。

[②] 陆学艺:《中国"三农"问题的由来和发展》,《当代中国史研究》2004年第3期。

文化层面是城市的对立面，资本主义扩张的过程就是城市剥削并消灭乡村的过程，但同时资本主义又把乡村作为转嫁和化解经济危机的安全阀，并且在精神和文化层面对它进行理想化和景观化处理；在中国，农村一方面正在被现代化和城市化的进程所边缘化，另一方面又被认为是中国文化的根脉之所在。[①]

在这样的矛盾纠结之中，中国的人文与社会科学研究始终保持了对乡村问题的高度关注，并从各自的学科视角发展出不同的分析进路。本章将首先对这些多元视角的中国乡村研究作简要的回顾和梳理，以辨明中国乡村研究的总体理论脉络，然后将这样的理论脉络置于当前农村社会发展的新时代背景下进行考量，进而提出本书的研究问题。

第一节 中国乡村研究的三种进路

面向中国乡村的理论研究问题域，梳理起来可以分为三类：政治问题、经济问题和人的问题。前两类研究主要聚焦在宏观层面，考察中国农村地区政治、经济的横向状况和纵向变迁。乡村政治方面，当代研究明显侧重于历史维度的变迁研究，如黄宗智主编的《中国乡村研究》[②]、于建嵘的《岳村政治：转型期中国乡村政治结构的变迁》[③]、施芸卿的《再造城民：旧城改造与都市运动中的国家与个人》[④]、纪程的《话语政治：中国乡村社会变迁中

[①] 赵月枝：《生态社会主义：乡村视野的历史文化和生态意义》，《天府新论》2015年第6期。
[②] 黄宗智编：《中国乡村研究（第二辑）》，商务印书馆2003年版。
[③] 于建嵘：《岳村政治：转型期中国乡村政治结构的变迁》，商务印书馆2001年版。
[④] 施芸卿：《再造城民：旧城改造与都市运动中的国家与个人》，社会科学文献出版社2015年版。

的权力符号运作》①等。经济领域以黄宗智的华北地区和长江三角洲农村经济研究②为代表,重点考察中国"小农经济"在历史发展中呈现出的自身独有的特点,并与西方经济理论进行比较。此外还有来自西方研究者对中国农村经济的考察,如美国学者施坚雅的《中国农村的市场和社会结构》。③ 这些聚焦于农村地区政治和经济层面的宏观研究与文本将要探讨的主题和使用的分析方法之间关联并不紧密,在此不多赘述。

第三类问题,即人的问题,本质上是对中国农民的研究。这类研究对于本书试图探讨的主题能够起到重要的理论铺垫和启发作用。按照不同学科和不同研究者的切入视角,它们可被分为三种不同的分析路径:一是采取文化研究范式,将农民置于中国传统文化的历史背景之下,将其视为中华民族文化的典型承载人群进行考察;二是采取社会学研究范式,考察乡村的社会结构与运行模式,以及乡民作为行动主体在其中的地位和能动作用;三是从大众传播研究汲取经验,采用媒介中心视角探索农民的信息接收状况。这三种不同的研究进路分属不同的学科和研究领域,研究者的理论阐释角度也呈现出多样性;但是,由于它们具有共同的研究对象,即生活在乡村地区的中国农民,所以其研究发现之间又非彼此独立,而是存在必然的内在关联。

一 乡土中国:乡村文化研究

文化研究源于英美两国,二者的背景略有差异。英国的文化

---

① 纪程:《话语政治:中国乡村社会变迁中的符号权力运作》,中国社会科学出版社 2011 年版。
② 黄宗智:《华北的小农经济与社会变迁》,中华书局 1986 年版;黄宗智:《长江三角洲小农家庭与乡村发展》,中华书局 1992 年版。
③ [美] 施坚雅:《中国农村的市场和社会结构》,史建云、徐秀丽译,中国社会科学出版社 1998 年版。

研究游走于文学、哲学、社会学等传统学科之间，在20世纪70年代和80年代的发展主要是为了批判当时新自由主义文化的上升；美国的文化研究则与詹姆斯·凯瑞（James Carey）所倡导的文化传播学密切相关。① 凯瑞认为，文化研究"试图寻求对人类行为的理解，试图诊断人的意义"②，由此出发，他提出了理解传播的新的视角，即传播不仅是信息的传递和传送，同时也是在传播过程中的意义建构和意义分享。这种观点引导了后来的许多研究者将文化研究与传播过程联系在一起进行考察。

相较于英美而言，中国文化研究既有理论和研究范式的继承，又显示出自身的文化独特性。美籍学者孙隆基在研究中国文化时，使用了"深层结构"这一概念。孙隆基认为，文化的"深层结构"类似于语言中的文法结构，是指一个文化不曾变动的层次，是相对"表层结构"而言的；一种特定的文化会有特定的脉络，并关联起一组文化行为，这个脉络关系就是文化行为的"结构"，它具有一定的法则性。③ 虽然孙隆基本人对中国文化持有批判立场，但这种法则性的、不曾变动的中国传统文化究竟应该如何评价，它们对中华文明的发展是积极的还是消极的，都还可以有进一步讨论的空间；本质上来说，这种相对稳定的文化深层结构只是中国文化特殊性的一种体现，不具有价值判断的意义。更多研究者回避了对中国文化的价值批判，而是力图中立客观地描述和概括中国文化的外在表达。中国台湾学者黄光国采用"人情与面子"这一概念框架，结合中国民间日常话语形式，详尽讨论

---

① 马杰伟、陈韬文、黄煜、萧小穗、冯应谦、叶月瑜、罗文辉：《以"激进处境主义"为利刃的文化研究》，《传播与社会学刊》（香港）2009年第10期。
② ［美］詹姆斯·凯瑞：《作为文化的传播》，丁未译，华夏出版社2005年版，第38页。
③ 孙隆基：《中国文化的深层结构》，广西师范大学出版社2004年版，第8—11页。

了"丢脸""不要脸""给面子""要面子"等中国人日常话语，并通过建立社会心理学的理论逻辑来探讨中国人的社交心理和人际交往规则。[1] 沿着这一路径，其他一些研究者如朱晓莹[2]、秦广强[3]、王开庆[4]等，以实证方法讨论了人情、面子因素在中国尤其是农村社会中的现实影响及其作用发生机制。还有的研究者采取了相对更宽阔的研究视角，将"人际关系"作为研究对象。如翟学伟认为，在中国语境下，"本土概念"的人际关系是指人缘、人情和人伦的三位一体，这构成了中国人际关系的基本特质；其中，人缘指命中注定的或前定的人际关系，人情指包含血缘关系和伦理思想而延伸的人际交换行为，人伦指人与人之间的规范和秩序。[5] 在他的另一部理论专著《中国人的关系原理：时空秩序，生活欲念及其流变》中，他通过对中国人际关系的外部表现和内在逻辑的剖析，提出并讨论了日常权威、农民的现代化、关系的无选择性和持久性、关系与社会资本、回报与交换、大公平观等概念，表现出深刻的洞察力和独到的见解。[6] 具体到乡村语境之下，乐国安所著《当前中国人际关系研究》[7] 一书从理论史、市场经济调适、网络交往环境等多个角度对人际关系问题做了讨

---

[1] 黄光国、胡先缙：《人情与面子：中国人的权力游戏》，中国人民大学出版社2010年版。
[2] 朱晓莹：《"人情"的泛化及其负功能——对苏北一农户人情消费的个案分析》，《社会》2003年第9期。
[3] 秦广强：《农村人情及人情消费的变迁——鲁西北A村调查》，《青岛农业大学学报》（社会科学版）2006年第18卷第3期。
[4] 王开庆、王毅杰：《大礼帐：姻亲的交往图景——以陈村为个案》，《青年研究》2010年第5期。
[5] 翟学伟：《中国人际关系的特质——本土的概念及其模式》，《社会学研究》1993年第4期。
[6] 翟学伟：《中国人的关系原理：时空秩序，生活欲念及其流变》，北京大学出版社2011年版。
[7] 乐国安：《当前中国人际关系研究》，南开大学出版社2002年版。

论，并以晋中农村为个案做了实地考证。同类中国文化研究还有王德福《做人之道：熟人社会里的自我实现》[①] 等。

乡村是中国文化的根。土地是千百年以来中国人民赖以生存的基本生产资料，乡村社会是中国传统社会之根本性质的最直接体现，中国文化自然也就发源于此。文化学家梁漱溟指出："原来中国社会是以乡村为基础，并以乡村为主体的；所有文化，多半是从乡村而来，又为乡村而设——法制、礼俗、工商业莫不如是。"[②] 费孝通的"乡土中国"研究便可视为对中国文化根源的有力洞察。"乡土中国"的概念由于费孝通的同名著作《乡土中国》一书而广泛流传，书中阐述的差序格局、无为政治等理论至今依然指导着当代中国社会研究的方向。费孝通虽然自称书中收录的14篇文章来自"乡村社会学"课程[③]，但实际上完全涉入了中国乡土文化研究范畴，讨论的主旨始终围绕中国乡村语境和中国特有的民俗文化，即费孝通所说的"乡土本色"。他的另一部社会学经典著作《江村经济：中国农民的生活》[④]，虽然字面上是从经济角度展开的对吴江村的社会学研究，但也始终没有脱离开中国乡土文化的脉络。[⑤] 费孝通本人在晚年谈及21世纪中国人文研究时，也曾明确提倡一种"文化自觉"的新风气，认为生活在既定文化中的人需要对其自身文化有"自知之明"，也就是要明白其来历、形成过程、特色和发展趋向。[⑥] 这从侧面印证了文化概念在他的思想体系中的连续性。

[①] 王德福：《做人之道：熟人社会里的自我实现》，商务印书馆2014年版。
[②] 梁漱溟：《乡村建设理论》，上海人民出版社2006年版，第10页。
[③] 费孝通：《乡土中国》，北京出版社2005年版，第126页。
[④] 费孝通：《江村经济：中国农民的生活》，商务印书馆2001年版。
[⑤] 从这个意义上来说，该书的英文版原名《中国的农村生活》（*Peasant Life in China*）似乎更为贴切一些。
[⑥] 费孝通：《中华文化在新世纪面临的挑战》，《文艺研究》1999年第1期。

以费孝通的思想观点为代表的对中国乡村文化的阐释角度，可以概括为"乡土性"。但有的研究者并不认同这种概括。陈映芳认为，近代中国在中西方学者眼中的"中国社会"的建构过程，其实也是他们参照"现代的、城市的西方"，将既有的中国裁剪、过滤成"传统的、乡土的中国"的过程。[①] 在这个过程中，费孝通所描述的中国基层乡村社会的一些基本属性被扩大为中国整体社会的本质特征，中国城镇社会、城乡关系的传统以及传统的城市性等相应地被忽略，因此，重新确认传统中国、重构中国的传统性是当前需要反思的中国问题研究的起点。这种反思的声音反映在当代中国乡村研究中，具体表现为对乡村社会及乡村文化的更深层次的探索。贺雪峰及其团队在这一领域开展了较为深入的研究。作为与费孝通《乡土中国》一书的跨时空对话，贺雪峰的《新乡土中国：转型期乡村社会调查笔记》[②] 一书用远超前者的篇幅，对乡土本色、村治格局、村庄秩序、乡村治理等议题展开了更全面的解析。通过在一线的农村调查得来的所见所闻，作者提出了"半熟人社会""村庄的社会关联""大社员""村庄精英谱系"等理论概念，在前人成果的基础上做出了进一步地理论创新。这些更为细致的乡村文化研究对于从人际和群体交往的视角理解农民的日常行为，提供了有力的理论参考价值。陆益龙则不赞成用"新"字反映我国乡村社会改造与转型的历史过程和当前乡村社会变迁的经验现实，因为"新"字有"替代"的含义，与社会变迁与发展过程的意思不太吻合，因此建议弃用"新

---

① 陈映芳：《传统中国再认识——乡土中国、城镇中国及城乡关系》，《开放时代》2007年第6期。

② 贺雪峰：《新乡土中国：转型期乡村社会调查笔记》，广西师范大学出版社2003年版。

乡土中国"而使用"后乡土中国"的提法，认为经历了革命、改造、改革和市场转型的中国乡村社会，其基本性质是"后乡土性"的。①

实际上，无论"乡土中国"还是"新乡土中国"抑或是"后乡土中国"，对于中国传统乡土文化的基本面的认知是一致的。在当代社会学和社会心理学中，这些文化认知被感性地阐述为"面子""关系""人情"等关键词，其最早的思想认识源头可以合理地追溯到中国封建社会的早期，例如，春秋时期孔子的"礼治""德政"思想。不过，现当代社会学和社会心理学兴发于工业革命之后的欧洲，欧美成为这些领域学术话语的主要阵地，因此目前世界范围内影响最广的理论阐释反而来自欧美学者，如欧文·戈夫曼（Erving Goffman）的"拟剧论"②和"面子工作"③。直到黄光国等华人学者基于中国传统文化的研究找到了概念和问题的原初社会情境，从更根本的实践意义上挖掘其理论原理，并将这些理论成果贡献给国际学术界，以"作为普世性的检验"④，这才使得中国文化研究得到世界范围内的更多关注。这些理论贡献，为理解传统文化规范下的中国农民的思想和行动提供了依据。

二 结构与变迁：乡村与乡民的社会学考察

乡村社会学研究在20世纪初期发源于美国，1915年威斯康

---

① 陆益龙：《后乡土中国的基本问题及其出路》，《社会科学研究》2015年第1期；陆益龙：《后乡土中国》，商务印书馆2017年版。

② Erving Goffman, *The Presentation of Self in Everyday Life*, New York: Doubleday Anchor Books, 1959.

③ Erving Goffman, "On Face-Work an Analysis of Ritual Elements in Social Interaction", *Psychiatry*, Vol. 18, No. 3, 1955, pp. 213 – 231; Erving Goffman, *Interaction Ritual: Essays in Face-to-Face Behavior*, New York: Routledge, 1967.

④ 翟学伟：《社会学本土化是个伪问题吗》，《探索与争鸣》2018年第9期。

星大学加尔平（Galpin）教授发表的《一个乡村社区的解剖》被认为是最早进行的科学的、系统的乡村社会学研究。[①] 在中国，1924年上海书店《民国丛书》第4编出版了顾复等人编著的农村社会学研究专辑共3本，内容分为三个部分：一是农村的历史、基本性质、种类以及与城市的本质差别；二是农村生产生活机制，如人口发展、农业生产、经济与金融、犯罪、娱乐、教育等；三是农村的一般性理论问题，如土地结构、组织机构、家庭关系、社会心理等。[②] 这套丛书实际上奠定了中国农村社会学研究的统领性框架，后来的理论发展如刘豪兴[③]、朱启臻[④]等人的研究都未超越这一框架；并且它还确立了一整套比较完整的问题域，包括乡村区位结构研究、社会结构研究、社区体系研究、城乡关系研究、生活方式和水平研究、社会问题研究、社会变迁研究、影响乡村变迁的各种社会和心理因素研究、乡村发展和现代化策略研究等。

与传统乡村社会学相比，当代社会学研究所探讨的问题越来越深入和细腻，选题更加微观，更倾向于从乡村日常生活入手考察农村社会变革；在方法上越来越多的采用人类学的民族志方法，通过个案研究来讨论一般性理论问题。研究选题和方法上的这些变化，显示了当代社会学对农村问题研究的基本概况。从具体的研究主题来看，比较有代表性的研究成果可以分为三类。

第一类是对农村日常生活和社会结构的横向描绘。萧楼借鉴了人类学研究的范式，使用"描述"和"阐释"的方法，详细刻

[①] 谢咏才、李红艳：《中国乡村传播学》，知识产权出版社2005年版，第29页。
[②] 包括《农村社会学》《农村社会学概论》《农村社会学大纲》，由顾复、言心哲、冯和法编著。参见上海书店于1992年重印的"民国丛书"第4编第12卷。
[③] 刘豪兴：《农村社会学》，中国人民大学出版社2004年版。
[④] 朱启臻：《农村社会学》，中国农业大学出版社2002年版。

画了江南农村的日常生活和社会结构,并在实地考证的基础上创新性地提出"村域"和"差序场"概念来描述乡村社会结构的特征。[①] 这些概念与费孝通的"差序格局"形成了对话。与之交相映照,谭同学同样使用了田野调查方法,对湖南乡村的道德、权力和社会结构展开了详细的叙述和分析。[②] 谭同学认为,与梁漱溟、费孝通所说的传统乡村社会的"伦理本位"与"差序格局"相比,当代中国乡村社会已经形成了"核心家庭本位"和"工具性圈层格局"的特征:乡村的纵向与横向社会结构正在发生共变;乡村社会不再是费孝通所描述的"熟人社会"[③],而是融入了大量陌生社会的行为规则;村民以"己"为中心,依托工具性而不是传统伦理向外一圈圈地"推"展其社会关系,由此形成"工具性圈层格局";财产关系的理性化、向往不劳而获的劳动观和财富观表明村民的人生观已发生转向,不再遵循"伦理本位"而是追逐功利性和实用性。这些论断,将此前已有的研究推进到更深入的层次。

第二类是纵向的考察乡村社会的历史变迁。这类研究从当前农村社会的新现象入手,探讨近百年尤其是近半个世纪以来的农村政治和社会的变化。于建嵘以"转型期"作为观察的背景,通过对湖南省岳村一个世纪以来的政治权力体系、政治参与文化的变迁过程进行分析,从政治社会学和政治人类学的角度剖析了中国乡村变迁情况。[④] 如果说于建嵘的研究更偏重政治视角的话,

---

[①] 萧楼:《夏村社会:中国"江南"农村的日常生活和社会结构(1976—2006)》,生活·读书·新知三联书店2010年版。
[②] 谭同学:《桥村有道——转型乡村的道德、权力与社会结构》,生活·读书·新知三联书店2010年版。
[③] 费孝通:《乡土中国》,北京出版社2005年版,第6—9页。
[④] 于建嵘:《岳村政治:转型期中国乡村政治结构的变迁》,商务印书馆2001年版。

折晓叶等的研究则更偏向于经济视角，以广东宝安万丰村的准工业化进程为主线，记述了一个传统的农村如何逐渐变成"工村"、农业社会如何转变为非农社会，并从中抽取出"缘关系""拟亲缘"联带团体、村界的分化等理论概念。[1] 这些探讨，展示了村庄作为一种社区的自在逻辑在经济发展过程中呈现出的既不同于传统意义上的"乡"、又不同于现代意义的"城"的中间特性，折晓叶将其称为"超级村庄"。某种意义上说，这与怀特在《街角社会：一个意大利人贫民区的社会结构》[2]（Street Corner Society: The Social Structure of an Italian Slum）中所展示的波士顿贫民区科纳维尔的社会结构状况有异曲同工之意。

可归入以上两种类型的乡村研究还有刘倩的《南街社会》[3]、王红生的《乡场 市场 官场：徐村精英与变动中的世界》[4] 等。这些研究在研究旨趣和研究方法上存在共性，各自的研究视角又略有差异，分析的深度和理论的建构高度也各不相同。但它们共同对中国乡村社会的日常生活和社会结构形态进行了描绘，为后来的研究者提供了启发和借鉴。

第三类研究以农民的日常交往行动为分析视角。这类研究跳出了宏观层面的政治、经济和社会结构分析，转而探讨基于人际关系的农民日常交往的形态和规则。其中比较有代表性的是美籍华裔学者阎云翔的系列研究。《礼物的流动：一个中国村庄中的

---

[1] 折晓叶：《村庄的再造：一个"超级村庄"的社会变迁》，中国社会科学出版社1997年版；折晓叶、陈婴婴：《超级村庄的基本特征及"中间"形态》，《社会学研究》1997年第6期。

[2] [美]威廉·怀特：《街角社会：一个意大利人贫民区的社会结构》，黄育馥译，商务印书馆1994年版。

[3] 刘倩：《南街社会》，学林出版社2004年版。

[4] 王红生：《乡场 市场 官场：徐村精英与变动中的世界》，上海辞书出版社2011年版。

互惠原则与社会网络》①采用民族志研究方法，从礼物交换这一日常生活现象入手研究黑龙江省下岬村的人际网络，认为"表达式礼物"和"工具性礼物"的流动和交换，构成了农村关系网络的基础结构之一，同时也是中国社会文化区别与西方的重要特征之一。《私人生活的变革：一个中国村庄里的爱情、家庭与亲密关系》②作为《礼物的流动》的续篇，探讨了下岬村集体生活的衰落和私人生活的崛起，特别是农民私人情感和家庭生活。在这部著作中，作者的考察内容包括人际关系、家庭财产、老人赡养、私人爱情、生育问题等诸多方面，重点分析了这些日常生活形态在1949—1999年这五十年间的演进变迁脉络。这些分析在稍晚出版的《中国社会的个体化》③里面得到更清晰的阐释。在《中国社会的个体化》一书中，阎云翔更为清晰地指出，当代中国乡村文化中正在发展出一种新的个体主义，农民的个体能动性在村庄权力结构、家庭夫妻关系和亲属关系、青年社会化、女性主权意识、消费主义等方面均得到了孕育和体现。以阎云翔的研究为代表，以人际交往和日常生活为着眼点的乡村研究提供了理解中国乡村存续方式的一种视角。

三　电视下乡：大众媒介与乡村变迁

应该看到，在文化进路和社会学进路的中国乡村研究中，研究问题有着很大程度的重叠。费孝通"乡土中国"研究的论文集来自他所讲授的乡村社会学课程内容，贺雪峰的"新乡土中国"

---

① ［美］阎云翔：《礼物的流动：一个中国村庄中的互惠原则与社会网络》，李放春、刘瑜译，上海人民出版社2000年版。
② ［美］阎云翔：《私人生活的变革：一个中国村庄里的爱情、家庭与亲密关系》，龚小夏译，上海书店出版社2006年版。
③ ［美］阎云翔：《中国社会的个体化》，陆洋等译，上海译文出版社2012年版。

也是以社会学研究自居，但他们对"乡土性"的讨论属于典型的文化研究范畴。同样地，中国乡土文化研究的一些具体主题，如人情和面子，也必然牵涉社会学式的考证。在这样的交错重叠之中，之所以有可能区分出文化研究与社会学两种研究进路，主要的依据是结合研究的具体语境来审视这些研究工作的旨趣，看它们服膺于"结构—功能"主义还是人文主义研究范式。

除此之外，中国乡村研究还存在第三种进路，也就是传播学视域下的媒介研究。之所以称为"媒介研究"而不使用更常见的"传播研究"概念，是因为传播学视域下的乡村研究普遍采用了"媒介—社会"关系的分析视角，主要考察大众媒介特别是电视在乡村的渗透和使用情况，再以此作为事实基础来分析乡村社会变迁。从已出版的图书专著类研究成果来看，这种进路的乡村研究表现为两种类型的研究取向。

一类是"全景式"考察乡村传播概况，描述农村的媒介使用和信息传播过程。这类研究采用实证调查的方法，研究者带领团队进入乡村实地，采集第一手的经验材料，描绘乡村传播的总体图景。比较有代表性的成果如方晓红的《大众传媒与农村》[①]和谭英的《中国乡村传播实证研究》。[②]前者的调查对象集中在苏南农村地区，采用了问卷调查、入户访谈等系统性调查方法，描述了苏南农村大众媒介的普及情况、农村受众自身的属性、大众媒介在经济、政治和文化信息传播中的作用和效果，特别是对于农村经济和娱乐信息的传播、农民媒介偏好、农民对电视节目和广告的态度等多个问题做了开创性的讨论。后者的调查范围更为广泛，涉及 27 个省、自治区、直

---

① 方晓红：《大众传媒与农村》，中华书局 2002 年版。
② 谭英：《中国乡村传播实证研究》，社会科学文献出版社 2007 年版。

辖市的 72 个乡镇 103 个村。如此深入地、全方位地对一个大区域的农村地区进行调查，在新中国成立以后还是首次尝试和探索。①

另一类是沿着以媒介为中心的研究脉络，考察大众媒介在乡村地区的发展状况及社会效果。这类研究的一个引人注目的特征是，它们的关注焦点比较集中地投射到了电视媒体上。电视被认为是乡村社会变迁过程中的一个重要因素，因而研究者致力于探讨电视在乡村政治、经济、文化发展中所发挥的社会性影响。②金玉萍的《电视实践：一个村庄的民族志研究》以新疆托台村为个案，使用民族志方法调研了维吾尔族村民的日常生活电视实践，考察电视在村民中的使用方式、使用特点及社会意义，讨论其如何影响乃至重构乡村日常生活。③ 郭建斌的《独乡电视：现代传媒与少数民族乡村日常生活》④ 和吴飞的《火塘·教堂·电视：一个少数民族社区的社会传播网络研究》⑤ 也都同样采用民族志方法，通过参与式观察和访问调查了云南省独龙江乡少数民族地区的媒介状况，特别是电视在该地区的使用情况，两者内容上互相补充，共同呈现了独龙江乡民的电视媒介使用和乡村传播概貌。以专题论文形式发表的同类研究中，赵鹏升对福建省城村的田野调查讨论了电视在乡村的发展、大众传播和村民之间的互动关系、大众传播媒介在乡村所扮演的角色等问题⑥；张丕万将

---

① 李良荣：《序》，载方晓红编《大众传媒与农村》，中华书局 2002 年版，第 6 页。
② ［美］柯克·约翰逊：《电视与乡村社会变迁》，展明辉、张金玺译，中国人民大学出版社 2005 年版。
③ 金玉萍：《电视实践：一个村庄的民族志研究》，上海交通大学出版社 2015 年版。
④ 郭建斌：《独乡电视：现代传媒与少数民族乡村日常生活》，山东人民出版社 2005 年版。
⑤ 吴飞：《火塘·教堂·电视：一个少数民族社区的社会传播网络研究》，光明日报出版社 2008 年版。
⑥ 赵鹏升：《城村电视传播——大众传媒与乡村的民族志研究》，《安徽农业大学学报》（社会科学版）2012 年第 21 卷第 4 期。

乡村置于现代化转型、公共娱乐生活日益衰落的背景之下，审视了电视对村民的日常生活的影响[①]；袁松则从电视与村庄政治的互动关系入手，对豫中付村进行了传播社会学考察。[②]

以上两类研究分别通过传统的社会调查方法和近年发展起来的民族志田野方法采集到第一手经验材料，并通过对材料进行系统性梳理，最大限度避免了分析过程过于琐细、缺乏主题的问题；同时，在研究过程中具备了比较明确的问题意识，能够触及农村和农民传播活动中的实质问题，使得研究成果具备了较好的理论性。不过，这些研究虽然努力地试图对农村传播的总体状况进行多个角度的呈现，但是内在的分析逻辑依然是以大众媒介为中心的，采用了媒介效果研究范式，由此也弱化了乡村"熟人社会"特征对传播过程的影响。此外，这些研究中另一个值得注意的特点是对传播学经典分析框架的借鉴。例如，谭英对全国调查数据的梳理，具体的分解为媒介环境、受众、传播信道、传播效果等方面[③]，很显然是受到了拉斯韦尔（Harold Lasswell）传播过程论[④]的影响；谢咏才和李红艳也同样参考了这一过程理论，将乡村传播学视为新的学科分支，并试图搭建中国乡村传播学研究的理论框架。[⑤] 这种参考借鉴，实际上也可能构成某种禁锢，使得相关研究不能完整反映中国乡村人群的信息接触行为的独特性。

---

① 张丕万：《电视与柳村的日常生活》，博士学位论文，武汉大学，2011年。
② 袁松、张月盈：《电视与村庄政治——对豫中付村的传播社会学考察》，《新闻与传播评论》2010年第1期。
③ 谭英：《中国乡村传播实证研究》，社会科学文献出版社2007年版。
④ ［美］哈罗德·拉斯韦尔：《社会传播的结构与功能》，展江译，中国传媒大学出版社2013年版。
⑤ 谢咏才、李红艳：《中国乡村传播学》，知识产权出版社2005年版。另见李红艳《乡村传播学》，北京大学出版社2014年版。

第二节 旧逻辑与新问题

一 中国乡村研究中的"现代化"命题

前文梳理了中国乡村研究的三种进路，即文化研究进路、社会学进路和媒介研究进路。三者在研究旨趣、理论落脚点和研究方法方面各有不同的侧重，但仔细审察之后可以发现，它们的考察视角和分析脉络当中又隐藏着一条共同的线索，即传统乡村的"现代化"命题。

所谓现代化，主要指社会政治经济制度从古代向现代的转型变化，其分析指标包括从农业向工业的转型、从自给自足向商业经济的转型、城市及其居民比例的增大、民族国家的确立、从血亲专制向民主法制的转型等。[1] 基于这一命题所建立起来的问题意识，大都被嵌入在"传统—现代"的二分语境当中，用"现代化框架"去审视社会生产和生活形态的变迁。不难看出，中国乡村研究中分别以乡土文化、社会结构变迁和媒介影响三种维度所展开的研究，都内含了在现代化背景下探讨中国乡村发展和变迁的潜在逻辑；其中一些研究者还明确使用了"转型"概念来描述这种现代化进程的特征和结果，如于建嵘[2]、陆益龙[3]、彭大鹏[4]、贺雪峰[5]、谭同学[6]、顾炜程[7]等。

---

[1] 尤西林：《"现代性"及其相关概念梳理》，《思想战线》2009年第5期。
[2] 于建嵘：《岳村政治：转型期中国乡村政治结构的变迁》，商务印书馆2001年版。
[3] 陆益龙：《后乡土中国》，商务印书馆2017年版。
[4] 彭大鹏、吴毅：《单向度的农村：转型期乡村社会性质的一项探索》，湖北人民出版社2008年版。
[5] 贺雪峰：《中国农村社会转型及其困境》，《东岳论丛》2006年第2期。
[6] 谭同学：《桥村有道——转型乡村的道德、权力与社会结构》，生活·读书·新知三联书店2010年版。
[7] 顾炜程、朱娇娇：《社会转型中农村的传播媒介与观念变迁、交往格局的关系研究——以青浦农家庭调查为例》，《新闻大学》2007年第2期。

在中国的乡村社会，这种现代化和转型的过程首先表现为改革开放以来中国农民职业分工的分化，除了农业劳动者之外还分化出农民工、雇工、个体工商户、农村知识分子、乡企管理者、私营企业主、农村管理者等其他阶层。[1] 这些阶层的出现和划分，反映出一种带有工业社会特质的职业结构和社会归类。其次是农民内在人格和社会心理的变化，部分农民在接触到现代都市文明之后，"小农意识"的传统性大为减弱，现代性则快速生长。[2] 基于这些外在的和内在的变化，有研究者在费孝通思想的基础上提出"后乡土性"[3] 概念来描述当前乡村社会变迁的内在本质，并认为中国当下已经进入"后乡土社会"，其特征包括：①当前乡村社会的乡土性特征仍部分留存，但已经受到乡村改造和市场转型的影响；②不流动的乡土演变为大流动的村庄；③乡村结构的分化和多样化；④乡村社会空间的公共性越来越强。[4]

然而问题在于，"现代化框架"并非为理论界所共识的一种必然分析路径。有的研究者对此持有明确的批判态度，认为它是经抽象而获致的纯粹形式，将世界各国做传统与现代的简单两分处理，以逻辑合理性替代历史的真实性，其背后的根本要害在于将西方发展经验的偶然转换成一种普适的历史必然，也忽视了传

---

[1] 陆学艺：《中国"三农"问题的由来和发展》，《当代中国史研究》2004年第3期。
[2] 周晓虹：《传统与变迁：江浙农民的社会心理及其近代以来的嬗变》，生活·读书·新知三联书店1998年版。
[3] "乡土性"一词用于指称中国的传统农耕文化特质，源于费孝通对中国农村的观察视角。费孝通在讨论中国农村问题时使用了"乡土"一词，并特别强调了"土"的含义。在他看来，土的基本意义是泥土，而泥土是中国人的命根，他们即使去了西伯利亚，"还是要下些种子，试试看能不能种地"。见费孝通《乡土中国》，北京出版社2005年版，第2页。
[4] 陆益龙：《后乡土中国的基本问题及其出路》，《社会科学研究》2015年第1期；陆益龙：《后乡土中国》，商务印书馆2017年版，第12—13页。

统中所隐含的向现代转型的深厚的正面性资源。[1] 还有研究者指出，"现代化"本质上是一种政治和意识形态的理想模式，是一个"计划的社会变迁"过程；它不是"自然的"经济、社会和文化转型，而是由权力和知识精英上层所设计的、并假设为民众所需要的可欲目标。[2] 从这些批判的视角去看中国的乡村问题研究便可发现，用现代化这个"大箩筐"去简而化之地统领一切研究问题可能并不是最适切的做法。但另一方面，中国乡村的现代化进程却又实实在在的发生着。然则如何在这种矛盾之中寻找一种合理的解释，既能为乡村问题的研究提供可操作性的分析框架，又避免坠入形而上的宏大理论陷阱？

对于这个问题的解答，本书认为基本方法就是辨明"乡村现代化"的具体实践形态。也就是说，现代化不应当是一个意义含糊的抽象概念甚至噱头，而是应该在具体的研究领域和研究问题中有其具体实在的意义解释。并且，这种解释必然蕴含某种冲突性，承载着中国乡村在纵向历史发展进程中所受到的推力和阻力。统观中国社会的客观实践，本书认为，中国乡村在当前所谓的现代化进程中面临的现实问题可概括为两类：一是"城市化"问题，二是"媒介化"问题。

二　现代化框架下的城市化问题

城市化是工业革命以来世界各国现代化的必然进程之一，中国也不例外。从人口统计比例上看，1949 年农村人口占全国总人口的

---

[1] 邓正来：《国家与社会：中国市民社会研究》，北京大学出版社 2008 年版，第 87—88 页。
[2] 王铭铭：《村落视野中的文化与权力》，生活·读书·新知三联书店 1997 年版，第 151 页。

89.36%，1978年下降至82.08%，到2017年更大幅度降低至41.48%。"三农"问题在改革开放以来得到了卓有成效的解决，但又出现了"新三农问题"，即农民工、农民失地、村落终结三个问题。其中，在当前农业耕作历史几近终结、数千年的村落生态面临解体的情况下，最值得关注的是农民如何融入陌生的城市的问题。① 在这样的背景下，关于乡村与发展的问题在20世纪80年代以来已经变得非常都市化，或者"市民社会"化。②

特别是，在被称为"信息化社会"③的今天，城市化的意义和内涵较之工业化时期又有了很大的不同。信息技术的进步深刻改变了人们的生产方式和生活方式，信息、资本、人口、物资、文化要素借助通信网络和交通网络而快速流动，正在创造出或将传统城市转变为新型的城市。④ 而中国的农村和农民，由于经济水平所决定的信息化水平相对较低，在这种新型城市化的进程中往往陷入力有不逮的窘迫困境。一方面，在自外而内的国家政策和自内而外的经济需要的推动下，植根于农耕社会的传统文化呈现出衰败的迹象，例如在某些地区作为基础社会结构的宗族关系开始趋于瓦解⑤，作为乡村公共舆论和公共交往方式的"闲话"正在消失⑥；另一

---

① 李培林：《译者前言》，载［法］孟德拉斯编《农民的终结》，李培林译，社会科学文献出版社2005年版，第1—9页。
② 赵月枝、林安芹：《乡村、文化与传播：一种研究范式的转移（上）》，《教育传媒研究》2017年第4期。
③ Manuel Castells, *The Rise of the Network Society*, Malden, Mass: Blackwell Publishers, 1996.
④ 吴予敏：《从"媒介化都市生存"到"可沟通的城市"——关于城市传播研究及其公共性问题的思考》，《新闻与传播研究》2014年第3期。
⑤ 王朔柏、陈意新：《从血缘群到公民化：共和国时代安徽农村宗族变迁研究》，《中国社会科学》2004年第1期。
⑥ 桂华：《论村庄社会交往的变化：从闲话谈起》，《中共宁波市委党校学报》2010年第5期；王会：《闲话的变迁及其功能异化：一个理解村庄社会性质的维度》，《中共宁波市委党校学报》2011年第1期。

方面，亲缘关系与业缘关系、正式组织与非正式组织的交融又是一种现实的必然存在①，庙会和自发组织的乡村文艺活动等传统乡村活动继续扮演着凝聚集体力量、促进地方社会整合、打造村庄主体性和文化自信的强有力形式。② 在这样的矛盾和冲突当中，我们并不能轻易判断中国乡村未来一段时期的走向，也很难把握城市化和乡村发展进程中的关键影响因素。

三 现代化框架下的媒介化问题

中国乡村当前面临的另一个问题是媒介化问题，这与"媒介化社会"（mediated society）的实践发展紧密相关。"媒介化社会"概念的提出源于欧洲传播与文化研究学派对媒介与当代社会的关系的审视，它们认为媒介越来越占据社会本体意义上的中心地位，并由此提出"媒介化转向"（mediatic turn）的基本判断。③ 作为当前传播学关注的热点主题之一，媒介化社会理论或者将媒介化视为一种以信息中介介质再现社会现实的"技术决定过程"，或者认为媒介被嵌入在主体的传播过程之中，人类通过使用新型媒介改变他们建构社会的方式④，但无论如何，它都提醒人们在关注社会结构变动、经济生活发展、文化差异及变迁等问题时，应该把媒介及其传播活动纳入考量

---

① 郭于华：《农村现代化过程中的传统亲缘关系》，《社会学研究》1994 年第 6 期。
② 李永萍、杜鹏：《乡村庙会的社会整合功能及其实践特征——基于关中金村庙会的考察》，《湖南农业大学学报》（社会科学版）2016 年第 4 期；赵月枝、龚伟亮：《乡村主体性与农民文化自信：乡村春晚的启示》，《新闻与传播评论》2018 年第 2 期。
③ Norm Friesen and Theo Hug, "The Mediatic Turn: Exploring Concepts for Media Pedagogy", In: K. Lundby, ed., *Mediatization: Concept, Changes, Consequences*, New York: Peter Lang, 2009, pp. 61–81.
④ 戴宇辰：《走向媒介中心的社会本体论？——对欧洲"媒介化学派"的一个批判性考察》，《新闻与传播研究》2016 年第 5 期。

的范畴。① 从这个意义上去理解当代社会的媒介化，可以将其化约为媒介对社会生活的全面渗透，是现代人的一种普遍生存方式。

问题在于，中国乡村是否已经具备了"媒介化社会"或者"社会的媒介化"性质？如果回答是肯定的，那么乡村媒介化社会的形成、发展以及对人们日常生活的渗透，受到哪些因素的影响，又造成了怎样的后果？它是否消解了乡村作为"熟人社会"的传统信息交往模式？对于这些问题的探讨，目前国内有研究者认为，随着大众传媒日益深入地嵌入到乡村社会生活，媒介化社会的影响除了在现代化都市之外，在乡村中也同样存在，传媒正在改变传统乡村的社会结构和社会生活方式。② 一个经验实例是陈新民对农村"饭市"的变迁研究。陈的结论认为，电视的普及改变了农民的吃饭习惯，导致"饭市"这种中国北方农村常见的村庄信息传播形态逐渐退出乡村社群生活，与之相伴随的是乡村社会传播方式的变革和村落公共空间的衰落。③ 另一个实例是沙垚对乡村影戏与电视的比较研究。他发现，电视通过侵占影戏等乡村秩序传统载体的生存空间，也随即解构了人们对乡村共同体的想象。④ 此外还有研究者通过实证考察发现，电视能够促进西部农村地区农民的社会流动⑤，也能推动农村文化由传统文化向

---

① 孙信茹、杨星星：《"媒介化社会"中的传播与乡村社会变迁》，《国际新闻界》2013年第7期。
② 孙信茹、杨星星：《"媒介化社会"中的传播与乡村社会变迁》，《国际新闻界》2013年第7期。
③ 陈新民、王旭升：《电视的普及与村落"饭市"的衰落——对古坡大坪村的田野调查》，《国际新闻界》2009年第4期。
④ 沙垚：《从影戏到电视：乡村共同体想象的解构》，《新闻大学》2012年第1期。
⑤ 刘锐：《电视对西部农村社会流动的影响——基于恩施州石栏村的民族志调查》，《新闻与传播研究》2010年第1期。

城市现代文化的变迁。① 这些研究结果与其他发展中国家如印度②、巴西③的同类研究取得了一致，它们共同宣称，对于具有封闭性和低流动性特点的农村社会来说，现代传媒是农民发展现代性的一个非常重要的途径④，大众传播媒介的使用对于农村居民的现代性有独立的预测作用。⑤

这些研究或可视为乡村社会正在走向媒介化的证据。但是，这些现象是否具有普遍性依然需要进一步地考察。有研究者指出，从中国乡村传播实践来看，基于空间聚居方式的熟人社会关系依然是中国乡村社群生活的基本特征，农民的交往仍以亲缘和地缘为主要联系方式⑥，大众传媒在农村的现代化过程中虽然起了一定的促进作用，但其影响力依然不如人际传播。⑦ 从这个角度去审视大众传媒在乡村所发生的影响，有研究者认为，它们可能并没有人们想象中的那么重要。例如，电视虽然帮助农民实现了"直达"式的政策信息接收，但并没有实现直接的宣教效果，它只是培养出个别"精通国家政策"的"刁民"，他们对抽象的中央理念和政策进行个人化解读，再通过"意见领袖"机制在农民的信息接收和理解中发生人际

---

① 尚妍、彭光芒：《大众传媒与农村社会文化变迁》，《理论观察》2006 年第 3 期。

② 参见［美］柯克·约翰逊《电视与乡村社会变迁》，展明辉、张金玺译，中国人民大学出版社 2005 年版。

③ 参见［美］康拉德·科塔克《远逝的天堂：一个巴西小社区的全球化》，张经纬、向瑛瑛、马丹丹译，北京大学出版社 2012 年版。

④ 彭大鹏、吴毅：《单向度的农村：转型期乡村社会性质的一项探索》，湖北人民出版社 2008 年版，第 206—230 页。

⑤ 张铮、周明洁：《媒介使用与中国农村居民的现代性——对湖南浏阳农村的实证研究》，《国际新闻界》2007 年第 5 期。

⑥ 顾炜程、朱娇娇：《社会转型中农村的传播媒介与观念变迁、交往格局的关系研究——以青浦农村家庭调查为例》，《新闻大学》2007 年第 2 期。

⑦ 张涛甫：《中部农村地区信息传播与农民观念、交往状况变迁——以安徽六安农村为例》，《西南民族大学学报》（人文社会科学版）2009 年第 8 期。

影响。①

此外还需要考察新媒体的影响。目前，数字化、网络化的媒介形态正在快速渗透入乡村地区，互联网和智能手机理当成为乡村社会媒介化研究的题中应有之义。但是，新媒体的社会影响的方向也还存在较大的不确定性，一方面是因为针对农民的新媒体使用行为的理论研究尚不多见，另一方面是新媒体在不同的乡村地区以及偏远城市又表现出完全不同的应用面貌。在江南某小城市里，"出门就是滴滴打车或者扫码骑车，到饭点用美团饿了么叫外卖，逛街娱乐消费同样移动支付无障碍"②；而在东北的另一个小城里，那些被大城市玩的风生水起、引以为豪的移动互联网，却快速崛起但又快速消退，乃至于濒临真空。③ 对于农民群体来说，即使新媒体消费能力已经不再是主要的准入门槛，但技术使用能力并不是可以"速成"的，使用方向和目的也受到文化水平等多种因素的制约。在这种情形之下，新媒体对乡村社会的影响究竟有多深远，还存在很大的可探讨空间。

第三节 当前中国乡村传播研究的问题意识

一 以城乡关系和媒介形态为分析视角

以上回顾了中国乡村问题的社会实践背景，梳理了乡村研究的理论脉络，并探讨了现代化进程在这一研究领域中所发生的框

---

① 袁松、张月盈：《电视与村庄政治——对豫中付村的传播社会学考察》，《新闻与传播评论》2010 年第 1 期。
② 蚂蚁虫：《自媒体回乡札记之五线小城 y 市：酷似北京郊区，基础不错唯独欠缺发展机会》，https：//mp. weixin. qq. com/s/B8 - Y7Zr8bI7SSUG1K3UwtQ，2018 年 12 月 12 日。
③ 风辞远：《大城市离不开的移动互联网，正消散在我们东北小城》，http：//dy. 163. com/v2/article/detail/DASB6OM90511D8S6. html，2018 年 12 月 12 日。

架性作用。正是在这些讨论的基础上，当我们尝试从传播学视角考察乡村信息传播实践时，我们能够发现其中蕴含的纠结和冲突，进而建立起具有洞见性的问题意识。在现阶段来看，中国乡村传播研究亟须回答的问题可归纳为两个：一是乡村现代化——特别是信息现代化以及由此打造的文化现代化——应走向何方，二是媒介化的（mediated）和非媒介化的（non-mediated）的传播形态在乡村信息传播过程中的地位和效用如何。

乡村信息现代化问题具体地指向城市化问题。简单回顾传媒与乡村社会的研究历程便能发现，中国乡村传播研究从一开始就被放到了"现代化"和"发展传播"双重的理论话语框架内[①]；而通过审察和反思隐藏在其中的逻辑线索，我们又不难发现，现代化话语的具体指向本质上就是城市化。换言之，无论在面向中国乡村的传播学研究中采取何种分析路径，研究者都需要建立一个"城乡关系的视野"[②]，在城乡对比中考察乡村信息传播的独特性。特别是，国内新闻传播学界近年来发展出"城市传播"研究领域，将城市看作媒介、将传播视为人类存在方式，试图以城市作为贯穿人类文明演变的基点，重建传播与人的关系。[③] 这样的思想理念不但没有将城市传播视为与乡村传播并行的研究领域，而且大有将乡村传播纳入旗下、收编为研究子领域的意味。但是，如上文所讨论的那样，中国乡村社会的传播实践是否自愿自觉地走向城市化，还需要更多的逻辑推演和实践检验。

[①] 郭建斌：《传媒与乡村社会：中国大陆 20 年研究的回顾、评价与思考》，《现代传播》2003 年第 3 期。

[②] 赵月枝、林安芹：《乡村、文化与传播：一种研究范式的转移（上）》，《教育传媒研究》2017 年第 4 期。

[③] 孙玮：《作为媒介的城市：传播意义再阐释》，《新闻大学》2012 年第 2 期；复旦大学信息与传播研究中心课题组：《城市传播：重建传播与人的关系》，《新闻与传播研究》2015 年第 7 期。

媒介化的和非媒介化的传播形态分别是指基于大众媒介（包括传统媒介和数字媒介）和面对面人际互动的传播。二者在乡村中的地位和效用问题可具体的细分为三个层面：其一，乡村人群所使用的媒介化和非媒介化信息传播形态分别包括哪些具体形式；在城乡关系比较的视野上，这些具体形式与现代都市人群有什么不同。比如，智能手机和无线上网的普及程度和使用情况如何，"串门"作为一种传统乡村人际互动方式[①]是否受到现代通信工具的影响而发生了变化，等等。其二，当媒介化与非媒介化的信息传播形态同时在日常生活中发生时，哪些会被视为更不可或缺，哪些会对农民生活造成更重要的影响；或者更简单化地说，传统与现代的信息传播手段哪一种是中国乡村社会的主流形态。其三，不同类型的传播形态在未来可预期期间内的变化趋势如何，这种变化（或者不变）能够对乡村信息结构和信息化进程带来怎样的影响。这三层问题的提出，既延续了经典传播学对媒介研究的重视，同时又关注到中国乡村社会的客观实际，将理论和实践相结合建立起中国乡村媒介化问题的分析路径。

二 本书的研究问题

对于城市化和媒介化两大中观问题的分析和讨论，必须建立在对中国乡村社会的独特属性的合理诠释之上。这种诠释既要从中国乡村的实际经验出发，也要建立城乡对比乃至中西对比的视野。沿着这样的逻辑去考量中国乡村，可以发现其中蕴含的三重特征：一是传统中国乡土文化，二是农民聚村而居的空间生存状

[①] 祝建华：《上海郊区农村传播网络的调查分析》，《复旦学报》（社会科学版）1984年第6期。

态，三是熟人社会化的人际交往关系。这构成了中国乡村区别于现代都市和西方社会的本质特征。由此出发我们可以假设：处于物质文明相对不发达环境中的中国乡村群众，其信息接收和传播形态呈现出某种具体的、可观察、可区分的独特性，由此而塑造了一种独特的乡村传播结构；受这一传播结构所影响的乡村社会交往活动，在结果上导致了乡村人群在文化意识形态和社会活动方式上的独立性，形成一种源自西方国家的经典传播理论所未曾探讨的社会景观。

在这样的研究假设基础上，本书致力于描述中国乡村的总体性传播结构，建构乡村传播的一般性中层分析框架，并考察乡村传播和乡村交往的深层社会和文化秩序。这一研究设计将遵循两个基本准则：一是将研究问题置于中国特有的文化背景下，研究中国人特有的传播形态；二是将"群体"作为乡村人群的基本存在单位，按照明确可区分的规则进行群体界分，进而将分析范式从大众传播研究转向群体传播研究。在这两个基本准则的指导下，本书的研究内容又进一步具体地分解为以下子问题：

1. 如何概括中国乡村的聚居特征？从地理空间结构来看，农村生活人口的聚集具有典型的"社区"性质，但从公共行政管理角度来看，由于治理体制相对松散，这种性质又不同于现代社区（如都市中的居民生活小区），更多的是生活群体的自然聚集。那么，这种乡村聚居结构如何进行抽象化描述？用它来定义中国乡村的存在形态，其合法性如何论证？与政治学、社会学等学科领域中对社区概念的使用，其含义有何不同？

2. 如何界定乡村信息传播活动的内容？在传播学框架内，传播的本质是信息在传播者的推动下向接收者的流转，这在传统的大众媒体传播活动中表现的尤为典型。但是，具体到乡村居民的日常社会生活中，这样的传播过程是如何呈现的？外部行动表征有哪些？为什么可以将这些行动表征纳入传播研究范畴？

3. 信息传播活动在农村生活中的地位和效用如何？经由上述第 2 个问题所定义的乡村传播活动，在乡村生存发展中的意义有多重要？或者说，它们是否是乡村社会关系得以维系的关键纽带？进而，从传播研究的视角考察乡村日常生活，如何确认这一研究路径的价值？

4. 如何描绘乡村信息传播的一般性结构？也就是说，在时空环境、信息内容、媒介选择、社会化互动等方面，乡村人群的信息传播活动各自呈现出怎样的结构性特征？最为重要的是，这种信息传播结构与发端于欧美的当代经典传播理论有何差异？与后者相对照，中国乡村传播活动是否有其独特的运转逻辑甚至自成体系？

5. 如果说乡村传播活动有其自身的独特属性，那么这种独特性的解释机制是怎样的？受到哪些因素的影响？这些因素是如何发生作用的？是否与中国传统文化和当代文化的变迁有着内在关联？

6. 乡村传播结构的外在表征和内在性质是否具有时代性？在纵向维度上，农民的媒介接触和日常交往发生了什么变化？他们过去和现在的媒介选择有何特殊性？特别是在"媒介化社会"的时代背景中，这些变化是否与社会发展（如经济、文化、科技领域）保持了同步？互联网的出现和应用是否发生了有力的介入性影响，或者说是否改变了传统的乡村传播结构？带来了什么可见的后果？

7. 乡村传播结构对于农村社会经济文化发展的意义。既有的传播结构能够为乡村发展带来哪些积极的或消极的影响？在当前的时代背景下去展开乡村传播生态的考察，能对农村社会治理提供什么样的参考和建议？对于审视和反思我国改革开放以来农村经济、教育、科技发展等问题，有何解释力和启发意义？

8. 从传播理论创新的角度来说，有无可能建构中国乡村传播系统的专门性分析框架？

第二章 理论资源、分析路径与方法

第一节 乡村传播研究的理论资源

一 乡村传播研究的人本主义价值取向

在媒介工业日益发展的今天,包括中国在内的全球社会似乎正在进入"后真相时代",传播学研究面对着日趋芜杂的媒介环境和传播场景。在这样的背景下,从中国乡村的自身属性出发去考察乡村的日常生活和信息传播结构,有必要秉持人本主义价值取向,将关注的重心从外在的、物化的大众媒介及其效果转向乡村人群本身,即开展人本主义传播学研究。

人本主义传播学研究是以"信息人"为核心的,他们能够通过接受信息来适应社会、通过创造信息来改变社会,并最终实现自己的价值。[①] 这种取向在近年来的乡村传播研究中正逐渐显现。张明新在探讨乡村社会的家庭互联网采纳现象时,没有一般性的描述互联网如何进入乡村家庭、如何被使用以及产生了何种社会效果,而是着眼于互联网进入乡村过程中如何受到乡村居民自身属性

---

① 胡翼青:《人本主义范式的兴起:论传播学的科学革命(上)》,《淮海工学院学报》(人文社会科学版)2008 年第 6 卷第 3 期;胡翼青:《人本主义范式的兴起:论传播学的科学革命(下)》,《淮海工学院学报》(人文社会科学版)2008 年第 6 卷第 4 期。

的影响，并对比了知识变量与态度变量的影响力差异。[①] 管成云调查了湖北省藕镇留守儿童的互联网使用情况，阐释了孩子们在利用互联网排解孤独与无聊之余，如何被网络游戏产业所卷入，进而影响他们的社会交往活动和社会资本的建构。[②] 这些研究以人本主义作为基本价值判断来指导理论研究活动，从人的主体性出发研究人与传播的关系，重视传播过程中人的主观能动性和价值的体现，体现了人本主义价值观，也反映了传播学学科的人文和社会关怀。

那么，"以人为本"的乡村传播研究应该如何展开？传播过程包含三个基本的要件，即信息、媒介和人。在逻辑关系上，信息和媒介都是由人生产的，所以人才是传播过程乃至总体社会关系中的核心。开展人本主义的传播研究就应当关注人的主体性活动，而不是外在的、物化的媒介，这是传播研究的人本主义价值取向的第一个落脚点。另外，在拉斯韦尔的5W模式[③]中，人被区分为传播者和接收者，这种区分在当时的传播学发展语境下有着现实的意义，但从当下的中国乡村传播实践来看，信息的生产者、传播者、接收者通常表现为三位一体，没有哪一位农民只传播而不接收或者只接收而不生产信息。大众传播语境下的所谓的传播者，如电视媒体机构，它们除了单向度地提供电视节目之外，并没有在实质上进入到农民的信息传播过程（这一点在后文将展开更详细的论述）。农民们在电视屏幕所看到的影像更像是另一个平行世界的投影，而那个世界跟自己的生活世界并没有交

[①] 张明新、韦路：《知识、态度与乡村社会的家庭互联网采纳》，《传播与社会学刊》（香港）2009年第10期。
[②] 管成云：《农村网吧里的孩子们——基于湖北省藕镇留守儿童互联网使用与社会交往的民族志调查》，《新闻学研究》（台湾）2017年第132期。
[③] [美]哈罗德·拉斯韦尔：《社会传播的结构与功能》，展江译，中国传媒大学出版社2013年版。

集。所以，在乡村传播研究中建立以人为本的价值取向，第二个落脚点就是研究农民的传播行动，研究其信息接收和扩散的日常方式。反映在研究设计中，就是要努力超越经典传播学的信息流通模型（如 5W 模式），建立起以人及其行动为中心、以媒介为外部环境或条件的新的认知框架。

二　群体传播研究的理路

以人为研究核心所面临的第一个难题，是如何"排列"（arrange）其研究对象。一种思路是遵循个案研究的逻辑，将研究对象视为一个个独立的个体，在研究过程中重点考察他们的个体性和能动性对传播活动的影响，再将研究发现置于更一般的社会情境下验证其适用性。另一种思路是按照系统论观点，将研究对象视为社会运行总系统的组成部分之一，在宏观层面上考察他们的总体性行动表现，忽略个体差异和具体传播情境的差异。显然，这两种方法都存在固有的缺陷。第三种思路是采用中观分析方法，将乡村研究对象视为特定的群体的聚集，以"群体"为基本单位进行考察。[1]

"群体"的概念在不同的学科和研究领域有着不同的意义阐释。在社会学中，库利根据群体在个人社会化过程中所起作用的直接和间接程度，将群体分为初级群体和次级群体；韦伯将群体中拥有管理组织系统的群体称为"团体"，其他则属于一般群体；威瑟将群体分成组织群体和非组织群体。[2] 不过，虽然存在这些

---

[1]　这种思想的源头来自现代社会学的先驱塔尔德（Gabriel Tarde）。在塔尔德看来，群体是公众的基本存在形态，公众的出现以印刷术、新闻业的诞生为根基，以精神纽带联系为特征；一个人可能同时属于几个公众群体，并且如果与媒体之间形成较强的双向接触，就可能形成"同质化的群体"，保持一种"同音同调"的状态，这种公众生存形态对大众的社会认知和社会行动产生内在的影响作用。参见［法］加布里埃尔·塔尔德《传播与社会影响》，何道宽译，中国人民大学出版社 2005 年版，第 213—227 页。

[2]　郭庆光：《传播学教程》第 2 版，中国人民大学出版社 2011 年版，第 82 页。

不同的分类原则，但所有的划分方式都包含了一个共同的基本认知：群体"既在于个体的多样性，又在于个体之间存在着不言明的或强或弱的连带关系"①。这种连带关系也是社会心理学开展群体研究的关键着眼点。在社会心理学看来，群体的生成是由两个要素决定的：一是空间的聚集，二是共享的身份特征。就前者来说，社会心理学将群体基于空间的行为视为重要研究内容之一②；就后者来说，主要关注了群体成员的身份认同及其相关影响。③不过，"空间"和"社会认同"这两点并没有成为社会心理学的群体研究与社会学的群体研究的核心区别，或者说，在社会学的群体研究框架之内，从一开始就强调了生活地理空间和群体纽带这两种因素的意义④，例如农村社区就是这样一个"小共同体"⑤。近年来随着互联网媒体的发展，学界关注到群体结构的另外一种新的形态，即基于观点的群体（Opinion-based groups），或者叫作舆论群体。⑥ 这一概念所理解的群体成员之间，并没有明确的基于地理空间或者日常社会联系的纽带，而是依靠对某一议题的共同观点而联结起来，其存在的意义就在于捍卫其群体观点。例如，在社会运动和集体行动研究领域中，集体行动本身就可视为舆论群体中的群体身份的表达。

---

① ［法］让·梅松纳夫：《群体动力学》，殷世才、孙兆通译，商务印书馆1997年版。
② Eric S. Knowles, "Spatial Behavior of Individuals and Groups", In: P. B. Paulus, ed., *Psychology of Group Influence*, New Jersey: Lawrence Erlbaum Associates, 1989, pp. 53–86.
③ ［澳］迈克尔·豪格、［英］多米尼克·阿布拉姆斯：《社会认同过程》，高明华译，中国人民大学出版社2011年版。
④ ［德］斐迪南·滕尼斯：《共同体与社会》，林荣远译，商务印书馆1999年版。
⑤ 秦晖：《共同体·社会·大共同体：评滕尼斯〈共同体与社会〉》，《书屋》2000年第2期。
⑥ Craig Mcgarty, Ana Maria Bliuc, Emma F. Thomas and Renata Bongiorno, "Collective Action as the Material Expression of Opinion-Based Group Membership", *Journal of Social Issues*, Vol. 65, No. 4, 2009, pp. 839–857.

这些来自不同研究领域的学科对于何谓"群体"给出了不同角度的阐释，并发展出若干个子概念；但是综观它们对群体基本特征的看法，实际上可以概括为成员之间的"身份认同"和"内部联系"这两点，这两者是某个群体之所以被视为群体的根本原因。对于传播学来说，研究的重点被置于群体成员之间以及群体与群体之间的面对面的或媒介化的信息流动，以及其流动的结构和效果——这就是我们所说的群体传播研究。

所谓群体传播，是群体进行的非制度化、非中心化、缺乏管理主体的传播行为。[1] 自从传播学经由施拉姆的整理工作而成为一门独立的学科以来，群体传播与人内传播、人际传播、组织传播、大众传播等四种形态一起，被认为是传播过程的五种基本类型。[2] 这种划分的基本原理，显然沿袭了20世纪中叶西方社会科学中的结构—功能主义研究范式，同时也受到由拉斯韦尔所确立的传播过程5W模式[3]的影响。也正是由于这样的背景，传播学学科内的群体研究表现为两个基本兴趣点：一是关注信息的流通结构，二是关注群体对其成员——即传播者（包括接收者）——的影响作用。在初版于20世纪50年代的《人际影响：个人在大众传播中的作用》（Personal Influence: The Part Played by People in the Flow of Mass Communications）[4] 一书中，卡茨（Elihu Katz）和拉扎斯菲尔德（Paul Lazarsfeld）对群体传播的这两个问题进行了最早的系统性讨论。其结论认为，群体内和群体间的信息传播是经由人际传播

---

[1] 隋岩、曹飞：《论群体传播时代的莅临》，《北京大学学报》（哲学社会科学版）2012年第49卷第5期。
[2] 郭庆光：《传播学教程》第2版，中国人民大学出版社2011年版。
[3] [美]哈罗德·拉斯韦尔：《社会传播的结构与功能》，展江译，中国传媒大学出版社2013年版。
[4] [美]伊莱休·卡茨、[美]保罗·拉扎斯菲尔德：《人际影响：个人在大众传播中的作用》，张宁译，中国人民大学出版社2016年版。

而实现的,并提出了著名的"二级传播"和"意见领袖"理论。但后来的研究者往往低估了他们对群体传播研究的另一项重要贡献:他们相对完整地阐述了群体的影响力,论证了群体规范和群体网络如何对群体成员发生影响,包括工具性遵从、共享价值吸引、提供社会现实、提供互动融合过程等。在这些影响之下,群体既是成员发生认知变化的中介,又是变化的目标。这样的结论表明,卡茨和拉扎斯菲尔德实际上将人际传播与群体传播视为了二位一体的关系,而不是将二者作为各自独立的传播过程而区分开来。

同样地,他们也并没有将群体传播与"组织传播"做出刻意的界分。所谓组织,本质上不过是一种"正式群体"或者"有意义的群体",与一般概念上的群体相比,它们依靠彼此之间的共同协定,为了要达到某一个特定目标而形成或组成。[①] 易言之,组织就是有序化的人群,组织传播就是某个组织凭借组织和系统的力量所进行的有领导、有秩序、有目的的信息传播活动[②];或者更简洁地说,是以组织为主体的信息传播活动。[③] 因此可以说,组织不过是群体的外在形态之一,本质上仍然是人的集合。具体到传播形态上,组织传播是有共同目标、有指挥管理、有责任分工的团体协作行为,信息多为指令性、宣教性和劝服性内容,沿着从组织核心到内部成员的路径进行传播。而群体传播泛指组织之外的一般群体的传播模式,信息内容、信息流向、群体中成员的关系都更为复杂多元,亦不存在统一的领导与管理。[④] 因此,组织传播研究除了在内容和传播主体上具有一定的指向性之外,

---

[①] 杨中芳:《如何理解中国人》,重庆大学出版社 2009 年版,第 19 页。
[②] 魏永征:《关于组织传播》,《新闻大学》1997 年第 3 期。
[③] 郭庆光:《传播学教程》第 2 版,中国人民大学出版社 2011 年版,第 92—93 页。
[④] 隋岩:《群体传播时代:信息生产方式的变革与影响》,《中国社会科学》2018 年第 11 期。

完全可以放置于群体传播研究的框架之内。从已有的冠以组织传播之名的研究来看，其视角基本上是沿袭西方管理思想史的发展脉络，广泛运用于与组织管理相关的学科研究中，很少从传播学思想的学术个性和专门理论来建构或实证。[①]

鉴于群体传播与人际传播、组织传播之间的上述逻辑关系，传播过程的五种类型实际上可以简化为三种，即人内传播、群体传播和大众传播。[②] 这种划分方式比过去更为强调和凸显了群体传播在传播学研究中的地位，也更符合社会传播活动的实际情况。甚至有研究者认为，在互联网媒介的影响下，中国当前已经进入了"群体传播时代"[③]。然而不得不承认的是，传播学在中国三十多年的发展脉络中，对于群体及其传播活动、传播效果的研究始终是相对薄弱的环节。李彬在梳理中国传播学的学科发展时，采用了"三代学人"划分，认为第一代传播学人开启了传播学研究的门缝，第二代传播学人使得传播研究全面铺开，第三代则针对不同的侧重点深钻细研。[④] 从目前的第三代学人所搭建的学科格局来看，研究领域分为两大块，一是传播基础理论，二是针对现实问题的分门别类的具体领域，如全球和国际传播、广告和公关传播、网络和手机传播、科技和健康传播、媒介经济和制度，等等。[⑤] 近年来随着互联网的快速发展，传播学

---

① 胡河宁：《组织传播研究的方法与视角》，《新闻与传播研究》2007年第1期；胡河宁：《中国组织传播研究源起、脉络与发展》，《新闻与传播研究》2008年第6期。

② 传播类型的划分也存在其他不同的方法。如麦奎尔将传播划分为个人、人际、群内、群际、组织和全社会6个层次。参见 Denis Mcquail, *Mcquail's Mass Communication Theory*, 6th ed, London: Sage publications, 2010, p. 27.

③ 隋岩、曹飞：《论群体传播时代的莅临》，《北京大学学报》（哲学社会科学版）2012年第49卷第5期；隋岩：《群体传播时代：信息生产方式的变革与影响》，《中国社会科学》2018年第11期。

④ 李彬：《中国传播学，掠影三十年》，《新闻春秋》2013年第1期。

⑤ 王怡红：《传播学发展30年历史阶段考察》，《新闻与传播研究》2009年第5期；李彬：《中国传播学，掠影三十年》，《新闻春秋》2013年第1期。

的研究路径呈现为两类：一是讨论新技术尤其是互联网技术的特征与功能，二是探讨互联网与政治、社会、文化之间的关系。① 但是，在所有这些领域中，专门针对群体传播的研究却凤毛麟角。

在总量不多的针对群体的传播研究中，一个共同特征是将群体的媒介使用作为分析的切入视角。从这个视角去探讨群体传播问题时，很自然地呈现为两种研究取向，即功能主义范式和文化研究范式。前者有一个不言自明的预设，即群体作为一个正式或非正式的共同体时，必然存在一个特定的群体目标，媒介只是作为一种工具而被群体在实现这个目标的过程中所使用。因此，这类研究很容易与社会运动、集体行动联系起来。甘姆森（Gamson）认为，大众媒体与集体行动关系密切，社会抗争者所经历的每一个方面都潜在或显在地受到媒体的影响。② 这类研究的一部代表性作品是吉特林（Gitlin）对美国新左派运动的反思，其中对于社会运动群体如何策略性地利用大众媒介做了详细描述。③ 在中国传播学领域，也有一批采用类似研究范式的成果，例如，李艳红等分析了知识精英群体吸引媒体关注的策略④，周裕琼等梳理了社会抗争群体针对媒体传播的策略性框架与框架化机制。⑤ 以文化研究范式展开的群体传播研究，一方面借鉴了文化研究和人类学研究的相关理论，另一方面在问题意识上与社会学研究建

---

① 胡翼青：《重新发现传播学》，《社会科学报》2016年2月25日第5版。
② William A. Gamson, "Reflection on the Strategy of Social Protest", *Sociological Forum*, Vol. 4, No. 3, 1989, pp. 455 – 467.
③ Todd Gitlin, *The Whole World Is Watching: Mass Media in the Making and Unmaking of the New Left*, University of California Press, 1980.
④ 李艳红、杨梵：《文化资本，传播赋权与"艺术家"都市空间抗争：对 J 市艺术区拆迁集体维权行动的研究》，《传播与社会学刊》（香港）2013年第26期。
⑤ 周裕琼、齐发鹏：《策略性框架与框架化机制：乌坎事件中抗争性话语的建构与传播》，《新闻与传播研究》2014年第8期。

立了很大的交集。莫利（Morley）的《电视、受众与文化研究》[①]即是其中的一项代表，该书讨论了媒介怎样在全球化和消费主义文化盛行的时代成为一种全球性的景观，以及电视受众对媒介的使用与接收情况。此外，姆贝（Mumby）以正式群体（组织）为对象，考察了其内部传播话语与权力、意识形态的互动关系。[②]中国台湾学者卢岚兰则从一般性的受众研究出发，探讨阅听人（受众）在日常生活中的媒介使用与阅听经验。[③]

严格来说，以上所列举的这些研究，无论其分属于功能主义范式还是文化研究范式，其准确的定位应该是"群体的媒介使用"研究，而不是"群体传播"研究。之所以做出这样的评判，是因为这些研究的出发点都是基于媒介中心主义的，所试图探讨的问题始终围绕媒介（特别是大众媒介）的效果和影响。反观由卡茨和拉扎斯菲尔德所强调的、基于成员的人际影响而建立起来的群体内部信息传播机制[④]，在这些研究中都不约而同地被忽视了。直到在相关研究中引入了"社区"概念之后，这一状况才得到了改观。

三 作为空间与交往结构的社区

费孝通在江村经济研究中使用了"社区"概念来描述乡村的基本性质："村庄是一个社区，其特征是，农户聚集在一个紧凑的居住区内，与其他相似的单位隔开相当一段距离，它是由各种形式的社会活动组成的群体，具有其特定的名称，而且是一个为

[①] ［英］戴维·莫利：《电视、受众与文化研究》，史安斌译，新华出版社2005年版。
[②] Dennis K. Mumby, *Communication and Power in Organizations: Discourse, Ideology, and Domination*, New Jersey: Ablex Publishing Corporation, 1988.
[③] 卢岚兰：《阅听人与日常生活》，五南图书出版公司（台湾）2007年版。
[④] ［美］伊莱休·卡茨、［美］保罗·拉扎斯菲尔德：《人际影响：个人在大众传播中的作用》，张宁译，中国人民大学出版社2016年版。

人们所公认的事实上的社会单位。"① 这种社会单位具有独立性与封闭性，依此来展开中国乡村研究就具备了其独特性和研究价值。有研究者也由此认为，中国早期社区学派的"社区研究"事实上主要是村落社区的研究。② 尽管"社区"的定义在现当代社会学的不同研究语境中被赋予了不同的诠释，但无论如何，这表明了乡村研究与社区研究之间的天然联系。

社区作为一个学术概念一般认为起源于德国社会学家滕尼斯（Tönnies）所著《共同体与社会》（*Gemeinschaft und Gesellschaft*, 1887）一书。③ 该书的英译本由罗密斯（Loomis）译为 *Community and Society*，而 Community 一词在 20 世纪 30 年代由吴文藻及其学生费孝通等第一次译为中文时④，被译作"社区"。对其具体含

---

① 费孝通：《江村经济：中国农民的生活》，商务印书馆 2001 年版，第 25 页。
② 狄金华：《中国农村田野研究单位的选择——兼论中国农村研究的分析范式》，《中国农村观察》2009 年第 6 期。
③ 参见谢芳《美国社区》，中国社会出版社 2004 年版；夏建中《社会学的社区主义理论》，《学术交流》2009 年第 8 期；谢静《传播的社区》，复旦大学出版社 2013 年版。对于"共同体"和"社会"的概念，韦伯也曾有所论述。他认为，在个别场合内、平均状况下或者在纯粹模式里，如果而且只要社会行为取向的基础是参与者主观感受到的（感情的或传统的）共同属于一个整体的感觉，这时的社会关系就应当称为"共同体"；如果而且只要社会行为取向的基础是理性（价值理性或目的理性）驱动的利益平衡或利益联系，这时的社会关系就应称为"社会"。参见 [德] 马克斯·韦伯《社会学的基本概念》，胡景北译，上海人民出版社 2000 年版，第 65 页。
④ 吴文藻在 1935 年的《现代社区实地研究的意义和功用》一文中写道："社区"一词是英文 Community 的译名。这是和"社会"相对而称的。我所要提出的新观点，即是从社区着眼，来观察社会，了解社会。因为要提出这个新观点，所以不能不创造这个新名词。这个译名，在中国字汇里尚未见过，故需要较详细的解释。社会是描述集合生活的抽象概念，是一切复杂的社会关系全部体系之总称。费孝通在 1948 年发表的《二十年来之中国社区研究》一文中写道：最初 community 这个字介绍到中国来的时候，那时的翻法是用"地方社会"，而不是"社区"。当我们翻译 Park 的 community 和 society 两个不同的概念时，面对"co"不是"so"成了自相矛盾的不适之语。因此，我们开始感到"地方社会"一词的不恰当。那时，我还在燕京大学读书，大家谈到如何找一个贴切的翻法，偶然间，我就想到了"社区"这么两个字样。后来大家采用了，慢慢流行。这是"社区"一词之来由。参见吴文藻《现代社区实地研究的意义和功用》（1935），载陈恕、王庆仁《论社会学中国化》，商务印书馆 2010 年版，第 432—438 页；费孝通《二十年来之中国社区研究》，载《费孝通文集》，群言出版社 1999 年版，第 530—531 页。

义,吴文藻做了简要的说明:"社区乃是一地人民实际生活的具体表词,它有物质的基础,是可以观察得到的。在社会学文献中,这两个名词当然还有许多别种用法,但是在这里却是专以上述的分别为标准的。"①

在当代西方社会科学研究语境中,community 一词的含义已变得非常丰富。按照查韦斯和万德斯曼的梳理,截至 20 世纪 90 年代,西方社会科学理论视野中的 community 概念共包括了三层维度,分别是地方(place)、关系(relationships)和集体政治权力(collective political power)②。在 50—60 年代,希勒里分析了当时由研究者们给出的近百个定义,对此前的社区研究做了系统的梳理,发现监狱、精神病院、民俗村镇、城市是四类最常被冠以社区称谓的地方。最后,他将人们通常所说的社区定义为"人群的聚集"(collection of human groupings)。③ 在这一表述中,社区概念关注的重点明显倾向于人类的社会联系。到了 70 年代,有研究者试图从社区聚居者的角度去理解社区,杜烈特和麦克唐纳设计了一个"社区意识量表"(Sense of Community Scale),总结了影响公众社区归属意识的五个因素,即非正式互动、安全性、隐私与匿名、邻里接触频度、地域观(对地域的看法以及参与邻里事务的欲望)。④ 与

---

① 吴文藻:《现代社区实地研究的意义和功用》,载陈恕、王庆仁编《论社会学中国化》,商务印书馆 2010 年版,第 432—438 页。
② Robert J. Doolittle and Donald Macdonald, "Communication and a Sense of Community in a Metropolitan Neighborhood: A Factor Analytic Examination", *Communication Quarterly*, Vol. 26, No. 3, 1978, pp. 2 – 7.
③ George A. Hillery, "Definitions of Community: Areas of Agreement", *Rural Sociology*, Vol. 20, No. 2, 1955, pp. 111 – 123.; George A. Hillery, "Villages, Cities, and Total Institutions", *American Sociological Review*, Vol. 28, No. 5, 1963, pp. 779 – 791.
④ Robert J. Doolittle and Donald Macdonald, "Communication and a Sense of Community in a Metropolitan Neighborhood: A Factor Analytic Examination", *Communication Quarterly*, Vol. 26, No. 3, 1978, pp. 2 – 7.

之类似，里格和拉夫拉卡斯认为"社会联结"和"行为根源"是影响社区意识的两大因素，前者如辨认邻居的能力、作为邻里的存在感、认识多少邻居家孩子等，后者包括社区居住的年限、住房拥有方式（购买还是租赁）、期望居住时长等。[1] 所有这些研究都表明，community 是一个蕴含了多种社会生活维度的综合性概念，既包括物理空间要素，也包括人的社会交往要素。林德洛夫（Thomas R. Lindlof）总结道，社区的存在应具备四个基本特征，分别是集体团结（unity）、道德义务（moral obligations）、稳定性（stability）、传播场景与编码（communicative occasionsand codes）。[2]

而"社区"的译法中，由于"区"字带有显然的空间性，所以有意无意地强调了 community 一词中的地理维度。另外，城市公共治理的政策话语也可能是造成这种现象的原因之一。2000 年民政部下发了《关于在全国推进城市社区建设的意见》（以下简称《意见》），指导推动城市建设改革。《意见》将"社区"定义为"聚居在一定地域范围内的人们所组成的社会生活共同体。目前城市社区的范围，一般是指经过社区体制改革后作了规模调整的居民委员会辖区"。同时要求"对原有街道办事处、居民委员会所辖区域作适当调整，以调整后的居民委员会辖区作为社区地域，并冠名社区"。这一政策性意见反映在公共管理学及其交叉领域的理论研究中，造成了"社区"这一社会学概念与"小区"这一城市建设概念之间的含糊化。

这种政策话语也直接影响到中国新闻传播学界对社区概念的

---

[1] Stephanie Riger and Paul J. Lavrakas, "Community Ties: Patterns of Attachment and Social Interaction in Urban Neighborhoods", *American Journal of Community Psychology*, Vol. 9, No. 1, 1981, pp. 55 – 66.

[2] Thomas R. Lindlof, "Interpretive Community: An Approach to Media and Religion", *Journal of Media and Religion*, Vol. 1, No. 1, 2002, pp. 61 – 74.

诠释。在这一时期诞生的中国第一批"社区报",就被理解为以空间接近性为基本准则的、面向城市生活社区的报纸。当然也有研究者注意到了其中可能存在的可商榷之处,如张志安等人在讨论社区报的发展问题时,将社区报和社区新闻划分为广义的和狭义的[①],以此来迂回地解释社区概念中的空间维度问题。不过,这种划分并没有清晰的边界,新闻传播学界似乎也没有打算从基本术语层面彻底辨识社区的核心特征,而是遵守了一种"约定俗成"的用法,并基于这种用法形成了社区传播研究的思路和方法,以及一批相关的成果。谢静的《传播的社区:社区构成与组织的传播研究》[②]一书从话语共同体的角度对社区居民的传播活动进行了考察,是国内学者从传播学视角研究城市社区日常交往的比较有代表性作品,在方法上属于实证研究。罗自文的《媒介社区中的聚众传播:一种传播形态的新范式》[③]一书主要运用了定性思辨方法,从传播学"研究范式"角度提出了颇有洞见性的"媒介社区"和"聚众传播"的概念。在新媒体快速普及的时代背景下,王斌从新媒体赋权的角度切入,对居民社区的传播活动做了分析,以"社区传播论"的总体视角对社区沟通机制这一主题所涉及的成员、媒介、权力、治理等问题做了梳理。[④]这些研究都出现于最近五年之内,反映出我国传播学对社区概念的最前沿的理解。

在美国的传播学研究中,除了空间属性之外,更多是将社区

[①] 张志安、黄卫:《社区报的定位及经营策略》,《新闻记者》2004年第10期;黄琼:《对地市党报开发社区新闻的思考》,《新闻与传播研究》2009年第6期。
[②] 谢静:《传播的社区:社区构成与组织的传播研究》,复旦大学出版社2013年版。
[③] 罗自文:《媒介社区中的聚众传播:一种传播形态的新范式》,中国社会科学出版社2013年版。
[④] 王斌:《社区传播论:新媒体赋权下的居民社区沟通机制》,中国人民大学出版社2017年版。

传播活动具体化为人际关系和日常交往。旧金山巴罗阿多学派提出，人的所有行为都有一种传播价值，所有行为模式如话语、姿态、注视、模仿、个人空间感都是传播模式；传播的本质存在于关系和反应过程，人、媒介、自然和社会组成一个传播有机体，意义在其间循环沟通。[1] 具体到社区传播研究中，美国学者金姆（Yong Chan Kim）和鲍基奇（Sandra Ball-Rokeach）在《传媒转型：改变社区粘合纽带》课题中提出了"传播的基础结构"概念。他们选择了洛杉矶的 7 个形形色色的居住地区开展社区传播研究，结论认为：①传播的基础结构包括两个组成部分，即"邻里轶闻传播网络"和"传播活动的环境"；②由传播的基础机构所激发的归属（感）——依恋感和睦邻行为，是社区最重要的要素；③"讲述地方社区故事"是发展与支持公民参与的基本传播过程。[2] 这些研究阐明了社区传播的结构、方式和社会意义，描绘了社区共识的形成机制模型，并且论证了将社区主要视为人际交往关系的观点，把社区传播的范畴从之前的大众媒介扩大到了人际互动网络。

总的来看，"社区问题"（The Community Question）是 20 世纪的社会科学诠释社会与文化结构的重要进路。[3] 但与此同时，社区这一概念也包含了诸多差异化的理解认知。在理论含义上，

---

[1] 陈卫星：《西方当代传播学学术思想的回顾和展望（上）》，《国外社会科学》1998 年第 1 期。

[2] Sandra J. Ball-Rokeach, Yong Chan Kim and Sorin Matei, "Storytelling Neighborhood: Paths to Belonging in Diverse Urban Environments", *Communication Research*, Vol. 28, No. 4, 2001, pp. 392 – 428; Yong Chan Kim and Sandra J. Ball-Rokeach, "Civic Engagement from a Communication Infrastructure Perspective", *Communication Theory*, Vol. 16, No. 2, 2006, pp. 173 – 197. 张咏华：《传播基础结构，社区归属感与和谐社会构建——论美国南加州大学大型研究项目〈传媒转型〉及其对我们的启示》，《新闻与传播研究》2005 年第 2 期；王晨燕：《鲍尔—洛基奇的传播基础结构理论探略》，《现代传播》2008 年第 2 期。

[3] Barry Wellman, "The Community Question: The Intimate Networks of East Yorkers", *American Journal of Sociology*, Vol. 84, No. 5, 1979, pp. 1201 – 1231.

它是一种民主社会的生活方式，是介于国家、社会和家庭团体之间的基础单位[1]；在外部形态上，它既包括地理空间维度的社区，也包括各种"信仰"社区、族群群体、性别社区、职业社区等。在不同研究者的研究工作中，除了将社区视为某种集合或群体这一共同特征之外，他们往往根据自己的研究需要来界定它的含义。[2] 因此，我们又不能简单地运用"拿来主义"将社区概念不加辨析地用于乡村研究，而是需要根据实际情况进行概念的标定。

第二节 中国乡村传播研究的分析路径

一 以"社群"定义乡村传播的研究对象

从传播学视角去审视中国乡村的日常生活和信息传播活动时，群体理论和社区理论都有可能成为有用的工具，用来界定乡村传播的研究对象。但是，通过以上回顾我们又可以看到，两种理论的视野又各自存在某种不足或缺陷，直接套用二者中的任何一种去开展乡村传播研究，都不是最适宜的做法。在当代乡村传播研究领域，特别是在现代化、媒介化背景和城乡关系视野中，应首先寻求理解乡村的更恰切的方式。

俞可平在审视滕尼斯的社区理论时，注意到其中血缘共同体、精神共同体和地缘共同体之间的关系和区别，在理解滕氏思想概念时倾向于将community译为"社群"[3]。费孝通在《乡土中

---

[1] 陈其南：《社区总体营造与文化产业发展》，转引自向家弘《日常生活·小区营造与社会实践——一个台湾小区工作者的观察》，硕士学位论文，（台湾）国立交通大学社会与文化研究所，2007年。

[2] Graham Day, *Community and Everyday Life*, New York: Routledge, 2006, pp.24-31.

[3] 俞可平：《当代西方社群主义及其公益政治学评析》，《中国社会科学》1998年第3期。

国》中也曾使用过这个"社群"概念，用以区分西方社会"团体格局"中的"团体"，特指中国社会差序格局中的人群。[①] 他把这样的社群称为"社会圈子"，并举例如家庭、氏族、邻里、街坊、村落等一切有组织的人群。显然，"社群"概念弱化了地理空间维度在生活聚居群体中的重要性，强调了社区的社会联系功能，对于把握聚居群体的信息沟通和人际交往活动的本质，有着更为切实的意义。[②] 国内有些研究也确实受到了这种观点的影响，在分析过程中重点探讨了群体身份和交往纽带在社群传播中的意义。例如，丁未采用人类学和诠释学路径，以讲故事、铺陈细节的方式对"攸县的哥村"的群体传播形态进行了考察，描绘了城市出租车群体的身份认同机制和社群化生存状况。[③]

本书认为，用"社群"来统摄"群体""社区"以及"共同体"的概念，用以识别和描述乡村传播研究对象的特征，是一种更准确、更富理论张力的方案。这一方案提出的依据，首先是来自对中国乡村基本性质的考察。在理论认知层面上，对"乡村"概念的一种观点是将乡村大致等同于农村，强调它作为农业生产者居住生活和从事农业生产的地方性[④]，另一种则赋予它职业的、生态的和社会文化的等多重角度的理解。[⑤] 与之相类似，对于乡村人群的描述也存在"农民""村民"和"乡民"等不同修辞表达，某些特定语境下分别强调乡村人群的不同面向的身份特征，

[①] 费孝通：《乡土中国》，北京出版社2005年版，第51—52页。
[②] 也有研究者反对使用"社群"来取代"社区"，因为空间感在前者概念中有所丧失。参见谢静《传播的社区》，复旦大学出版社2013年版。不过，本书在此处的观点并不是要摒弃空间维度，相反，从第三章的讨论中可以看出，空间在乡村传播结构中乃是不可或缺的重要组成部分。
[③] 丁未：《流动的家园》，社会科学文献出版社2014年版。
[④] 袁镜身编：《当代中国的乡村建设》，中国社会科学出版社1987年版。
[⑤] 张小林：《乡村概念辨析》，《地理学报》1998年第4期。

包括人口统计学特征、经济与劳动特征和社会阶层归类特征。以这些理解认知为参考，结合中国乡村社会的实践经验，我们可以辨识出中国"乡村"这一概念蕴含的三重特征：一是文化相对封闭，由于人口和信息的流动性差，乡村地区保留了与现代都市相比更为传统的文化惯习；二是村落化聚居形态，以自然村和行政村为生活边界，各村落之间又保持着强弱不等的社会联系；三是以"熟人社会"或者至少是"半熟人社会"[1] 为特征的人际交往结构，以区别于现代化都市的"陌生人社会"特征。

以这三个特征为衡量标准可以发现，"群体"概念并不能涵盖乡村社会生活中的空间和血缘或宗族关系，"社区"过度强调了以地理空间为纽带的社会联系，弱化了超越空间的熟人社会性质。也有某些研究者在讨论乡村社会关系时使用了"共同体"概念，但它作为"斗争"最极端的对立面[2]，不能精当地描述乡民之间日常、简单的社会交往关系。而"社群"的概念作为"社区"和"群体"的综合体，既蕴含了继承自社区概念的空间意涵，又诠释了成员之间的社会联系性和群体聚居性；它既是实体性的，又是象征性的，将中国乡村社会的空间性和群体性有机地融合起来，恰如其分地概括了乡村聚居社会体系的核心特征，准确地把握住了理解乡村传播结构的关键。

基于这样的考量，本书提出使用"社群"概念来统摄社区和群体的含义，用"社群逻辑"来建构中国乡村传播的分析框架。在这里，"社群"并不是对社区和群体的简单构词合成，而是有

---

[1] 贺雪峰：《论半熟人社会——理解村委会选举的一个视角》，《政治学研究》2000年第3期。

[2] ［德］马克斯·韦伯：《社会学的基本概念》，胡景北译，上海人民出版社2000年版，第64页。

其内在的学术理路。具体而言，以社群研究的进路来开展乡村传播研究，本质是基于社群逻辑来理解中国乡村的社会实践背景和现实，这些背景和现实反映了中国乡村社会、人群及其传播活动的特性。这些特性可具体阐释为以下三点：

第一，中国乡村有其独特的一套信息传播体系。本着"具体问题具体分析"的原则，刘展和姚君喜考察了乡村传播的实际语境，结果发现乡村社会存在一个"自有的地方性"传播媒介系统，对这个系统的传播学研究可以适用"媒介场域"概念来切入，这个"媒介场域"受到诸如国家、市场、地方性文化等力量的支配。[1] "自有的地方性系统"这一概念已经开始触及中国乡村传播系统的独立性。基于同样的假设，谭必友尝试使用"话语群—行为"的分析模式来描述农村社会的变化，认为以事件或行为为焦点而聚集起来的各式各样的话语形式，如农民交谈、政府报告、学界论文等，实际上构成了一个有着核心话语的话语群落。[2] "话语群"的概念注意到了不同话语的聚集和分割，虽然如作者所说"仅仅是一个实验"，但也体现了乡村传播系统自成体系的一面。

第二，人际传播在乡村社群传播中发挥着积极的作用。张涛甫对中部地区农村的调查发现，大众传媒在农村的现代化过程中虽然起了一定的促进作用，但其影响力依然不如人际传播。[3] 刘小燕等通过经验调查提出了"面向乡村基层的信息传播基础架

---

[1] 刘展、姚君喜：《"媒介场域"：乡村传播媒介的分析视域——以东北J村为例》，《西南民族大学学报》（人文社会科学版）2016年第1期。

[2] 谭必友：《古村社会变迁：一个话语群的分析实验》，民族出版社2005年版，第10—11页。

[3] 张涛甫：《中部农村地区信息传播与农民观念、交往状况变迁——以安徽六安农村为例》，《西南民族大学学报》（人文社会科学版）2009年第8期。

构"概念，认为在乡村社会环境下，应当将社区组织、人际传播与大众媒介、网络渠道、社区媒介联合起来，协作建设社区信息传播框架，以推动农村地区信息化和现代化建设。[①] 在当前普遍以大众媒介特别是电视为主要关注点的乡村传播研究现状之下，这些观点敏锐地捕捉到了乡村群体传播中长期被忽视的人际传播问题。

第三，乡村信息传播活动受到地方传统文化的强有力约束。费孝通在考察乡村社会秩序时提出，乡土中国是一个区别于"人治"和"法治"的"礼治"社会，礼治是乡土社会的特色。[②] 费孝通所说的"礼"，是指社会公认的行为规范，与"法"的不同之处在于维持规范的力量："法"依托国家权力，"礼"则依靠传统。在西方社会科学的学术话语中，这些潜在的社会规范力量通常被统括为"文化"。文化包含一个特定群体的观念、价值、信仰的模式以及他们"典型的"思考和感知方式，这些观念、价值、信仰深刻影响并共同促使人们以某种方式行事。[③] 这些来自社会学和文化研究的洞见，对于理解中国乡村的信息传播和日常交往活动具有重要的指导价值。

总的来看，以社群概念定义乡村传播研究对象的基本特征，围绕乡村传播活动的上述三种特性建立分析逻辑，正是探讨中国乡村传播问题的有效途径。在具体操作中，这一研究路径要求完成主要模块的分析：其一是考察乡村社群信息流动的外在结构，包括空间结构、人际交往结构、媒介结构；其二是审察乡村信息传播活动的深层秩序。从理论预期来说，这两个模块能够最大限度地回答中国

[①] 刘小燕、李慧娟、王敏、赵雨思：《乡村传播基础结构、政治信任与政治参与的实证研究——"政府与乡村居民间的距离"研究报告之二》，《国际新闻界》2014年第7期。

[②] 费孝通：《乡土中国》，北京出版社2005年版。

[③] David Inglis, *Culture and Everyday Life*, London: Routledge, 2005, pp. 5–7.

乡村社群传播"是什么""为什么"和"会怎样"的问题。

二 发现乡村传播的一般性结构

本书的目标是阐明作为社群的中国乡村的一般性信息传播结构。在社会科学理论研究中,"结构"一词通常是指事物的组织和运行模式。但是具体到不同的分析语境时,研究者对它的含义的诠释又有差别。孙隆基在探讨中国文化的内在逻辑时,使用了"深层结构"[①]的表述,这里的结构是指一种文化结构。其他学者如安东尼·吉登斯[②]、费孝通口中的结构则又分别指向社会结构和人际关系结构。

在传播学领域,对于"传播结构"的一种朴素理解是基于拉斯韦尔所确立的传播过程 5W 模式[③],后者阐明了传播活动的基本要素和实施流程。后来的研究者大体上沿袭这一分析模式,但也会试图在新的传播实践语境下不断丰富其理论意涵。彭兰在讨论网络新闻的传播结构时,将其定义为网络新闻传播各要素的关系构成方式与运动方式,即传者、受众、内容、渠道、环境等的相互作用方式,并在信息流和意见流两个层面上分别构建传播结构模型。[④] 姚君喜除了将传播结构界定为各种传播主体之间相对稳定的传播关系模式之外,还引入了由这种传播关系模式所决定的社会意义网络,认为传播结构突出体现为社会意义的构成。[⑤]

[①] 孙隆基:《中国文化的深层结构》,广西师范大学出版社 2004 年版。
[②] [英]安东尼·吉登斯:《社会的构成:结构化理论大纲》,李康、李猛译,生活·读书·新知三联书店 1998 年版。
[③] [美]哈罗德·拉斯韦尔:《社会传播的结构与功能》,展江译,中国传媒大学出版社 2013 年版。
[④] 彭兰:《网络新闻传播结构的构建与分析(上)》,《国际新闻界》2003 年第 1 期。
[⑤] 姚君喜:《中国当代社会的传播结构分析》,《上海交通大学学报》(哲学社会科学版)2007 年第 5 期;姚君喜:《传播结构与社会话语生产》,《当代传播》2009 年第 6 期。

这些分析表明了不同研究者对传播结构这一概念的各自见解，他们将传播结构概念置于特定的传播情境下去讨论，用它去分析和解决传播研究中的具体问题，但没有系统性地建构它的学术话语阐释。

本书依托乡村社群传播的具体实践提出"乡村传播结构"的概念，将其作为一种工具和方法来解释乡村传播的中观问题。"乡村传播结构"是指乡村社群及其成员的信息接收和传播活动所表现出来的一般性组织和运行模式，它描述了信息在乡村社群中以何种方式被传播开去。具体来说，其含义包括三个基本要点：

第一，从"表层—深层"的二分法①来看，这里所讨论的传播结构属于"表层结构"，也即是说，它所描述的是外在的、具体的、可观测的和可变动的乡村社群传播活动的经验事实，而不是内在的、稳定不变的乡村传播法则，特别是文化和传统法则。前者通过田野工作来获取第一手的材料，通过梳理分类后进行理论化呈现；后者也是乡村传播研究的核心主题之一，本书中将使用"秩序"这一概念进行阐释。乡村传播秩序直接影响到传播结构的稳定性和变动性，二者相异相辅，共同构成乡村传播研究的基础框架。

第二，对"传播"的理解需要回归到它的本义。将communication译为"传播"虽然已经是通行的惯例，但它实际上过度强调了信息流转过程中的传播主体的主从关系，以及大众媒介在其中的作用。从知识考古的角度看，communication在拉丁文中与community是同一个字源，都是communi，即是要建立"共同性"（make common），也就是透过社区内人们面对面的沟通来分享信息和情

---

① 孙隆基：《中国文化的深层结构》，广西师范大学出版社2004年版。

感，以建立深刻的了解，因此它本应包括三种意义，即沟通、交通与传播。① 在更抽象的意义上，communication 还可以被阐释为"共享""交流"与"关联"②。这种正本清源工作之所以重要，是因为乡村传播结构本质上描述的是乡民日常交往中的信息流转模式，而在熟人社会背景下，乡民的大众媒介使用很可能与现代都市人群具有不同的特征，例如，日常人际交往活动在信息获取方面占据更强有力的影响地位。因此有研究者指出，随着传播手段在不同社会发展阶段的变迁、大众媒介传播机制的形成与成熟，乡村社群研究语境下的传播概念更多地在"信息互动和共享"的意义上获得认可。③ 由此，传播结构这一概念就应当在更广泛的意义上建立其外延，把乡村传播活动中的媒介化和非媒介化手段都纳入到研究范畴当中来，而不是仅仅考察基于大众媒介的、单向度的信息流转过程。

第三，在具体的内容指向上，本书所定义的传播结构被归纳为空间结构、日常交往结构和媒介结构三个方面，它们相互交织，勾勒出乡村传播的总体框架。这三个方面的提出，首先是建立在对研究个案的田野调查基础上，能够反映出乡村传播实践的整体样貌，反映出以社群分析为视角的中国乡村传播的基本要素和过程；同时，它在理论建构方面也不试图强行依附或简单套用某种关于结构的一般性原理，而是针对研究个案的理论分析而"量身定制"。本书在第三章至第五章的内容分别依照这三个方面为线索来搭建论证框架。

---

① 李金铨：《传播研究的典范与认同》，《书城》2014 年第 2 期。
② 喻发胜、张振宇、黄海燕：《从传播到"传联"：一个新概念提出的学理依据、现实背景与理论内涵》，《新闻大学》2017 年第 2 期。
③ 李红艳、左停：《乡村传播意义下的农村发展》，《新闻界》2007 年第 6 期。

在乡村问题研究中，对于信息传播结构的研究很可能至关重要。孟德拉斯所开展的乡村调查表明，如果人们改变了一个地区的经济结构，那么该地区的精神状态也就很快随之发生变化。①在传播学视角上我们也可以大胆地假设，在"信息化社会"②的时代进程中，乡村社群的传播结构决定了该乡村地区的信息结构和信息化水平，如果改变了乡村的信息传播结构，则乡村的文化教育、政治参与和精神状态都会相应地发生改变。实际上，前文所回顾的那些在现代化框架下考察大众媒介对乡村变迁影响的研究，已经部分程度上证实了这一假设。本书还将沿着"现代化""媒介化"的进路展开更多讨论。

第三节　民族志与田野研究方法

以上阐述了本书的理论资源和基本分析思路。接下来的问题是，整个研究过程将如何展开？

对于乡村传播问题的剖析和阐释，最根本的还是要回到实践中去，进入中国乡村生活社区的实际语境中。英国文化学者戴维·英格利斯说，日常生活包含的内容比我们想象的要有意义得多，即使是最为普通、不起眼的生活形态，也是对更为普遍的社会和文化秩序的表达。③特别是在受众研究领域，在日常生活中保持对受众的亲切体验与理性分析，是受众研究最好的

---

① ［法］孟德拉斯：《农民的终结》，李培林译，社会科学文献出版社 2005 年版，第 271 页。

② Manuel Castells, *The Rise of the Network Society*, Malden, Mass: Blackwell Publishers, 1996.

③ ［英］戴维·英格利斯：《文化与日常生活》，张秋月、周雷亚译，中央编译出版社 2010 年版，第 4—5 页。

归宿。① 因此，最可行的方法是首先在日常生活中捕捉事实和体验，然后结合既有的理论观点进行分析和探讨，这也是本书拟采纳的基本方法。这种方法反映在研究过程的实际操作中，具体指向民族志研究（ethnography）的田野工作（field studies/field work）。

民族志研究由马林诺夫斯基（Malinowski，一译为马凌诺斯基）在人类学研究中所开创，它是西方人类学对"他文化"进行考察分析时所采用的一种研究视角或理论工具，在操作方法上主要采用参与式观察为代表的田野工作来收集所需要的分析素材。② 民族志研究的主要工作是考察研究对象在特定社会情境中的语言和行为，并诠释他们对这些言行的理解，反映文化群体生活中的知识和意义系统；最终的成果通常以调查报告或案例研究为形式。③ 近年来，民族志研究作为一种质化方法逐渐扩大了其适用领域，被社会学等其他学科所采用。

民族志研究被引入传播学领域后，发展出传播学的一个新的分支，即民族志传播学，其先行者德尔·海默斯（Dell Hymes）在 1964 年《美国人类学家》（*American Anthropologist*）的特刊上最早提出了民族志传播学（ethnography of communication）这一术语。④ 民族志传播学的目标是通过对某一社区语言符码的解码来理解该社区成员的传播实践，它要求研究者必须通过广泛的田野工作来直接观察以收集资料，将传播实践置于特定的语言社区中

---

① 单波：《译者序》，载［英］罗杰·迪金森、拉马斯瓦米·哈里德拉纳斯、奥尔加·林耐编《受众研究读本》，单波译，华夏出版社 2006 年版，第 21 页。
② 谭华：《关于乡村传播研究中"民族志"方法的一些思考——以一个土家村落的田野工作经验为例》，《湖北民族学院学报》（哲学社会科学版）2006 年第 24 卷第 5 期。
③ Clifford Geertz, "Thick Description: Toward an Interpretive Theory of Culture", In: C. Geertz, ed., *The Interpretation of Cultures*, New York: Basic Books, 1973, pp. 3 – 32.
④ 蔡骐、常燕荣：《文化与传播——论民族志传播学的理论与方法》，《新闻与传播研究》2002 年第 2 期。

进行考察，并揭示传播实践所隐含的模式。因此，民族志研究虽然在其他一些社会科学领域主要被用作一种资料收集方法，但对传播研究来说它也是一种观察和理解世界的视野。[①]

在海默斯之后，西方的媒介和传播研究者发表了一些流传甚广的民族志研究作品，如戴维·莫利的《电视、受众与文化研究》[②]，柯克·约翰逊的《电视与乡村社会变迁：对印度两村庄的民族志调查》[③] 等。国内研究者也有一些作品问世，如郭建斌《独乡电视：现代传媒与少数民族乡村日常生活》[④] 和金玉萍《电视实践：一个村庄的民族志研究》[⑤] 等。不过，莫利等人的研究严格来说并非遵循了典型的、如马林诺夫斯基所定义的方法，后者一般要求研究者居住在陌生的或土著社区中开展研究。而莫利等人的研究实则采用了阐释民族志的方法，对自身所处其中的社会进行观察，同时并不遮掩自身作为研究者的角色身份，甚至认为局内人的身份更有助于对受众的情感和阐释的理解。[⑥]

通过浸入式田野工作所开展的民族志研究更能反映乡村传播的现实。在现阶段，生活在乡村地区的中国农民的经济水平仍然偏低，受教育程度也相应地不充分，社会科学研究中常被使用的社会调查方法，在农村媒介调查活动中可能并不完全适用。例如，一些中老年农民可能无法完全辨识或理解调查问卷上的文

---

① 蔡骐、常燕荣：《文化与传播——论民族志传播学的理论与方法》，《新闻与传播研究》2002 年第 2 期。
② David Morley, *Television, Audiences and Cultural Studies*, New York: Routledge, 1992.
③ ［美］柯克·约翰逊：《电视与乡村社会变迁：对印度两村庄的民族志调查》，展明辉、张金玺译，中国人民大学出版社 2005 年版。
④ 郭建斌：《独乡电视：现代传媒与少数民族乡村日常生活》，山东人民出版社 2005 年版。
⑤ 金玉萍：《电视实践：一个村庄的民族志研究》，上海交通大学出版社 2015 年版。
⑥ 曹书乐、何威：《"新受众研究"的学术史坐标及受众理论的多维空间》，《新闻与传播研究》2013 年第 10 期。

字，另外一些比较"精明"的青年农民可能会对调查活动产生误解和疑虑，这些都将影响调查数据的采集及其客观性。正式的小组访谈和深度访谈也面临同样的问题。再者，即使能取得部分有效数据，但通过量化的操作之后所获得的统计值能否说明复杂的社会实践问题，仍然是量化研究始终无法解决的先天性难题。反观民族志研究方法，研究者通过实地田野调查能够对乡村传播实践形成直观的认知，再借助于专业化的研究技能进行系统性辨析，进而形成对研究问题的完整观点。从已出版和发表的相关文献来看，以民族志方法展开的乡村传播研究也确实呈现出欣欣向荣的面貌。

本书主要依循这些解释，用田野方法来开展乡村传播研究。具体而言，我以一个高校教师的"文化人"职业身份进入到山东省的一个普通农村——白马村，考察这里的日常交往和信息传播过程。"文化人"是当地村民用本地语言表达方式给接受过高等教育的文化或教育工作者贴的身份标签，他们以此来建构我的个人形象，使我具有了某种程度上的"他者"属性，这种属性使我与研究对象之间保持了微妙的社会距离和文化距离，奠定了民族志研究得以展开的基础。

之所以选择白马村作为研究对象，原因之一在于白马村是我的家乡。研究者选择自己的家乡作为研究对象，在学界亦有先例。费孝通选择开弦弓村作为田野调查的地点写出了《江村经济》一书，除了这一地区本身具有研究价值以外，其优势也在于他作为本地人研究自己家乡时所拥有的各种便利条件，这使他在两个月内就完成了调查。有研究者将这种方法称为"在家的田野"，是人类学家和社会学者做田野的实践路径之一，其核心优势在于能帮助研究者获得可靠的社会网络支持，在常态的自然情境下收集到真实的第一手资料。①

　　除了上述优势之外,"在家的田野"也可能会面临一些风险。就民族志研究本身的操作要求而言,由于研究对象不是真正意义上的"他者",而是研究者所熟悉的人、事和文化,因此就必然潜伏着两个可能的隐患:一是研究者对材料的敏感度不足,不能完整捕捉有价值的信息;二是主观能动性过度,在分析过程中加入了太多个人的既有成见。如果这两个隐患不被恰当的处置,而是被研究者无意识地带入到研究过程当中,那么其研究结论的可信性就可能大打折扣。这是第一个风险。就学术研究的一般伦理而言,研究者回到"主场"开展工作,也可能面临操作规范性的质疑,比如是否通过私人的社会网络"走捷径"来获取研究数据。这是第二个风险。在我看来,第一个风险的规避依靠的是研究者的洞察能力和学术理性,同时,民族志作为一种质化研究,也应当容许一定的人文性,赋予研究者发挥个人见解和主观思辨的空间。第二个风险则主要看研究方法对研究结论的影响性质和影响程度,即是否可能导致数据失真,以及这种失真能够造成多么严重的后果。在我对白马村的调查中,亲身见证式的田野调查构成了主要的资料采集方式,并且记录成为文字、视频、音频材料;此外也有一部分资料来自个人的成长经历和记忆,作为本地人,我的记忆里面存储了丰富的故事和细节,这些内容对我的研究也同样有着重要的价值,而且比来自外部采集的表面数据更为真实可靠。总体来看,在自己的家乡做研究有助于研究者对考察对象和研究问题形成更为深刻的认知,而不至于为了时间进度而

---

① 管成云:《农村网吧里的孩子们——基于湖北省藕镇留守儿童互联网使用与社会交往的民族志调查》,《新闻学研究》(台湾)2017年第132期。

生产表面化的、粗糙的、缺乏质感的学术作品。在本书以下章节的讨论中，"在家的田野"所带来的方法优势多次得到确切的体现，我将在各部分的方法说明中具体进行解释。

当然，"在家的田野"并不意味着不需要系统性的调研工作。在面向特定的研究主题时，规范化的、定制化的操作方法仍然是必要的。具体到本书的调研工作来说，我在 2017 年 12 月至 2018 年 8 月期间，带着研究问题和调研任务目标开展了为期 8 个月的专项田野调查。整个调查工作分为两个部分，一是在武汉进行的案头资料梳理和文献调研，这是人文社会科学通用的研究工作模块，在此不再加以展开说明；二是在白马村开展的实地观察、参与和访谈，这是本书一手研究资料的主要来源。

在实地调研的工作过程中，我先后 4 次回到白马村实施田野调查。根据工作日程的安排，每次在村子里居留的时间不等，最短的 11 天，最长的 23 天。调查活动的内容除了到该村所隶属的 L 市的博物馆、文化展览馆等地采集一些文献资料之外，大部分时间用于田野工作，包括参与式和非参与式观察，以及针对特定焦点问题的小组访谈。在调研期间，我几乎每天"游荡"于村落的各个角落，冬天和晚上用"串门"的方式进入村民的家中，喝茶聊天，探听村里发生的日常生活故事；夏天就加入街头纳凉的人群，观察和倾听他们的言行。这些在村民看来没有任何目的性的日常活动占据我大半的调查时间。除此之外，我尽量参与到村里的其他事务性活动现场，例如，村民的结婚典礼、每月例行的水电费集中收缴、每五天一次的"赶大集"以及春节期间特有的"跑灯"现场。这些活动中人群更为密集，群体性表达更为典型，对于考察乡村社群传播特征有着很好的价值。

在这些田野调查活动中，我除了以旁观者身份默默观察之外，也会根据实际需要以局内人的方式参与交流。这种交流有两种目的，其一是为了让我能够更自然地融入交流的氛围，尽可能获得更多的素材，例如去各个村民家中"串门"。其二是通过与交流对象的互动，根据预先设计的或临时激发的调查目标，诱导他们表达对某些议题的观点，从而了解他们看待问题的方式。应该说，这种参与式交流并不同于正式意义上的"小组访谈"，在这样的交流中，我既不会预先设计固定的访谈提纲，也没有明确知会村民我所做的工作内容和性质。这也是借鉴了其他一些研究者做法。美国人类学者张鹂在对"浙江村"流动人口展开调查时，采用了半结构式的、开放式的问题，这些问题的提纲被她记在脑子里而不是打印出来出示给受访者，因为"一个民族志作者在他或她展开长期田野调查的地方是非常显眼的"，过于正式的访谈形式会惊扰到受访人，与其如此，不如只记下一些关键的词句，之后再尽快凭借记忆对其加以扩展。[①] 在我的田野工作中，从数据采集的结果来看，这样的方法是便利而且有效的。

在每天的田野工作结束之后，我会就把了解到的情况做整理和记录。录音和照片资料是用手机摄录的，在每次从白马村完成一次田野工作返回武汉后就导出到电脑上来。文字内容一开始使用传统的纸质笔记本，以日记的方式在每天晚上临睡前回顾一整天的工作并用文字记下。这种方法也会存在一个弊端，就是偶尔会遗漏一些细节，比如调查对象的言辞，但又不能随时携带纸笔，这样很容易干扰到调查对象的注意力。为了弥补这一缺陷，我后来改用手机上的备忘录功能，这样既可以随时做记录，摆弄手机的操作又不会引

---

① 张鹂：《城市里的陌生人：中国流动人口的空间、权力与社会网络的重构》，袁长庚译，江苏人民出版社 2014 年版，第 226—227 页。

起别人的疑虑。不过，无论采用哪种方法，这些记录都只记录关键的信息，而忽略掉没有实际意义的细节比如语气词等。因为这个缘故，我在本书中所引述的村民的话语很多并不是精确的原话复述。不过这并不妨碍分析的有效性，因为最重要的是事实本身，"对生活的真正理解其实从来不是靠'精确性'达成的"[1]。

民族志传播学采用质化的、解释性的田野工作方法去研究乡村传播活动，目前面临两种主要的批评或质疑。陆益龙以农村社会学研究为例，认为乡村民族志可能停留在村庄个案研究和一般经验研究之上，在方法论和认识论上可能陷入以偏概全的误区，因此建议引入实证的经验研究方法，主要是指抽样调查。[2] 在乡村传播研究领域，确实有研究者采用了抽样调查方法获取研究材料，如谭英的《中国乡村传播实证研究》[3]、方晓红的《大众传媒与农村》。[4] 但是，量化的数据存在天然的弊病，统计值不能解释"眨眼睛"[5] 的含义，也不能分辨全家人围坐电视机前观看同一个节目时的信息接收[6]有何差异。在以白马村为对象的乡村传播研究中，我力图分辨传播行动背后的文化和社会心理规则，这样的目标并不能依靠统计数据来体现。而且，问卷调查在个人研究者的乡村民族志研究中已被证实并不可取[7]，为了避免被视为"书

---

[1] 项飚：《跨越边界的社区：北京"浙江村"的生活史》，生活·读书·新知三联书店2000年版，第44页。
[2] 陆益龙：《后乡土中国》，商务印书馆2017年版，第50页。
[3] 谭英：《中国乡村传播实证研究》，社会科学文献出版社2007年版。
[4] 方晓红：《大众传媒与农村》，中华书局2002年版。
[5] [美]克利福德·格尔茨：《文化的解释》，纳日碧力戈等译，上海人民出版社1999年版，第6—7页。
[6] [英]戴维·莫利：《电视，受众与文化研究》，史安斌译，新华出版社2005年版，第85—134页。
[7] 薛亚利：《村庄里的闲话：意义、功能和权力》，上海书店出版社2009年版，第35—37页。

呆子"或者"上面派下来搞调查的",以及考虑到农民的文化水平和交流习惯,我从一开始就放弃了这种资料收集方式。

民族志传播学面临的另一个批评是,民族志传播研究常被视为参与式观察等方法在新闻传播学科的应用,以至于一些研究者去到村庄、工厂、社区"参观体验"两天,便可以在论文研究方法一栏写上"民族志"字样。[①] 这种批评无疑是尖锐的,不过它所指出的是学术概念的滥用问题,而不是民族志研究方法本身的缺陷。作为从人类学借鉴而来的一种范式或方法,研究者对民族志的理解受到其学术训练水平的影响,有可能运用的不够规范,但这不是方法论上的错误。本书的研究过程中,我先是系统地研读了人类学、社会学和传播学领域先行者的民族志著作,如马林诺斯基[②]、奈吉尔·巴利[③]、柯克·约翰逊[④]、萧楼[⑤]、吴飞[⑥]、金玉萍[⑦]等,从中学习和总结民族志传播学研究开展的方式方法,进而在后期的实地田野工作中,最大限度地遵循民族志研究中的三个基本规范:一是想方设法融入研究对象的日常生活,二是考察研究对象生活的方方面面,三是以"深描"作为解释现象的理性追求。[⑧] 此外,虽然民族志起源于"他者"对陌生异族文化的

[①] 沙垚:《民族志传播研究的问题与反思》,《国际新闻界》2018年第6期。
[②] [英]马林诺斯基:《西太平洋的航海者》,梁永佳、李绍明译,华夏出版社2001年版。
[③] [英]奈吉尔·巴利:《天真的人类学家》,何颖怡译,广西师范大学出版社2011年版。
[④] [美]柯克·约翰逊:《电视与乡村社会变迁》,展明辉、张金玺译,中国人民大学出版社2005年版。
[⑤] 萧楼:《夏村社会:中国"江南"农村的日常生活和社会结构(1976—2006)》,生活·读书·新知三联书店2010年版。
[⑥] 吴飞:《火塘·教堂·电视:一个少数民族社区的社会传播网络研究》,光明日报出版社2008年版。
[⑦] 金玉萍:《电视实践:一个村庄的民族志研究》,上海交通大学出版社2015年版。
[⑧] 郭建斌:《民族志方法:一种值得提倡的传播学研究方法》,《新闻大学》2003年第76期。

介入考察，但并不意味着研究者面对这种陌生时没有理论准备。马林诺斯基所归纳的民族志方法的第一条原则就是，"学者理所当然必须怀有科学的目标"，同时，民族志研究者"应该受到最新科研成果、原则和目标的启迪"[1]。有研究者进一步指出，民族志传播研究与传播政治经济学和文化研究是存在交叉的，完全有可能从人类学或民族志内部发掘理论脉络并纳入传播学框架中进行理论再生产，进而实现民族志传播研究的批判取向。[2] 因此，民族志研究者被允许且鼓励带着研究问题的预判和前期的理论储备入场，我在白马村开展的研究也正是如此：在做选题调研和设计之初就规划了理论脉络和分析方向，带着这样的规划去开展田野工作。

此外，在民族志研究的成果报告中还应注意避免可能存在的文本方面的弊病。以民族志开展的乡村传播研究必须融入研究对象的日常生活，"深描"研究对象生活的方方面面[3]，因此需要运用大量叙述性文字来铺陈研究对象的小问题和细节，这种情况下可能导致文风啰唆和累赘。[4] 也由于同样的原因，这类研究对理论的抽取相对不足，容易被碎片化的叙事所冲淡。例如，郭建斌曾坦言他的独乡电视研究存在理论指向不够明确、具体的问题，很多方面浅尝辄止，未做深入阐释。[5] 本书在书写过程中有意识

---

[1] ［英］马林诺斯基：《西太平洋的航海者》，梁永佳、李绍明译，华夏出版社2001年版，第4—6页。

[2] 沙垚：《民族志传播研究的问题与反思》，《国际新闻界》2018年第6期。

[3] 郭建斌：《民族志方法：一种值得提倡的传播学研究方法》，《新闻大学》2003年第76期。

[4] 郭建斌：《独乡电视：现代传媒与少数民族乡村日常生活》，山东人民出版社2005年版，第200页。

[5] 郭建斌：《在场：民族志视角下的电视观看活动——独乡田野资料的再阐释》，《传播与社会学刊》（香港）2008年第6期。

地注意了这一点，尽力做到行文清晰简洁，努力让叙事服务于论证而不刻意凸显其故事性或趣味性。

第四节　作为研究个案的白马村

本书选取的研究个案是山东省的 B 村。遵循社会学乡村研究的惯例，此处而隐去该村的真实名称，为行文方便而在文内统一使用"白马村"这一化名。

白马村隶属山东省 L 市，该市地处胶东半岛西北部，北面沿海。全市土地面积为 1928 平方公里，辖 6 个城区街道和 11 个乡镇，共计 977 个行政村。城市精神文明建设方面，L 市是首批全国县级文明城市、国家卫生城市、国家环保模范城市之一，先后获得全国社会治安综合治理先进市、全国法治城市、全国创先争优先进市、全国科技进步先进市、国家园林城市、中国优秀旅游城市、中国长寿之乡、山东省文明城市、山东省基层党建先进市等称号。经济建设方面，L 市先后进入全国农村综合实力百强县（市）、全国财政收入百强县（市）之列，建设发展了"两都""两乡""三城""三基地"，即中国月季之乡、中国玉米良种之乡，国家卫生城、国家环保模范城、国家园林绿化先进城，中国黄金生产基地、盐化工生产基地、石材出口基地。反映在 GDP 上，2000 年为 121 亿元，此后逐步增长，自 2015 年以来一直保持在 700 亿元以上，居民储蓄存款余额也相应地呈现逐年递增态势。

从统计数据来看，第一产业在 L 市的地方经济表现出明显衰退迹象。从 2007 年开始，农业粮食作物产量的增长明显放缓，2012 年开始出现下滑。同时，设施农业面积在 2015 年出现大幅度缩减，从上两个年度的 1105 公顷和 1795 公顷急剧压缩为 589 公顷。

人口数量方面，2001年至今，L市总人口数量保持高度稳定，始终在85万—87万；第二产业和第三产业的就业人口数值接近，从可获得的2013—2015年三年数据来看，保持在16万—17万相对稳定。①

历史文化方面，L市被国家民政部列入"千年古县"，其历史最早可以追溯到夏代，当时在这里建立了胶东半岛最早的封国。西汉时置Y县，明清时置L府。1988年的撤县建市工作中，Y县改建为L市。悠久的地方史积淀了地方文化，如云峰山摩崖石刻、虎头崖东海神庙皇家祭海遗址都在国内同类历史文化遗产中占据重要地位，草辫、滑石雕刻、蓝关戏被列入国家级非物质文化遗产名录，戏剧艺术中的京剧《锁麟囊》、吕剧《姊妹易嫁》的故事也是发生在这里。②

这些宏观经济、人口和文化数据简单勾勒出L市的基本轮廓，由此也大致描绘了白马村所在区域的社会现状背景。这些背景归纳起来包括三个基本特征：一是悠久的农业和封建历史文化，二是当前与国家经济建设相适应的地方经济发展；三是农业规模缩小，逐步转向现代经济模式的趋势。这三个特征对于描述改革开放以来中国农村的变迁，显然有着较好的普适性。因此可以说，L市作为一个县级市，其辖下的农村地区的总体面貌，能够代表中国农村地区的主流形态。这为研究对象的合理性提供了基本的保障。

作为一个行政村，白马村隶属L市辖下的Z镇。Z镇位于L市南部，距中心城区14公里，面积148平方公里，总人口4.2万。其前身是人民公社时期的Z公社，于1959年由金星公社、英雄公社合并而

---

① 这些农业、人口数据抽取自中经网数据中心统计数据库：http://db.cei.cn/page/Default.aspx，2019年5月4日。

② 关于L市历史文化的介绍参见L市政府网站：http://www.laizhou.gov.cn/art/2018/7/25/art_23180_1385929.html，2018年12月21日。

来。1984年社改乡为Z乡，1992年乡改镇为现在的Z镇。全镇共62个行政村，相邻行政村之间的直线距离一般在2公里以内，相比较于我国长江以南的农村地区，这种地理分布算是比较密集了。[①] Z镇拥有丰富的石材资源，号称中国石材之乡，在镇政府驻地的主街东端立一牌坊，上书"中国石都"四个大字。现已探明的石材总储量占全国1/6，从20世纪90年代末开始大力发展石材采掘和加工产业，是镇上主要的非农产业支柱。纵贯L市的省骨干道路S218从Z镇横穿而过，镇政府借助这一地理优势，以S218为区位核心建设经济开发区，集石材建材、集市贸易、第三产业、新农村生活社区为一体，并于2003年投资兴建国际会展中心，每年举办汽车、石材、食品加工、农机农械等展销会，用以推动经济交流，扩大乡镇对外交流。从Z镇经济开发区到L市主城区南环路仅10公里，而且由主干道路S218直线贯通，交通便利，因此这里实质上正在逐渐成为L市城区的一个延伸地段。

白马村就坐落于L市Z镇经济开发区的规划区域之内，属于比较典型的北方村庄。现有住户约250户，常住人口约700人。全村由1条主街和2条副街划为"川"字形，村民的房屋沿街修筑，井然有序。主街位于村东部，南北走向，大致与S218平行，是联结白马村和沿线其他村庄的主要干线道路，也是S218开通之前Z镇通往L市区的主干线。白马村的名称源于明朝时期在此处修筑的白马驿站，即政府官员和派出人员传递文书和情报途中食、宿、换乘的"服务区"，可见这里曾经的兴盛。这条街也是驿站时期的白马村的唯一街道，村内居民分布在这条街道两侧修

[①] 从2011年以来的统计数据来看，山东省农民人口数一直占全国农民人口数的7%左右，这个数字也表明了山东省农业人口的密集程度高于全国平均水平。

筑房屋居住生活。现在的两条副街分布在村子中部和西部，属于村庄内部道路，是村庄不断扩大之后，按照住宅用地的规划扩建出来的。村民如果要下地做农活，或者外出到别的村子或镇上、市里，大都要先经过村东部的主街。因此，这条街也就自然而然成为村庄信息流通的主要公共空间（见图2–1）。

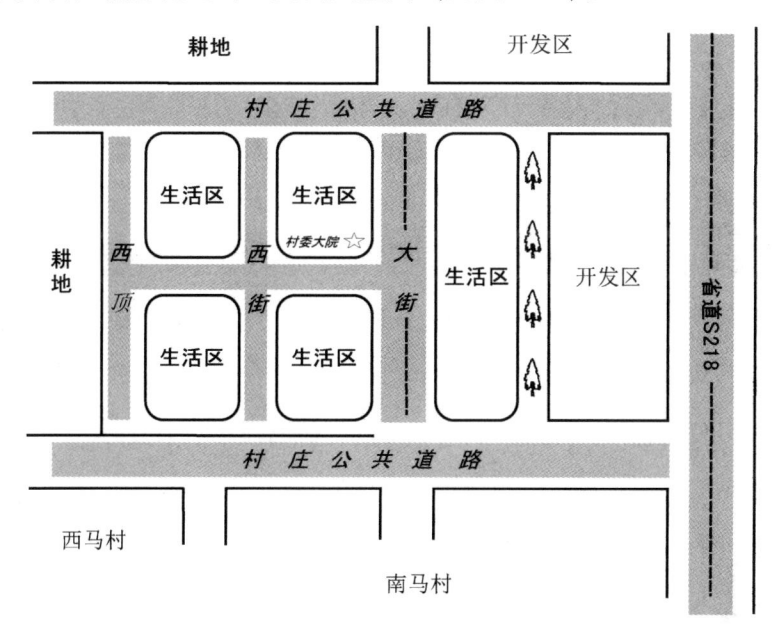

图2–1 白马村村庄布局平面

以白马村作为乡村传播研究的样本对象，其典型意义的体现之一在于它正处在传统农业乡村向现代新农村转型的道路上。从历史背景来看，白马村位于一个具有两千年历史的文化地域之内，必然受到中国传统文化的浸染；近代以来它又承担了官道、邮驿的职能，也可以说见证过封建时期"天朝上国"的兴盛。在现当代，随着交通和通信业的发展，地方特色文化的影响力越来越显著，山东省的孔子思想、齐鲁文化不但逐渐被全国人民所了解，更在本省人民心中打上印记，成为建立地方归属感、认同感的一种重要工具。这种文化印记也成为白马村传统文化的一个组成部分。而在当前，在 L 市和 Z 镇地方经济稳步增长的背景下，地处经济开发区规划范围之内的白马村也跟随大潮流发展经济，例如，开办村集体企业、出售出租集体农业土地用于建设石材工业园、招商引入草编工厂等。这些经济现代化的探索和推进，既有历史必然性也有偶然的因素影响，有乡村"能人"的带头示范作用，也有全体村民祈望致富的公众意识推动，[①] 但无论过程是怎样的，它都同时伴随着大众传播媒介和人际传播方式的转变，同时也包括思想观念和意识形态的潜移默化过程。这种境况可能是改革开放 40 多年来大部分农村地区经历过或正在经历的，这就使得白马村作为研究对象具备了较好的代表性。

其次，白马村作为一个行政村，它在地理空间上与周围的另外两个村庄——南马村、西马村——连成一片，中间仅由一条村庄公共道路区隔，实质上组成了一个大的自然村。这种情况在 Z 镇的 62 个行政村里面也是比较常见的，而且这些村庄往往由同一个村庄名称加不同的前缀组成，例如，东朱村和西朱村、东官庄和西官庄、大台头和小台头等。在这种空间格局之中，村民之间的熟悉程度按照由强到弱的顺序排列为：同一行政村内部＞紧邻的行政村所组成的自然村＞空间相对隔离的行政村。在"熟人社会"理论范式之下，这种村民之间的关系析出了不同的层次，其中那些介于熟悉和

---

① 社会学界对国内其他乡村地区的经济发展已经做了较多研究，从这些研究中提供的事实和地方经验来看，基本能够覆盖白马村近年来的经济建设路线。这部分内容不是本书研究的目标，相关讨论可参见黄宗智《长江三角洲小农家庭与乡村发展》，中华书局1992 年版；折晓叶《村庄的再造：一个"超级村庄"的社会变迁》，中国社会科学出版社1997 年版；[美] 施坚雅《中国农村的市场和社会结构》，史建云、徐秀丽译，中国社会科学出版社 1998 年版。

不熟悉之间的中间状态，贺雪峰称为"半熟人社会"①，苟天来和左停将其概括为"弱熟人社会"②。虽然采用的表述有所不同，但无论是"半熟人社会"还是"弱熟人社会"，都是在熟人社会概念基础之上对当代中国乡村社会关系状况的更深入的洞察，捕捉到当代生活和媒介环境下乡民交往行动的变化，从这个意义上说，"半熟人社会"或"弱熟人社会"的提法实际上指出了当代乡村社会交往的一个新特性。这种新特性被用于传播学视角特别是人际和群体传播的考察时，有助于从中探讨中国乡村居民在信息传播活动中的新变化。

再者，从人口和就业结构来看，白马村的发展状况明显受到了城镇化进程的影响。城镇化的过程和水平与固定资产投资、离中心城市距离、第二第三产业水平、农民人均纯收入、人口密度、非农人口数量等因素有着内在的关联③，以这些指标来衡量白马村近年来的发展变化时，很容易发现它正在向城镇化靠拢。以下一些事实可以表明这一点。一是白马村位于 Z 镇经济开发区和石材工业园区的经济圈内，村集体虽然没有直接投资相关产业，但外来投资商还是租用了村集体土地来修建厂房和道路；二

---

① 贺雪峰：《论半熟人社会——理解村委会选举的一个视角》，《政治学研究》2000年第3期。贺雪峰认为，如今的行政村中，村民之间相互认识而不熟悉，虽然共享一些公众人物，但缺乏共同生活的空间；若将自然村看作熟人社会，行政村便可以称为"半熟人社会"。不过，贺雪峰这里所说的行政村是指"行政村—村民委员会—村支部"结构下的建制，一个行政村由若干个地域分布较为辽阔、村民居住较为分散的自然村组成，其目的是便于国家进行管理，而自然村则是行政村下面的居民组。这种村庄结构与白马村的情况恰好相反，白马村在行政上是独立的行政村，在村民分布状态上是集中聚居的自然村；与之毗邻的南马村、西马村情况完全相同。同时，三者由于空间紧邻又组成了一个规模更大的自然村落。
② 苟天来、左停：《从熟人社会到弱熟人社会：来自皖西山区村落人际交往关系的社会网络分析》，《社会》2009年第29卷第1期。
③ 刘彦随、杨忍：《中国县域城镇化的空间特征与形成机理》，《地理学报》2012年第67卷第8期。

是随着经济园区的建设，村里通往 S218 进而通往 L 市城区的道路由之前的 2 条乡间泥土路变成了现在的 3 条混凝土硬化公路，大幅度改善了交通硬件，再加上小汽车拥有量的增加和公共汽车的贯通，村里通往城区的时间距离缩短、出行品质提升，相当于实现了空间的压缩；三是村里农业耕地急剧减少，全村约 1/3 的农业用地被租售给工业园区用于开建工厂和修建大型国际会展中心，务农人口也相应地减少。村里目前真正的务农人员只有 50 岁以上且经济状况没有得到根本改善的老年人，他们没有其他的创收门路，也没有退休金，只能靠种粮食"从地里刨食吃"。[①] 部分老农民自身身体状况较差，或者子女经济条件较好，就不再把种地作为基本维生方式，他们将"口粮地"以极其便宜的价格（20—50 元/亩/年）出租给别人耕种，或者干脆任其闲置，仅象征性的保留两三分（一亩等于十分）相对肥沃的耕地种一点粮食自产自吃。50 岁以下的村民家庭大致遵循了后一种模式，即只把种粮食作为副业，利用闲暇时间来打理农作物，其主要出发点在于"总不能让它（土地）白瞎了"，顺便也能满足自己的基本口粮需求，无须再"买着吃"[②]。这些事实向我们描绘了一个城镇化大潮冲击下中国乡村面貌，它正处在从传统向现代转型的过程之中。从这个角度上看，白马村也是中国当前农村总体情况的一个缩影。

将白马村视为一个乡村社群，并在田野调查基础上运用社群逻辑搭建理论分析框架，以此来探讨中国乡村传播的一般结构，这构成了本书的基本研究设计。在具体内容方面，本书所定义的传播结构细分为空间结构、社群交往结构和媒介结构三

[①] 截至 2019 年，L 市农村户口人员年满 60 周岁后，由政府每月发放养老补助 100 元。
[②] 2019 年，政府通过"驻村干部"方式着力宣传并规范了粮食种植补贴和保险制度，2020 年乙镇小麦种植面积比上年增加一倍。但青年农民从事农业种植的意愿仍然不强。

个方面，它们提取自对白马村传播实践的观察，并通过本书的理论分析得以验证。三者相互交织，反映出乡村传播的基本要素和过程，勾勒出乡村传播的普遍结构。以下章节的分析讨论将以此为线索展开。

第三章 乡村传播的空间结构

空间问题正在成为传播学研究的新主题，近年来出现了一些颇有影响力的研究成果。[1] 至于空间与媒介、传播的关系，基本理论命题是：①传播是空间的过程，指涉并构筑空间；②作为实践场所的空间因配备特定的传播设施而鼓励或抑制不同形态的传播；③传播既是空间动态的成因，也是其表征。[2] 在社区传播研究中，有研究者已经尝试将人们的空间实践与社区传播勾连起来，一方面突出社区的空间要素，另一方面在传播的符号性和象征性之外增添物质性的维度，使社区传播研究转向空间。[3] 在本章的讨论中，本书将通过在白马村的田野调查来阐明，空间要素是理解乡村传播结构的一个重要支撑点。

在展开讨论之前，首先对本书所讨论的"空间"概念做一点

---

[1] 参见孙玮《作为媒介的城市：传播意义再阐释》，《新闻大学》2012 年第 2 期；潘忠党、於红梅《阈限性与城市空间的潜能——一个重新想象传播的维度》，《开放时代》2015 年第 3 期；陈霖《城市认同叙事的展演空间——以苏州博物馆新馆为例》，《新闻与传播研究》2016 年第 8 期；於红梅《数字媒体时代城市文化消费空间及其公共性——以苏州平江路为例》，《新闻与传播研究》2016 年第 8 期。

[2] 潘忠党、於红梅：《阈限性与城市空间的潜能——一个重新想象传播的维度》，《开放时代》2015 年第 3 期。

[3] 谢静：《地点制造：城市居民的空间实践与社区传播——J 市"健身坡"的案例解读》，《新闻与传播研究》2013 年第 2 期。

必要的解释。中文"空间"在英文中对应两个单词,即 space 和 place:前者取抽象意义,指"社会关系的产物"①或"生产关系再生产的场所"②,在传播学中还可以具体化为信息流动的场域,如"公共领域";后者取实体意义,指社会实践发生的地理场所或物质环境。在本书对白马村的研究中,从研究对象和问题的实际出发,所讨论的空间维度特指其实体意义,即村庄居民发生日常传播和信息交流活动的场所。正是在这些场所中,作为社群成员的村民以身体在场的方式参与到面对面的人际和群体交流活动中。至于其他研究者所讨论的、抽象意义上的传播空间问题,例如"网络空间"③,本书将避免使用空间提法以免引起不必要的理解混淆。

首先,需要澄清的是社群传播空间与村落布局空间的关系。由于二者均指向地理意义上的人们日常活动的场所,因此必然存在内在的联系。这种联系首先表现为前者是后者的子集,如下文将要讲到的,白马村中信息的流转比较典型且集中地汇聚在若干个空间节点上,这些节点以不同的形态分布在村庄地理布局之中。其次,信息传播空间的分布还受到村落地理布局的影响,这种分布在行政村或自然村的边界之内并不均匀。在三条南北走向的村内道路所建构出的"川"字形村落布局中,位于最东侧的那

---

① Doreen Massey, *Spatial Divisions of Labour: Social Structures and the Geography of Production*, New York: Routledge, 1995, pp. 1 – 2.

② 勒斐弗是空间理论的阐述者。在《空间与政治》(*Espace et politique*)一书中,他这样描述空间的基本概念:"空间是一种纯粹的形式,是透明的、清晰的。它的概念排除了意识形态、阐释、非知。在这一假设中,空间的纯形式被掏空了所有的内容(感性的、物质的、真实的、实践的),而只是一种本质,一种绝对的理念……它所表现出来的,是社会的与精神的、理论与实践的、理想与现实的。"参见[法]亨利·勒斐弗《空间与政治》第 2 版,李春译,上海人民出版社 2008 年版,第 26、38 页。

③ 韦路、王梦迪:《微博空间的知识生产沟研究:以日本核危机期间中国网民的微博讨论为例》,《传播与社会学刊》(香港)2014 年第 27 期。

条是主要干道，是村里最早的、最宽的、利用率最高的道路，同时也是连通白马村与周边其他村落的骨干道路，本村人称为"大街"；与之相邻的中间一条街道被称为"西街"，因为它在早期是白马村里"大街"西侧唯一的村内公共道路；而目前位于村庄最西部的那条街道，由于成型较晚、地势较高，被村民称为"西顶"。从调研结果来看，作为村庄主干道的"大街"比另外两条街道承载了更多的村庄信息流通的空间节点。

概言之，这里所说的"空间"是指村民以身体在场的方式进行信息传播活动的场所。在白马村，这些场所散布于街头、村头、村委会大院、集市、菜园、店头、村民家中等地方。按照这些空间的可进入方式，本书将它们划分为"开放空间"和"私隐空间"两大类。

第一节　开放空间

所谓开放空间，是指未设置空间隔离设施（如墙或门），任何村民无须身份认证即可身体进入的空间场所，例如，村庄公共道路或集市等。本书在此处有意避免使用"公共空间"的表述，因为这里所使用的"空间"概念特指其物理实体意义，使用"公开""开放"来描述它的物理特性更为准确。而"公共空间"一词，在城市规划中虽然也在事实上指向开放空间，如街道、公园、娱乐场所、广场以及其他公众所有和管理的室外空间，以对应于私人领域的住房和工作场所[1]；但在社会科学语境下更多被强调其政治学意义上的"公共性"，被理解为一个公众可以发表

---

[1] 托内拉：《城市公共空间社会学》，《国际城市规划》2009年第24卷第4期。

言论的信息平台，例如"公共领域"相关研究中即取此意。① 所以，"开放空间"的提法既是为了明晰地阐释白马村传播结构中的空间概念，也是为了避免引起与"公共领域"等近似表达的混淆。

一 "纳凉点"

在白马村，最为显著的一类开放空间是位于街头的"纳凉点"。"纳凉点"是本书为了便于描述和理解而创造性地对这类空间的命名，本地村民们并没有使用过这个说法。在白马村的日常表达中，村民通常用"上街风凉风凉"或"上街坐会儿"的措辞来表达"出门去街道上某个集合地点透透气或找人聊天"的意思。在村民们平时各自的事务性活动中，如果在街头巷尾走到照面，大都会彼此打个招呼。但在这种情况下，除非上了年纪的老人需要趁机休息，否则一般不会停下手头的事情来聊天。而聚众闲话则完全不同，与偶遇式的简单互动相比，它最大的特点是"坐而论道"。他们坐下来闲谈或休息的地点也就是本书所称的纳凉点。需要说明的是，这种"纳凉"行为并不仅只发生在夏天，而是贯穿于一年四季，即使在北方寒冷的冬天，也只是更改时段和压缩时长，比如从上午和傍晚改为下午，而不是取消它。换句话说，"上街纳凉"的真正含义其实是走出家门、找人聊会儿天的意思，与都市人所说的"出门散散步"大致相同。这样，所谓纳凉点也就是指街头闲话活动中相对固定的集中地点（见图3-1）。

作为一个具有特定理论含义的传播空间节点，白马村的街头

---

① 公共领域理论源自阿伦特和哈贝马斯，目前国内学界普遍使用这一译法。不过，哈贝马斯的《公共领域的结构转型》一书的德语原版所使用的 Öffentlichkeit 一词原有"公开""非私密"的意思，从他在该书中对沙龙、咖啡馆的描述来看，译为"开放空间"或许更为恰切。不过，随着研究主题和问题的不断拓展，"公共领域"的译法反而更契合当前的理论探讨语境。

图 3-1　白马村主街上的"纳凉点"之一

纳凉点是通过三个方面的特征来定义的：一是经常参与闲谈的村民数量为两人及以上且大致固定；二是开始和结束的时间呈现一定的规律性；三是场地位置固定不变。这三个特征使其具有某种程度上的"仪式感"，这种仪式感促使纳凉点逐渐演变成相对固定的村庄信息中转站，体现出传播空间节点的意义和价值。

在 2018 年 7 月的田野工作中，我对白马村的街头纳凉点进行了针对性考察，主要留意了四个方面的数据：空间分布、时间规律、参与者特征、谈话内容。由于我从小在这里长大，村里的基本情况已经非常熟悉，此次考察所做的工作主要是在早、中、晚的不同时间段上穿行于村子的各条道路进行观察和记录。根据经验，在一年中的大部分时间（气温很低的冬天除外）来做这项工作，所得到的结果都是差不多的；之所以选择 7 月是考虑到两个因素的影响，一是 7 月正值当地农闲时节，二是白天较长且天气炎热，这两个因素决定了这个时节街头闲话活动的范围和强度都更为突出一些。

我用了一周时间去做这项"踩点"工作，并收集了比较详细的数据材料。其一是纳凉点的数量。将上文所定义的人物、时间、场地这三个特征作为衡量标准，如果某个村民聚集地点同时符合这些特征，就将其计算为一个纳凉点。结果发现，全村纳凉点的总数多达21个，其中还不包括下文将要提到的"门头"。而白马村的居住生活区域（指由村民房屋所自然划定的日常起居范围，排除掉行政村辖内的耕地、菜地、林地、荒地等，见图2-1）约为南北长0.5千米、东西宽0.25千米的长方形，面积约为0.12平方千米。按平均分布来估算的话，大致相当于每隔70米左右就有这样一个纳凉点。

70米的距离是个什么概念呢？这意味着相邻两个纳凉点之间的村民不但能够彼此观望、辨识身份，甚至可以在环境安静的时候听闻彼此的谈话内容。在21个纳凉点中，这种彼此紧邻的情况十分常见，特别是在夏天的晚上，还会增加一些"临时"纳凉点，这就使得人们之间的距离更加接近，有时候两个纳凉点之间仅相隔20—30米。但即便距离如此之近，两个纳凉点上分别聚集的村民也不会主动聚拢到一起来，而是保持着三五成群的彼此独立性，最多遥遥打一声招呼。

其二是它们所分布的空间位置。白马村的村落布局属于比较典型的北方农村类型，村民的住宅房屋排列紧凑有序。村落的整体轮廓（指居住生活区域，下同）大致上呈长方形，由三条南北走向的街道划分为"川"字形，中部又有两条东西走向的村内道路进行分割，这样，村庄总体又呈现为棋盘状布局。村民的房屋坐落于"棋盘"的每个格子里面，鳞次栉比，山墙相连，类似于都市社区中的联排结构。这种布局当然不是自然形成，而是村镇集体对每户家庭的宅基地实施统一规划的结果。这种规划的细则包括若干个参数，除了经纬度位置之外，还有：①朝向，统一为坐北朝南修建；②面积，以 4 间瓦房为单位，每个单位为一户；③高度，相邻"联排"的房子须统一屋檐和屋顶高度；④院墙，也须与邻居保持在一条直线上。需要说明的是，除了经纬度位置之外，这些规则并不是由政府文件规定或者政府强制力保障实施的，而是由风俗习惯、邻居协商、舆论监督和冲突斗争四种途径所建立和维持，反映了乡村内部自生自发的社会秩序。

这种有序的棋盘结构营造出若干大大小小的十字或丁字路口。这 21 个纳凉点几乎都位于某个路口的角落方位上，依靠着房屋的山墙。这是它们在坐落位置上的一个规律。另一个规律是纳凉者在地点选择中的"空间就近原则"。调研发现，村民们选择的经常且习惯性聚集的纳凉地点，基本都在距离他们的住所半径约 30 米之内；对于其中大部分人来说，他们所选择纳凉点的位置就是距离他们院门最近的一个十字或丁字路口。①

显然，聚集地点的路口属性与信息的流转有关，对于一个成员保持面识的生活聚居社区来说，内部交叉路口天然是社区信息的交汇点；而空间就近原则能够很好的解释白马村的纳凉点数量众多、分布密集的原因。另外，对这两个规律的更深入审视可能激发另一种思考：信息需求与传播设施二者孰为因果？真的是村民的社会交往需求促使他们搭建了一个个的纳凉点吗？如果答案像表面看上去那么确定，为什么他们不会汇集到几十米之外的纳凉点上去？或者是否可以认为，纳凉点是村子里天然的信息传播空间节点，它们作为先行的存在而吸引了村民的身体参与？这些

---

① 这一发现得益于我的"本村人"身份，我在这里的生活经历使我认识村里每个人（虽然不能准确说出所有村民的名字，尤其是"大名"），也知道全村每户人家的房屋位置。

问题值得进一步的考察。

其三是村民在纳凉点的活动内容。在中国北方的其他某些乡村，村民们在吃晚饭的时候有一种习惯，他们端着饭碗走出家门，聚集在村中某处边吃饭边聊天。这种现象被研究者称为"饭市"[①]。白马村村民的"纳凉"行为与"饭市"所描述的场景有些相似，但前者的发生时间更为离散，从早晨到深夜都有可能，且持续时间较长。至于到大街上吃饭，在白马村以及周围相邻村庄中，在我所了解的最近的几十年间都未曾有过。其原因很可能与某种朴素的隐私意识有关，很多村民（特别是妇女）都有意无意地表示过不想被别人看到自家吃的食物，认为别人看见了就会"上街哇哇"（方言，指四处传扬），如果吃的差就会被取笑，如果吃的好就会招人嫉妒。在我所调查的纳凉点的街头闲话中，议论别人家的饮食状况确实是话题内容之一，这在中年妇女小群体中间尤为明显，而且其情感色彩要么是揶揄，要么是嫉妒，几乎没有不带有情感倾向的中性评论。

既然没有"饭市"，聚集在纳凉点的人们通常做些什么呢？事实是只有闲谈，或者干脆就是枯坐。这种景象可能与现代都市人群的想象不太一样。在他们的某些想象中，男人下棋、女人打毛衣、孩子围在老人身边摔泥巴可能是典型的农村纳凉点的画面。而白马村的实际情况是，棋牌活动还是会有，但已经变成另外一种不同于纳凉的主动娱乐活动；手工针织的现象已基本绝迹，现在农民们普遍接受了直接购买成衣的消费模式；青年人和儿童的身影则基本从街头纳凉活动中消失，他们打发闲暇时间的

---

① 陈新民、王旭升：《电视的普及与村落"饭市"的衰落——对古坡大坪村的田野调查》，《国际新闻界》2009 年第 4 期。

活动从户外转向了室内。最终，在我所观察到的白马村纳凉点中，最典型的场景是三五个中老年人聚在街边或拐角，自带便携折椅或坐在条石上，有一搭没一搭的聊上一些没有主题的闲话。气氛的热烈程度——更严格地说是冷淡程度——通常取决于最近是否发生了什么"大事件"，或者是否偶尔有年轻人参与进来并带来一些新鲜的话题。闲话的内容从柴米油盐的鸡零狗碎到张三李四的家长里短，再到电视上看来的、别人嘴里听来的所谓国家大事，都会有所涉及，但都没有什么规律性，以至于我一度以为这部分的观察不会有什么值得讨论的发现。然而经过长时间的参与体验之后，还是发现了纳凉行为中的一个典型特征：在所有的纳凉活动中都有一项共同的"操作"，即纳凉者对途经者的"注目礼"及紧随其后的"巷议"。

"注目礼"是指，每当有本村或邻村村民乃至陌生人途经纳凉点时，纳凉者都会对其进行目光迎送。如果是本村或邻村的熟人，还可能会伴随一句招呼或点头示意，有些情况下途经者也会借此停下来聊上几句。当途经者的身影逐渐远去的时候，纳凉者们就暂时停止了此前有一搭没一搭的话题，开始将关注点转向他/她的身上，交换彼此对他/她的见闻并加以评论。对于我这样身处纳凉点当中的观察者来说，这成为我获取村子里各种逸事的最有效渠道，而且，很显然这也是村民之间交流和传播村庄事务的重要方式。纳凉者踞守在交叉路口，观察来往的相识和不相识的各色人等，并在他们远去之后彼此分享只言片语的散碎信息，再用自己所熟悉的思维模式和行事习惯加以串联和编织。经过这一连串的工作之后，他们经常能够将散布在各人那里的零散信息拼接成一个完整的图景，厘清关于途经者的某个故事的来龙去脉。这个发现让我感到吃惊。虽然我无法逐一确认他们拼接起来的故事图景是否准确,但听上去确实算得上合情合理。以下是我在一次纳凉点观察记录到的情况。①

  时间:2018 年 7 月 21 日晚 21:00 左右
  地点:大街南部、村民 YYJ 家山墙外临街纳凉点
  纳凉者:YYJ、SGZ、LXT、LFM、YZZ、YYS
  途径者:LZB,骑电动车由南往北
  对话内容:
  LZB(停下打招呼):都在这风凉?
  YYJ:这是上哪了?
  LZB:在南边(指隔壁南马村)玩儿了会儿。
  SGZ:打麻将了吧?
  LZB(笑):哪有,老长时间不玩儿了。
  YYS:忙着挣大钱吧。
  LZB:哈哈,真能笑话人。
  YYJ:他们(指经常跟 LZB 一起打麻将的人)在谁家打(麻将)?
  LZB:我真不知道,我上南边看看卖水泵的,我那个这几天老是犯毛病。
  YYS:(老板)晚上没在店里吧?
  LZB:没在。明天再去看看吧。我走了哈。(向全场致意并骑车离开)
  (目送 LZB 离去之后,在场者按照"惯例"进行了议论。)

---

① 这段对话仅凭短期记忆记录大致的对话内容,并且为了表达方便对白马村的地方方言进行了一定程度的书面化处理。我在大部分此类田野工作中都没有做录音,原因在前文已有说明。下文引述的内容默认亦遵循这一处理方式。

LXT：刚才这是大 B？我这眼神一到晚上就什么也看不清了。

YYJ：嗯。（面向全场）他不是每天在南马村和那些人一块打麻将吗？

SGZ：好像有一段时间没打了。

YYS：在村北头那儿赁了块地，准备搞业务。

YZZ：什么业务？

YYS：好像是准备种什么果树。

YZZ：难怪这几天老是看见他媳妇风风火火的南北跑。

SGZ：他儿子今年多少岁了？

……………………

最终，经过参与者的信息拼接，这场即兴的议论把 LZB 的近况基本梳理清楚：他最近不再参与聚众打麻将，并在村北租了一片耕地筹备果树种植业务，这项业务很可能会赚大钱。此外还顺便确证了他媳妇的动向和他儿子上学的表现。这样的叙事在每个纳凉点都在发生。通过这种街谈巷议的方式，本地乡村的各类人、事信息不断被扩散、确证、记忆强化，纳凉点在其中发挥了信息运输的空间节点的作用。

二 "门头"

与街头纳凉点有着相同基因的另一处开放空间是"门头"。这是当地方言中使用的一个词，含义与"店面"接近，只不过所涵盖的范围要更广一些。在白马村和周围邻近村子里，门头泛指一切公开营业性质的小型的店面，如村卫生室（过去的"赤脚医生"规范化后设立的固定医疗网点）、个体商店、摩托车维修部、磨坊、理发店等。这些店面在门口外面临街的位置通常有一小块平整的地面或修砌的平台，以作为"客户"造访时的依靠点。在白马村，这些门头中的一部分成为固定的"闲人"聚集点，村民们闲来无事时常常会在这里聚集休闲打发时间，因此门头也构成了白马村信息传播的一类空间节点。

与街头纳凉点相一致，"合理的"地理位置是门头成为信息空间节点的必要条件。门头作为营业场所，原本就大多选址于主街道和交叉路口，例如，白马村最早的"永兴商店"位于"大街"的中部（也就是村子的中心位置），另一家"腾东超市"位于南部村头的十字路口，与一路之隔的南马村毗邻；"小妹理发店"和南马村的"老C修车行"也位于这片十字路口区域。村卫生室之前被设置在赤脚医生LM的家中，由镇卫生院统一接管之后也被独立安置在大街上的临街门面房中。这种地理位置使得它们具备了成为信息流通节点的地利条件。

另外更为重要的影响因素是店面经营者的处事风格。这是促成门头与街头纳凉点之间性质差异的主要原因。相比较来看，街头纳凉点的"场地"是公共性质的，纳凉者的聚集主要遵循了空间就近原则；而门头带有明显的私人所有性质，"闲人"在这一场所的聚集必须考虑到人际关系问题。换个角度来说，如果门店的经营者不喜热闹，就不会"招揽"闲杂人等在他家的门口聚集玩耍；反之，如果村民不喜欢经营者的为人，或者人际关系相处不好，也就不愿到这里逗留。例如，"小妹理发店"是村里营业十多年的老牌理发店，但却没有成为白马村的信息空间节点之一，因为店主李小妹本人性格安静内敛，不擅长开玩笑和"吹牛皮"，所以她经营的门头就没有成为附近村民们闲聚之地。

不难发现，在门头这类开放信息空间中，人们的交往活动成为最值得关注的部分。如果说街头纳凉点是一种"空间性聚集"的话,那么门头则是一种"关系性聚集"。在2018年7月期间,白马村南端的腾东超市每天上午和下午都会围聚五人以上,"人气最旺"的时候在下午3:00—5:00,最多可达十人。这些村民的人员结构特征与街头纳凉点有很明显的差异:他们不只来自白马村,同时也有来自隔壁南马村和西马村的村民;除了那些因为路过打招呼或进商店买东西而短暂逗留者之外,围坐下来聊天、玩耍的都是男性;年龄结构上以中年人为主,也有少量老年人和青年人。这些特征与街头纳凉点的就近聚集、老年人和妇女居多的特点构成了清晰的分界。特别是,这些人群的共同特征是彼此之间保持了一种超过普通街坊邻居之平均水平的相熟关系,而且他们大部分都与腾东超市的店主夫妇相熟。例如,常来此处的村民LLG与腾东超市店主LTD是近亲,LG与南马村的SZW曾长期合作跑过货运,YZH与LXM是前后屋的近邻。

这种人员结构和关系也决定了他们的活动内容不仅限于枯坐、聊天。在局外人看来,腾东超市门外这片场地看上去更像一个小型户外娱乐场所——虽然娱乐的内容很简单,就只有象棋和扑克。7月的下午,这里最常见的景象是在商店门口外面的空地上围坐两拨人,分别用一块一尺见方的石头支起棋盘和简易小桌,一拨人下棋,一拨人玩扑克牌,其他人围观。参与者和旁观者一边关注棋牌,一边高声交谈喧闹,交流着村里和乡镇发生的新鲜事。这样的娱乐活动是门头聚集点的日常,也是人气黏合剂;如果没有这些活动,十余名成年男人围坐闲谈的景象是不可想象的。此外,和街头纳凉点一样,对过路者的注目、招呼和私下议论也一直都有,而且由于这里的聚集人员数量更多、成分更复杂,所以可交流的信息量也就相应的更大。我在这里的参与观察期间，除了白马村本村事务之外，还听到了更多 Z 镇里和 L 市里的故事，这是街头纳凉点的闲谈内容较少具备的。

当然，像腾东超市这种"人气鼎盛"的门头并不多。在白马村，只有村委大院和 CK 自行车专卖店具备同样的热闹水平。白马村的村委位于村子中部，地处南北大街和东西大街的交叉口（见图 2-1），房屋结构与普通村民的房子一样，由坐北朝南的四间瓦房和一个院子组成。某种角度上说，它是真正意义上的"人民村委"，村民们可以随时到这里来闲坐，还可以免费使用这里的公共设备，如烧水壶、茶具，以及一副硕大的象棋棋具。冬天，这里搭起一个烧的很旺的火炉，不间断地烧开水，成为村民们取暖、喝茶、聊天、下棋的好去处；不过在其他季节就要冷清一些，由于安全管理、农忙、天气等原因，村民们不会总到这里来消磨时间。CK 自行车专卖店是 LK 经营的，他今年 35 岁，年轻、精明，属于农村青年当中比较愿意"闯一闯"的那一类。为了谋求更大的客流量，他把自行车专卖店开在白马村东边的经济开发园区里面，距离村子约 1.5 公里。按照农村里的距离概念，这个位置已经算得上偏远了，但 LK 在村子里有好几个"铁哥们"，这些朋友们经常到店里去聊天抽烟喝茶，或者凑够人手之后就玩扑克牌。在当地，人们最喜欢的玩法是"够级"，使用 4 副扑克牌，6 个玩家共同游戏。年轻人大多热爱这种扑克牌玩法，因此总是能够打电话招呼来足够多的牌友；这样，CK 自行车专卖店所聚拢的小群体就具备了更鲜明的年轻化、结构化和关系密切化的特征。

总体来看，腾东超市和 CK 自行车专卖店通过门头这一活动空间聚集了一批比"街坊邻居"关系更为紧密的小群体，上文所述的街头纳凉点则培育着另一类相对松散的村庄闲话群体。在两者中间还有一些混合型区域，它们具有二者各自的部分特征，但又不具备二者中任何一种的典型性。"永兴商店"和村卫生室这两处空间就属于这种情况。在表面上，它们通过固定的门头地点和高度规律的"开放时间"制造了一个稳定的信息空间节点，但从人员组成来看，它们又与街头纳凉点更为相近，来到这里的村民们以老年人和妇女为主体，通常遵循空间就近原则，以枯坐的无主题闲聊和对路人的注目礼为主要活动形式。这三种类型的村民闲暇聚集形态构成了白马村村民之间信息流转的主要开放空间节点。

三 其他开放空间

以上从空间的角度，考察了村民们以街谈巷议的方式进行的日常信息活动。这些活动的共同特征在于，它们是在闲暇时间进行的，其活动的目的就在于活动本身。在这个意义上，我们可以将纳凉点、门头等场所视为一种"专门"用于日常信息交流的空间。言下之意自然是说，除去这两类空间之外村民们还有其他信息交流的场景。实际上，当我们将熟人社会理论观照下的乡村视为生活社群时，就已经承认了其中可以存在以多种时间、地点和多样化方式进行人际沟通。具体来说，在本书所定义的开放空间范围内，还有一些"非专门"的信息流转空间，即村民用于非闲暇时间的、生产生活的空间。在这些空间中，村民们从事着各自独立的生活和生产活动，但同时因为彼此之间的人际接触而在客观上实现了信息的交流，或者说，信息交往在这类空间中以"副产品"的形式出现。这类空间中比较有代表性的是"菜园"和"集市"。

白马村的菜园是位于村子东部一片总面积约 2 亩的集体土地。为了便于蔬菜种植，这一整片菜地被分割为若干个宽约 1.0—1.2

米、长约 8—12 米不等的菜畦。这片菜园在人民公社时期是村里集体种菜的专门用地，现在它按照行政村在册户口分配给各家栽种，是白马村村民日常蔬菜的重要来源。由于各家的菜畦都集中在这片菜园中，当村民们在这里种菜、除草、浇水、采摘时，便会在田间地头相遇。这就使得菜园成为村民日常互动的另一个空间。与菜园相比，其他农业劳动的空间，如小麦、玉米、花生等农作物耕地和桃树、苹果等果园种植用地，都不能算作信息空间，因为这些耕地面积要比菜园大得多，人们在田间进行这类农业生产时并不会有很大的碰面概率，即便偶尔遇到了也不会停下手上的农活而坐下来聊天（见图 3-2）。

图 3-2 白马村的集市（一）

如果说菜园属于村庄社群内部空间的话，集市则是一种能够联结周边多个村子的外部公共空间。在当地农村，集市是农民购买（也包括售卖）日常生活用品和蔬菜副食的主要渠道，它在政府规定的区域内按一定的时间周期（通常是每 5 天）举行，为邻近的多个村子提供商业服务。对白马村村民来说，最近的集市位于南边毗邻的南马村主街上，这条主街通往村外的那一段乡村公路地势开阔，适合农村摆摊设点的赶大集活动。由于南马村和白马村只有一条马路的区隔，集市地点对于白马村村民来说并没有任何隔离感，日常交流中他们会使用"去赶集"这种表达，而不会说"去南马村赶集"。稍有不便的是周边相对距离更远的几个村子，例如，往南 2 公里之外的大福庄、往北 3 公里的东官庄和西官庄、往东 4 公里的蔡家庄等，但这并不妨碍这些村子的村民在每逢农历尾数为 3 和 8 的日子过来赶集，因为南马村的集市已经是距离这些村子最近的一个了（见图 3-3）。

图 3-3　白马村的集市（二）

赶集的主要活动内容当然是各类生活用品和肉菜食材的买卖，但同时也是各村村民们碰面、问候、叙旧、聊天的一种承载平台。特别是对于那些中老年农民来说，他们在年轻时因为农村集体公社制度的原因往往对周边村子的人和事非常熟稔，但现在却没有太多走街串户的机会，因此集市就成了他们遇见其他村子熟人的有效途径，同时也是他们了解外村消息的重要渠道。总的来看，菜园构成了本村村民之间日常互动的一类空间，集市则促进了邻村村民之间的信息交流。

第二节　私隐空间

相对于开放空间而言，那些设有门窗或墙壁等隔离设施、需要被允许才可以进入的场所就成为私隐空间。[①] 显然，私隐空间在外在形态上是一种室内空间。在白马村，当我们从信息传播的视角去审视这种空间时，它主要指向了村民住宅的"屋里"。

在 Z 镇当地，各村村民的宅基地规划均为正方形，主要结构分为"正屋""厢屋"和"天井"三部分。北侧为正屋，直列 4 间，一般筑为三角形瓦房屋顶，是村民住宅的主体部分，大约占宅基地总面积的 1/3。南侧为天井，也就是院子，通常会用院墙围起来呈封闭结构，并在正南方向开院门作为整栋房子的大门。厢屋位于东侧或西侧，南北走向，北面与正屋相接，主要用来做厨房、厕所、存储粮食和农具等杂物。大部分村民家里只建盖一栋厢屋，也有的同时建东、西两栋，这样虽然压缩了天井的面

---

① 科恩认为，都市空间可以分为开放空间和私人空间，前者如政府所有的道路、公园，后者如个人所有的住宅。在此二者之间又有一种混合空间（hybrid spaces），例如，由企业等社会组织所有的商场、酒吧和咖啡馆。对于这类介于公私之间的空间，她称为社会空间（social spaces）。参见 Margaret Kohn, *Brave New Neighborhoods: The Privatization of Public Space*, London: Routledge, 2004, p. 9. 在本书针对白马村的讨论中不采用社会空间这一概念，如前文所述，村庄商店、卫生室等场所都被纳入开放空间的分析范畴。这是基于对具体研究情境的考察。白马村所呈现出的是一种中国传统的熟人社会特点，西方文化中的所谓半开放空间，在当地村民看来实际上等同于开放空间。

积，但是可以获得更多的室内空间。但是不管如何规划，卧房、饭厅、起居室都是在正屋，接待亲戚和客人也都是在正屋。当有亲友或街坊来访时，房主会请他/她到"屋里坐"，也就是进入正屋的意思。

没有明确事务性目的而进入别人家中聊天、闲话，就构成人们平时所说的"串门"。这在中国农村地区是非常普遍的现象，在某些地方甚至是使用率最高的人际交往方式。① 在白马村，串门活动通常表现出以下几个特征：第一，串门一般发生在本村村民之间，极少有跨村串门的现象，除非带有事务目的才会出现跨村登门拜访的情形；第二，串门可以是相互的，也可以是单向的，有些村民经常去别人家串门，很少在自己家里接待别人，而有的则相反；第三，与街头纳凉点相比，串门活动更像是一种"点对点"的社群成员交往，发起者一般是单独行动，较少有集体性的拉上几个人一起去别人家串门；第四，串门行动也并不像街头纳凉点那样遵循空间就近原则，而是遵循"对象优先原则"，被串门对象如果"人缘好"、待客热情或者是近亲（亲缘关系的影响下文还有更多讨论）就会吸引更多的串门者，否则就相反；第五，串门者既可以是女性，也可以是男性，其中女性大致以中老年妇女为主，通常发生在白天，内容往往就是闲坐聊家常话题，持续时间较短；男性则以中青年为主，多发生在晚上，主人通常会像招待客人一样尽到"礼数"，供应茶水、香烟，且逗留时间较长；第六，串门除了打发时间、日常"走动"之外，也可能伴随着部分的目的性，例如，情感倾诉或刺探信息，但这与事

---

① 祝建华：《上海郊区农村传播网络的调查分析》，《复旦学报》（社会科学版）1984年第6期。

务性的访问有着本质区别。

以上第五个、第六个特征决定了串门是一种积极的信息交往活动。相应地，用于接待串门者的场所"屋里"就成为一种村庄信息流转的空间节点。但是，由于住宅的私有性质，在这个空间中所开展的信息传播活动具有不同于街头开放空间的特征，本书使用"私隐空间"来概括这种差异。需要注意的是，这个概念的使用并不暗示着村民家庭空间被视为个人隐私，恰恰相反，中国农村普遍存在的入户串门现象表明，农民对"自家"的隐私意识并不像现代都市人群那么强烈；某种意义上说，他们习惯于甚至乐于自己生活起居的"屋里"同时承担起社群交往的功能。之所以采用"私隐空间"的提法，是特指这类空间在日常交往活动中不是向所有人随时开放的，而是带有明显的对象选择性。这个特点表明了串门这类村民交往活动中的"小圈层"性质。

在白马村，还有其他一些私隐空间形态承载这种"小圈层"交往特征。其中一种是餐馆、饭店。农民群体是粮食和蔬菜的生产者，在自己家中做饭、吃饭不仅是经济性要求，也是一种意识形态传统。在白马村，子女长大结婚之后，会被要求经济独立，与父母"分家"生活，但日常表达中村民会自觉避讳"分家"的说法，而是用"各人开伙"（指已成家的子女在自己的小家庭独立做饭）来表达这层意思。如果某个小家庭的年轻夫妻不在自己家开伙而是继续在父母家吃"现成饭"，就会被街坊四邻们背后讥笑。这样的文化背景加上经济收入偏低的客观原因，村民们一直保持着节俭作风，除了少数单身青年人之外绝少发生由生理需要主导驱动的外出就餐。因此在事实上，本地餐馆主要是作为一种社交活动场所而存在的，这是农村与都市的不同特性之一。当我以"从城市里回来的村里人"身份回到白马村时，就被邀请参与了多次这种社交性质的聚餐活动。

这类活动理所当然是我的田野调查内容的一部分。从研究主题出发，我对这些活动进行了系统性回顾，总结出四个主要特征：第一，这种聚餐活动的参与人员高度固化，每次彼此邀约的都是私交甚密的5—7个人，只要不是有其他事务无法脱身，所有人都会尽力到场；第二，地点都会选择有独立包间的饭店，确保可以高声谈笑而不必打扰别人或被打扰，同时也保证了谈话内容的私密性；第三，时间点上以晚饭为主，且用餐时间会拉的很长，平均长达3—4小时；第四，由于当地文化惯习的原因，席间各人均互相劝勉、大量饮酒。这四个特点导致了一个顺理成章的结果：每次聚会都同时是一次信息大交汇，而且由于与会者私交密切、时间从容且有饮酒助兴，席间所传播的信息往往更有"深度"，不但内容细节更为丰富翔实，而且夹杂了大量的评论和观点。这样一来，餐馆就成为这些小圈层进行信息交流所依托的重要的空间场所。

总体来看，村民的家庭空间和商业餐馆饭店构成了白马村信息传播的两种典型的私隐空间。其共同属性在于，两者首先是一种"信息空间"，串门和餐馆聚餐的首要目标是信息交往以及附属其上的情感交往，次要目标才是事务性活动；其次这两种空间都是相对封闭的，以建造"小信息圈层"的方式将内部互动中的小群体与整个乡村社群临时隔离开来。除此之外，在我所开展的白马村的田野调查中，没有发现第三种村落空间具备这样的典型性。

第三节　小结：传播空间与信息圈层的形成

本世纪初，西方研究者提出了社会和文化研究中的"空间转向"（spatial turn），使用地理学的概念和隐喻来解释当前复杂多样的社会实践。① 在社会学视域下，空间结构和空间关系被视为社会结构和社会关系的物质形式，空间作为人类活动的一部分，既是社会实践的中介，也是社会实践的结果。② 在政治学研究中，空间还被视为资本和权力对生产关系和政治关系的作用机制。③ 由此，"空间的社会性"和"社会的空间性"实现了同构。④ 这些思想观点，无论在具体语境下表述形式如何，其核心都指向了空间的社会学意义，即空间承载了人们的行动，人们又在行动中建构了空间。所以，研究空间问题，特别是人在社会实践中对空间的使用问题，最终要落脚到人的社会关系上来。

本章内容的讨论主要基于空间视角，试图通过对信息传播的空间场所的观察，来实现对乡村传播机制的更抽象、更本质的把握。从这样的设想出发，需要引入空间社会学的理论观点，不仅仅把物理空间视为"死的、凝固的、非辩证的和静止的"⑤ 社会实践的物质环境，还要将它置于社会生产和社会关系建构的过程中去审视其意义。

在传播学角度上，这一命题具体的转化为空间在传播实践中的意义，即它如何影响传播过程参与者之间的社会关系。基于这

---

① Mike Crang and Nigel Thrift eds., *Thinking Space*, London: Routledge, 2000, p. I; 何雪松：《社会理论的空间转向》，《社会》2006年第26卷第2期。

② 林聚任：《论空间的社会性——一个理论议题的探讨》，《开放时代》2015年第6期。

③ ［法］亨利·勒斐弗：《空间与政治》第2版，李春译，上海人民出版社2008年版；［法］米歇尔·福柯：《规训与惩罚》第4版，刘北成、杨远婴译，生活·读书·新知三联书店2012年版。

④ Edward W. Soja, "The Spatiality of Social Life: Towards a Transformative Retheorisation", In: D. Gregory and J. Urry, eds. *Social Relations and Spatial Structures*, London: Macmillan Education UK, 1985, pp. 90–127; Henri Lefebvre, *The Production of Space*, Malden: Blackwell Publishing, 1991.

⑤ Michel Foucalt, "Questions on Geography", In: C. Gordon, ed., *Power-Knowledge: Selected Interviews and Other Writings, 1972—1977*, New York: Pantheon Books, 1980, p. 70.

样的理解,当我们审视村庄里的信息流转空间时,这些空间的存在与建构就成为村民之间社会关系的反映,不妨称为"乡村传播的空间化",或者"空间化的乡村传播"。其含义是指,村庄内空间(包括开放空间和私隐空间)营造出身体在场的人际交往方式,提供了乡村信息传播活动的物质基础;村民的信息接触和传播活动是建立在这一物质基础之上的社会交往实践,这种交往实践具备了由空间化特征所决定的核心属性。从白马村的传播实践来看,这一核心属性具体地呈现为乡村社群中信息流转的"圈层式结构"。本书是从以下几个方面对这一概念进行阐释的:

第一,"开放空间"和"私隐空间"的概念提取和地点归类,初步定义了白马村社群传播空间的表层结构。其中,开放空间概念延续了"熟人社会"论,在学理上是乡村传播学对乡村社会学研究发现的印证;私隐空间的理论源头来自社会学和社会心理学的群体过程研究,对于白马村的日常传播活动来说,私隐空间反映了隐藏在熟人社群中的小群体互动现象,这种小群体互动孤立来看是小圈层性质的,但总体上又成为村庄信息流转的主干节点。

第二,开放空间和私隐空间并不简单地分别对应着"大社群传播"和"小圈层传播",而是呈现为一种你中有我、我中有你的交错状态。在街头纳凉点的开放空间中,村民的信息交流并不全然是公开的,纳凉者在目送路过者远去之后所开展的"背后的议论",实则将二者隔离为不同的信息圈子;即使在纳凉者小群体之间,某些成员偶尔也会通过递眼色等肢体表情实现某些"心领神会"的人际互动,使他们与其他在场者形成信息隔离。同样地,在串门入户的私隐空间中,信息交流也不必然是私人、私密性质的,也有很多大而化之的、对于公共事务的纯粹信息性谈话,这些谈话内容并不排斥任何临时到场的第三者。因此可以说，开放空间内部也有小圈层互动，私隐空间中也有大社群传播。

第三，圈层化的结构特征还体现为传统公共空间的萎缩。这里所说的传统公共空间，是指集体化时代乡村农民用以保持其社群整体性的信息传播空间及传播形态，"公共"既有物理场所也有社会活动的含义。集体化时代的公共空间中的活动往往带有行政驱动的色彩，有的研究者将其称为"正式公共空间"，如行政性村民集会和集体性文艺活动，认为这类空间在当下正在走向稀疏和消解。[1]

我在白马村调研的结果支持了这一判断。"跑灯"是一种当地春节期间的传统露天文娱活动，由相邻各村的村民自发组织，头戴娃娃面具、身穿彩绸服饰并装备硬纸板制作的木马等道具，在锣鼓唢呐的伴奏中街头巡演。这种文娱活动在90年代后期本已绝迹，近年来随着农民经济状况的改善又出现复苏。但是，这种复苏并不能表明传统公共空间的再次勃兴。与过去相比，我在2018年春节期间观察到的"跑灯"活动有两个特点：其一是演出地点不再是村庄街头，而是进入开发区工厂和村委大院，原因是工厂老板和村里公共财政支付了演出酬金。换言之，复活之后的"跑灯"活动在基本性质上已经不再是农民自我组织、自我娱乐的集体节庆活动，而是变成了一种"商业演出"。由于从街头走进了村委大院，它将隔壁村庄的村民隔离在场外，在某种意义上成为一种村庄行政的象征符号（见图3-4）。其二是由于表演内容、形式、装扮乃至器乐都还是沿用过去的传统，因此观赏人数

---

[1] 曹海林：《村落公共空间与村庄秩序基础的生成——兼论改革前后乡村社会秩序的演变轨迹》，《人文杂志》2004年第6期；曹海林：《乡村社会变迁中的村落公共空间——以苏北窑村为例考察村庄秩序重构的一项经验研究》，《中国农村观察》2005年第6期。

寥寥且多为中老年人，没有年轻人甚至也没有儿童。因此，与其说"跑灯"的复苏带来的是乡村文娱生活的丰富多彩，不如说是老一代农民的历史回忆；与其说它们是仪式性的，不如说是象征性的。①

图 3-4 村委大院里的"跑灯"现场

传统公共空间的萎缩还表现为行政性开放空间的功能弱化。所谓行政性开放空间，是指由行政力量推动创建的村民日常活动的场所。在白马村，这种空间有两个典型实例，一是村委大院，二是村北的小公园。集体公社时期的村委大院由两间办公室、一间礼堂和天井（即院子）组成，其中礼堂被用于村民大会等公共事务，"单干"（土地家庭承包责任制）之后逐渐转变为公共文娱

---

① 这一结论与另外某些研究者的观察并不一致。例如，赵月枝和龚伟亮对农民自发举办的"乡村春晚"的调查结果认为，乡村春晚这一文化现象遵循了"从群众中来、到群众中去"的政策思想，诠释了国家与乡村之间精神纽带的重新连接、党和政府在引领精神文明建设方面的重要作用，同时也彰显了文艺的非商业性特质。参见赵月枝、龚伟亮《乡村主体性与农民文化自信：乡村春晚的启示》，《新闻与传播评论》2018 年第 2 期。

场所，80年代由村集体出资在主席台上配置了一台黑白电视机，晚上向全体村民免费开放，以此为焦点汇聚为一个聊天、嬉戏、乘凉、兼妇女手工劳动的"夜总汇"。在过去，这也是全村人在夜晚的唯一社会性休闲活动场所，是典型的村庄公共空间。2007年，老旧的村委大院在原址推倒重建，新建成的大院由6间正屋、3间厢屋和天井组成，除了杂物仓库和文件存放室之外，日常办公室对外兼作村民活动场所。本书前文曾描述过，在冬季特别是春节前后，这里是村民日间聚集休闲打发时间的开放空间之一；但在其他季节里并没有太高的人气，更不能成为村子里的主要信息流动空间。村北的小公园是在政府发起的"美丽乡村"建设项目中于2015年修建的，位于白马村生活居住区的北端，依托原有的一片小树林，再追加修砌上花圃、石径、凉亭、秋千、雕塑、仿制水车等装饰景观（见图3-5）。按照设计意图，这里应该是村民休闲纳凉活动的最佳去处。但落成之后始终门庭冷落，农民们对这种"花里胡哨""不实用"的场所并不感兴趣，认为还不如南马村那样修一个用水泥硬化的开阔场地，平时跳一下广场舞，农忙时还可以晒粮食。再加上小孩子的破坏和缺乏后期维护，小公园的设施逐渐损坏，日渐凋敝，完全丧失了作为公共空间的功能。

第四，在传统公共空间发生萎缩的同时，是新型的"小信息圈"的形成与发展。"小信息圈"作为一种特定社群成员之间的信息交往结构，其建立和维系是通过特定的互动空间而实现的。街头纳凉点所遵循的空间就近原则，让彼此相距几十米的纳凉者各自为营，相距咫尺之遥却彼此保持着平衡的社会距离；腾东超市以门头方式聚集了一批日常联系更密切的小群体，这种聚集甚至超越了行政村边界（除白马村外，还有来自南马村和西马村的相熟村民）；CK自行车专卖店坐落于白马村生活区之外，但正是

图 3-5　行政力量推动修建的村北小公园日渐凋敝

地理空间上的相对远离，使得以店主 LK 为核心的几个年轻人组成的小群体具有了更典型的小圈层性质。总的来看，通过信息传播的空间节点的涉入或隔绝，特定空间与特定社群成员呈现为互相映射的关系，最终人们自觉地分割为一个个小群体，构成了传播学意义上的"小信息圈"。

在以上四个特征所建构的信息圈层结构中，空间要素是作为物质基础而存在的。吉登斯（Anthony Giddens）在讨论现代性问题时，曾指出现代性的后果之一就是社会体系的"脱域"，他宣称："现代性的降临，通过对'缺场'的各种其他要素的孕育，日益把空间从地点分离了出来，从位置上看，远离了任何给定的面对面的互动情势。在现代性条件下，地点逐渐变得捉摸不定，即是说，场所完全被远离它们的社会影响所穿透并据其建构而成。"① 但从白马村的传播实践看来，地理维度的空间依然是不可

---

① ［英］安东尼·吉登斯：《现代性的后果》，田禾译，译林出版社 2000 年版，第 16 页。

或缺的信息传播条件，无论是开放空间还是私隐空间，都没有从村民的交往体系中"分离出来"或"变得捉摸不定"，而是充当了必要的传播基础设施。与之相伴生的信息流动的圈层性，是白马村社群信息传播的结构的基本特征。信息圈层基于特定空间节点而建构起乡村社群的交往形态，对于这些空间节点的分析能够有效地帮助我们理解乡村信息传播的一般结构。

第四章　乡村传播的日常交往结构

　　李金铨在回顾传播学引入中国的三十年历程时，倡议重新审视传播学的学科定位，鼓励以"更开放的视野"从媒介社会学、政治经济学和文化研究中汲取养分。① 这项工作的着眼点之一便是准确、完整地阐释"传播"概念，对此，李金铨借用字源的界说追溯了 communication 所包含的三种意义，即沟通、交通与传播。显然，这三种意义包含但又绝不限于媒介化或非媒介化的资讯流通。

　　在哈贝马斯（Jürgen Habermas）看来，传播是一种内涵广泛的人类沟通和交往过程。他在"交往行动理论"中对此给出了详细阐释。交往行动是哈贝马斯交往理论的核心概念，指主体之间的一种通过符号协调的互动，它以语言为媒介，通过对话达到人与人之间的相互理解和一致。② 在对这一概念展开论述之前，哈贝马斯先是批判性回顾了另外三种常被视为理所当然的人类行为类型，即目的性（或策略性）行动、规范调节行动和戏剧行动。他指出，这三种行动分别对应着三种世界，即客观世界、社会世

---

① 李金铨：《传播研究的典范与认同》，《书城》2014 年第 2 期。
② 艾四林：《哈贝马斯交往理论评析》，《清华大学学报》（哲学社会科学版）1995 年第 3 期。

界和主观世界；但是，这三种行动的划分却片面地对人类行动的理解设置了界限：第一种把交往看成仅仅为了实现个人的目的，第二种把交往看成为了墨守既有规范、争取意见一致的行动，第三种把交往看成吸引观众的自我表演。① 当回到社会实践的"生活世界"时，只有交往行动理论才能将三个世界合成一个体系，才能担当完整的沟通解释框架。不过，哈贝马斯并没有用交往行动概念去彻底否定上述三种行动类型，特别是目的性行动。他强调，交往行动模式并没有把行动与交往等同起来；作为交往行动核心的语言是一种交往媒体，是为理解而服务的，而行动者通过相互理解，使自己的行动得到合作以实现一定的目的。在这种情况下，目的论的结构是所有行动概念的基础。②

交往行动理论对于乡村传播研究带来的直接启发是：村民的日常交往行动是乡村传播过程的有机组成部分，在考察乡村传播活动时，必须将其纳入考察范畴。同时，对于这种交往/传播活动的研究，又必须从实际出发，结合中国乡村生活的具体实践来分析。沿着哈贝马斯分析人类交往行动问题的思考逻辑，本章将乡村的人际交往和信息传播视为"一体两面"，并将乡村日常交往区分为信息性交往和事务性交往，以此建立面向日常交往的乡村传播研究分析框架。

第一节 乡村日常交往的两种类型

这项工作的第一步是对村民日常交往的实际形态进行遍历性

---

① ［德］哈贝马斯：《交往行动理论·第1卷》，洪佩郁、蔺青译，重庆出版社1994年版，第135页。
② ［德］哈贝马斯：《交往行动理论·第1卷》，洪佩郁、蔺青译，重庆出版社1994年版，第142页。

地梳理。我在白马村的成长生活经历又帮上了大忙，结合我所掌握的历史经验，辅以田野工作期间的目的性观察，我得以对村民的日常交往形态进行比较全面的把握。具体来说这些交往形态可以分为以下几种：生产交往形式的"帮工"、身体交往形式的"走动"、经济交往形式的"赶大集"、空间交往形式的"闲话"、行动交往形式的"找关系"、娱乐交往形式的"上班"（指按照默认的时间和地点聚集起来玩扑克或麻将）、象征交往形式的"仪式""帮忙""过节"。对这些交往形态进行汇总、归纳和辨析之后可以发现，按照行动者的意图和交往行动的最终结果，它们又可以被划分为两大类型，即"信息性交往"和"事务性交往"。

信息性交往是指村民之间以信息的获取、交换和传播为最终结果的日常交往形态。如前文讨论的街头闲话即属于典型的信息性交往。事务性交往是指以达到特定的事务性目的而实施的交往行动，也就是哈贝马斯所说的"目的性行动"。与信息性交往相比，事务性交往具备三个基本特征：第一，事务性交往中存在一种交往活动的"发起者"身份，即参与者当中有人是怀着预先计划的目的而来的；第二，这种预先计划的目的是为了"办点事"，而不是单纯的"说说话"；第三，这些目的的涵盖范畴通常不包括信息的获取或扩散，也不包括情感性的倾诉诉求或者没有明确目标的社交需求，以此将信息传播活动从事务性交往中剥离出来。

将白马村的日常活动区分为"信息性交往"和"事务性交往"，在本书的研究语境下有其现实意义。从实践经验来看，这样的划分能够清晰简洁地概括白马村村民的日常交往活动特征。这里所说的特征是指交往活动的外部表象特征，不包括行动者"内心戏"以及观察者对交往意图的主观想象。实际上，在我对白马村村民日常交往活动的外部观察角度上,他们的人际交往只有两种目的,一是"有点事",二是"没事,耍会儿"。在理论角度上,这种划分有助于推进乡村社群传播研究的操作化。社群传播研究就是用传播学视角和分析范式去审视社群行为;由于传播学研究的核心是信息扩散和接收过程,群体研究关心的是群体存续的动力机制,所以社群传播研究的根本落脚点在于:一是社区信息如何流通,二是群体或共同体关系如何维系。在以白马村为例的乡村社群研究中,信息性交往和事务性交往的划分能够与这两个研究落脚点形成恰切的映射关系,又能够将抽象的理论问题转化为实践经验问题,不但有利于本书研究的开展,同时也为中国乡村传播研究提供了一种可用的分析框架。

需要说明的是,这两类交往形态的划分是理论模型建构的结果,而不是对村民日常交往的实际形态的简单归类。在村民的实际交往中,有一些交往形态很难简单地纳入信息性或行动性范畴,更多的是兼备两种范畴的基本特征。例如,街头闲话是一种典型的信息性交往,参与者并没有怀有计划的目的,闲话的内容也没有固定的主题;但入户串门既可能是单纯的信息性交往,也可能同时伴随着事务性交往,如借用劳动工具,或者请求户主帮忙接送一下在镇里读小学的孩子,等等。

从本书的研究旨趣出发,对信息性交往和事务性交往的考察,焦点在于它们如何塑造乡村社群的传播结构。具体来说,以这两类交往活动类型的划分建立操作化方法,所需要探讨的核心问题是社群成员如何沟通、社群信息如何流转和共享。因此,本章研究的重点不在于外在地观察、记录、复述村民日常交往表现形态并将其强行归类入两种交往活动的范畴之中,而是更深入地挖掘这些交往活动的影响机制。一旦我们能够明晰社群交往活动背后的规则和影响因素,我们就能洞察社群的信息传播结构,进而了解中国乡村居民是如何开展个人信息化行动的,甚至有可能在具体的社会实践情境中,对他们的信息行为进行预测和干预。

第二节　信息性交往结构

一　宗族作为一种底层结构规则

在欧美文化语境中,人们对"社区"的理解大体上如滕尼斯所分析的那样,既有血缘和亲缘关系的一面,又兼具宗教的、人种的、民族的同质性。[①] 在西方社会的典型社区中,人们彼此保持面识,还有教堂、学校或志愿协会等强纽带(strong bonds),大部分社区成员之间彼此相似而不是彼此差异。[②] 在中国的乡村,社会化的强纽带——如教堂——并不发达,相比之下,血缘关系纽带更为强力。以血缘关系为根基的亲缘网络是中国文化的历史传统,它在经历了持续、消歇和复归的历史过程后,作为富有生命力的象征体系,与业缘关系、正式组织与非正式组织交融在一起,预示了中国特有的社会发展与文化变革的方式和道路。[③]

血缘关系在中国的社会研究中具体化为"宗族",或者说,中国人的宗族本质是血缘关系。"宗"是指"祖宗",中国传统文化讲究"认祖归宗",其基本途径是通过姓氏来识别,姓氏也就是血缘关系的外在表达。"族"就是族群,所谓"落叶归根",聚

---

① [德]斐迪南·滕尼斯:《共同体与社会》,林荣远译,商务印书馆1999年版。
② L. A. Friedland, "Communication, Community, and Democracy: Toward a Theory of the Communicatively Integrated Community", *Communication Research*, Vol. 28, No. 4, 2001, pp. 358 – 391.
③ 郭于华:《农村现代化过程中的传统亲缘关系》,《社会学研究》1994年第6期。

集群居也是中国血缘群体所习惯的生活方式。从这两点来看,"宗族"概念不能用"家族"来代替,后者相对缺少历史性的维度,不能反映同姓村民之间在上溯多代之后的血脉联系。

作为学术概念的宗族,有研究者给出如下定义:"宗族"是中国农村传统的社会性共同体,它以血缘和地域为生存的基础,以利益、权利和义务形成成员间的关系,以成文或俗成的制度界定行为的规范,以谱牒、祠堂或礼仪作为存在的表象,以文化和观念维系成员的认同。[①] 这种表述强调了宗族的社会属性,将宗族视为社会结构的基础要件,是典型的社会学视角。对于中国乡村来说,社会结构主要是指以熟人社会为基础的村庄成员之间的关系状况和行动能力,其中最为典型的村庄社会结构是建立在血缘关系基础上的宗族组织。[②] 不过,中国农村地域辽阔,乡村社会结构也不是铁板一块,地区之间存在较大差异,例如,南方地区多团结型村庄,北方地区多分裂型村庄,中部地区多分散的原子化村庄。[③] 村庄社会结构的不同,决定了村民不同的生产和生活方式,由此也导致不同的行为逻辑。因此,对于不同的乡村研究个案,在考察宗族的影响时,应当从当地的实际情况出发。

在白马村,宗族的概念进一步地具体化为"姓氏"问题。如同中国当代大多数乡村一样,白马村不是单一宗姓村落,其村民由4个姓氏的宗族组合而成,即李、刘、原、张。从家庭数量比例来看,张姓户数相对略少,约占15%,其他85%由李、刘、原

[①] 王朔柏、陈意新:《从血缘群到公民化:共和国时代安徽农村宗族变迁研究》,《中国社会科学》2004年第1期。

[②] 贺雪峰:《论中国农村的区域差异——村庄社会结构的视角》,《开放时代》2012年第10期。

[③] 贺雪峰:《论中国农村的区域差异——村庄社会结构的视角》,《开放时代》2012年第10期;桂华、贺雪峰:《再论中国农村区域差异——一个农村研究的中层理论建构》,《开放时代》2013年第4期。

三姓各占1/3。总体上4个宗姓的"人口势力"可谓均衡。按照村里老人的说法，这四个宗姓是白马村有史以来就居住本村的"原住民"，在村民的集体历史记忆中，有且只有这4个宗姓，既没有增加也没有减少。当然，这并不是说白马村完全没有任何其他姓氏的居民，在人口高度流动的现代社会，即使在农村地区也并不容易禁绝"外来户"的融入。在白马村，确实生活着两家非土著居民，一家姓王，另一家姓杜。这两家的共同特征是，户主（老王和小杜）都是外村人，以入赘方式来到本村并安家立户。由于这个原因，有时候本村人会半开玩笑半认真的给他们贴上"外来胡子"（外来户的谐音）的身份标签，在潜意识里有意无意地不将他们纳入"咱村人"的范畴当中。巧合的是，这两家人目前生育的孩子中都没有男孩，这种偶然性因素也一定程度上强化了他们在村庄宗姓体系中的低度归属感。

四大宗姓并立的局面塑造了白马村的某种底层交往秩序。所谓"底层"，是指人们平时留意不到的、但却能决定系统整体格局的部分，是相对于日常可见可感的"表层"而言的。打个比方来说，底层秩序如同白马村民房结构中的地基，当一户房子建成之后，户主可以自由对其装修风格和功能用途进行自定义，但是正屋、厢屋、天井的板块划分却是由地基决定了的，一旦地基筑成，一切都将按部就班、水到渠成。在白马村的日常交往活动中，待人接物、走亲访友等活动内容属于表层形态，但这些日常活动往往都蕴含了显在或潜在的宗族因素影响。

显在的影响主要存在于某些"仪式性"的社群活动中。最为典型的是春节期间的"集体大拜年"。在中国乡村地区，拜年是重要的传统文化习俗之一，各个民族和地区都有着自己的传统和约定俗成的"规矩"。在白马村和周边的村落里，拜年活动以时间（天）为界限，被严格的区分为四个环节或流程。春节第一天即农历正月初一，专门用于同姓同宗村民的内部互拜；初二是面向父系女性亲戚，也就是姑妈；初三面向母系亲戚，包括外公外婆或岳父岳母、舅舅、姨妈等。初四以后面向其他人际网络，主要是非血缘关系的同学、同事、朋友，也有一些是前三天因日程太满而尚未来得及走动的各类血缘亲戚。

在正月初一这天，村民们在凌晨3—4点起床，煮饺子吃饺子之后（这也是春节期间最具仪式感的一顿饭），便在5点左右出门，走街串户开始第一轮新春拜年活动。拜年的对象有严格的顺序规范，先从家庭里面父系的亲兄弟家开始，然后依次是三服以内的堂兄弟、三伏以外的其他同姓宗亲。以我家的情况为例，我的爷爷早年已经过世，身后育有我的伯父YZY和父亲YZH兄弟二人，分别立户并各育有子女三人；我爷爷的亲兄弟也已过世，他身后有遗孀W氏（即我父亲的婶婶、我的二奶奶）和两个儿子YZX和YZJ（即我的两位堂叔）。这样的血缘结构构成了我家的家族关系。按照惯例，在初一早晨吃完饺子之后，首先是我和哥嫂去给我伯父母拜年，同时我伯父家的哥嫂也会来给我父母拜年；然后我们两家碰头集齐，一起去给二奶奶W氏拜年。这期间，我的堂叔YZX和YZJ的儿子会到我家和我伯父家拜年，然后再到W氏处跟我们会合。然后，我与平辈堂兄弟们汇聚成一支家族拜年队伍，按照地理空间顺序，逐一给全村所有辈分更高的原姓人家拜年。整个这一轮"团拜"活动大约耗时2小时，一般在早上7点左右天色刚放亮时结束。这2小时的集体大拜年是大年初一所有活动中最核心的"规范动作"，在此之后的全天活动就比较自由随意了，妇女们可以在妯娌之间互相走动，未成家的年轻人可以不受风俗习惯的约束，在没有血缘关系的朋友之间组织碰面和娱乐活动等。但是中午都要回自家吃饭，晚上则可根据各家的情况在家族内部安排宴请。按照风俗，正月初一当天是不容许给姑姑、舅舅、姨妈等"外姓"亲戚拜年的（这些活动都被安排在初二、初三两天进行），更不能踏入他们的家门；即使是出嫁在本村的女儿，也不能在这天给本村的父母拜年，否则会"危及"对方家庭成员的运势乃至身体健康。不过近年来农村的社会观念也逐渐开放，特别是在 90 后一代人中，传统的习俗约束逐渐松动。但即便如此，春节拜年活动在当地依然大致上保持着传统的样貌。

春节是北方农村一年中最重要的节日，在这个时间节点上的生活惯习能够折射出最底层的文化价值观念。在白马村，春节期间拜年活动的四个阶段划分，本质上是对宗族和亲戚关系、社会关系按照从由近及远的圈层逻辑所实施的人为区隔。在这个逻辑中，最核心的是原生家庭，然后逐级向外围扩展，依次包括：①三服以内的父系宗亲，②三服以外的父系宗亲，③父系外姓（按男性户主算，例如姑父）亲戚，④母系外姓亲戚，⑤街坊四邻，⑥其他社会网络。从这样的圈层逻辑中可以看到，宗族概念在当代乡村依然是社群交往结构的基本结构要素；而且，以姓氏作为象征符号的父系亲缘关系占据了核心地位。

通过春节拜年习俗所体现出来的宗族观念，能够渗透在村民的生活生产活动中，在他们有意识或者无意识的情况下表露出来，从而构成了上述圈层逻辑的外在表达。其中一个实例是串门的对象选择。如前文所述，街头闲话活动的人群聚集主要遵循了空间就近原则，门头空间的聚集主要依据人际熟络程度；而在入户串门活动中，目标对象的选择则表现出亲缘优先性。也就是说，在信息性交往范畴之内的、不以事务为目的的串门活动，更频繁地发生于具有亲戚关系的两家人之间。另一个例子是农业生产中的"搭伙"现象，即农忙时村民们彼此互助，进行劳动交换，这是"生产队"制度瓦解、"单干"实施之后当地很常见的一种自发合作劳动模式。从我在白马村的经验来看，这种"搭伙"几乎都发生在三伏以内的亲戚关系中，罕有例外。

如果说春节拜年是宗族圈层关系的典型表达，那么一年当中其他的"拜节"活动则是对这种关系的反复强化。中国乡村一向都有各种节庆，对白马村和周边村镇来说，除春节之外的节日分为两类：一类是与中国其他地方相同的传统节日，如正月十五"元宵节"、八月十五"中秋节"、清明期间的"寒食节"等。这些节日除了地方特色饮食习惯的细微差异之外，庆祝方式与中国其他地方基本一致。另一类是当地特有的节庆日，如农历三月的"山神节"、五月的"财神节"、九月的"石匠生日"。这些节庆与当地的经济形态（石材产业）密切相关，是本地独有特色节日，但被重视的程度丝毫不亚于第一类。在庆祝方式上，仍然以家庭聚餐为主，同时也会给父母和其他亲戚中的长辈献赠礼品。特别是在各种节庆日期间的礼品馈赠活动，客观上作为一种纽带起到了维系亲情的作用。但由于这种纽带带有显然的经济属性，受制于农民总体不高的经济收入水平，它们很少发生在没有血亲关系的村民之间。此消彼长之下，基于血缘的宗族关系对乡村圈层的影响就更加明显了。

这里需要特别讨论的一个问题是乡村节庆活动与都市的差异。宗族观念和拜年、拜节活动是全体中国人的习俗，并不是乡村或白马村所独有，因此我们需要关注宗族因素在乡村传播中的独特性如何体现。从白马村的经验来看，乡村人群的节庆活动与现代都市相比，其独特性主要体现为两个方面：一是乡村的节庆日更具有"年代感",很容易与"传统"乃至"封建""迷信"联系在一起,例如"寒食节""山神节"以及"赶庙"(庙会)等。而现代都市人更多关注的"国庆节""劳动节"这些"法定节日",在农村地区并没什么特别的庆祝仪式或惯例。二是乡村节日的庆祝方式具有明显的封闭性和内向性。除了某些节日中由晚辈向长辈献赠礼品之外,大多都化约为家庭聚餐,无非是不同节日里参与聚餐的人员结构和饮食菜单不同。在节日当天的家庭内部聚餐,一般包括家庭内的全部男丁(及其妻儿)和未出嫁的女孩,但已出嫁的女儿和她的丈夫则需要在节日第二天回娘家,这时候就不再要求所有家族成员都出场,例如,她的兄弟姐妹们都可以参加也可以不参加。这两个特点所造成的结果是,乡村节庆与宗亲关系成为互相交织的一对互生系统,宗亲关系除了先天的血缘纽带之外,在后天的社会网络交往中主要是通过各种节庆和婚丧嫁娶等宗族事务而维系;这些具有象征仪式性质的节庆和宗族事务又反过来不断强化着宗族意识,使得村民们在日常生活中能够寻找到精神归属感。这样一来,村民们就可以在乡村社群中寻求到可依靠的社会网络位置,能够与其他社群成员建立和保持远近不等、亲疏有别的稳定关系。由此,宗族就成为乡村人际网络中的一条潜藏的"经络",人们附着于这样的"经络"上,与社群内其他成员保持或远或近的距离,并达成一种平衡稳定的交往格局。

宗族在乡村交往中的圈层区分作用还体现在跨村庄的宗姓分布方面。如前文所述,白马村全体户籍村民分为四个姓氏,即李、刘、原、张,分别代表了四个宗亲族群。在一路之隔的南马村和西马村,由姓氏所体现出来的宗族结构也极为相似。南马村分为陈、李、宋三个大姓,西马村分为曹、刘、潘、张四个大姓。

这三个村子虽然彼此之间仅靠一条马路来划分村界，村民之间也大都彼此相识，但是宗姓之间始终保持严格的界分状态，一个村子里的宗族子裔绝对不会到另一个村子里定居落户。这种习惯作为一种文化传统始终被默认和遵守，乃至于成为一种无须言明的"规矩"。其引致的一个有趣的现象是，周边村子的本地人如果知道某人的姓氏是原、潘、曹、宋这四种之一，马上就可以推知他是哪个村子的人，并且还可能举出他们宗族的几个其他人名加以印证，询问他与这些人是否具有亲缘关系。这种对话常被当地人作为初次接触时的攀谈开启方式，实际上演变成一种初识者之间话语交流的固定模式。这种交流模式在事实上反复暗示和夯实由宗族关系建构的圈层边界：如果你姓宋，那么就应该是南马村人，不应当也不可能跨越村界成为一名白马村人。宗族在跨村界交往中再次成为社会网络圈层结构的塑造因素。

总的来看，宗族关系构成了白马村日常交往的重要影响线索。它通过平时生活中的串门、年节期间的"走亲戚"和家族聚餐等信息性交往方式，维持了社群内稳定的人际圈层结构，从而构成了乡村社群交往的底层秩序之一。不过，在白马村这样的中国北方乡村中，宗族的社会作用也仅限于此，它并没有像中国南方某些乡村地区那样强力，以至于在村庄内部形成更有凝聚力的"宗族共同体"[1]，更没有成为权力和意识形态斗争的工具。在文化象征符号方面，中国传统的典型宗族体系通常包含了族谱、祠堂、族规族约等要素，甚至包括族内通财[2]；而坐落在中国北方

---

[1] 王小丁：《汉族小农经济与宗族共同体》，《民族学研究》（辑刊）1991年，第312—321页；蔡磊：《清明祭祖与宗族共同体的延续——以鄂东浠水C氏宗族为例》，《学术界》2015年第11期。

[2] 龚义龙：《维系宗族共同体的硬权力：族谱记忆、祠墓祭拜与宗族通财——对清代民国期间成都及周边地区宗族的研究》，《中华文化论坛》2009年第1卷第1期。

地区的白马村,在有据可循的村庄历史上从来没有家族祠堂和族规族约这类象征符号,连族谱也是各家各户根据需要而独立制作保存(并不是每户村民家中都会留存族谱),实际上无从考证其一致性和准确度。所以基本上可以认为,这里的宗族关系完全依靠姓氏这唯一的标识来维系。换言之,白马村的宗族网络起到且仅起到了乡村社群日常交往的底层结构性作用,而在社会学研究经常关注的社会分层、集体行动、利益共同体等方面,并没有发挥实质性影响。①

二 乡村社群中的"朋友圈"

在社会交往的分析维度上,除了宗族关系所起到的底层结构性作用之外,作为一种"熟人社会"的中国乡村,其日常交往形态还必然受到表层的、更为直接的动力机制的影响。从这样的分析逻辑出发,我在白马村的田野调查中还有意识地观察了影响村民交往行动的可见因素。

前文所讨论过的"空间"是这些影响因素之一。分散在白马村街头各处的"纳凉点"和"门头",使得人们的日常交际有了相对固定的、模式化的圈层属性。之所以说这些活动是基于空间因素的,是因为如果抽离掉空间,这些活动就会相应地自然消解。相比较而言,村子里还有另外一种更为团结的、更为稳定的人际交往结构,它由相对固定的成员所组成,各成员彼此之间保

---

① 这种状况可视为农村宗族文化瓦解的体现。1949年之后,地主阶层被消灭,农村宗族文化失去了根基,但并没有彻底瓦解;在20世纪末,还一度由于家庭联产承包责任制的推行、农民集体外出务工和乡村选举的政治赋权而出现了强化势头。21世纪以来,宗族在大量年轻人离乡之后失去了后继力量,宗族组织被社会契约所取代,农民开始了"公民化"进程。参见王朔柏、陈意新《从血缘群到公民化:共和国时代安徽农村宗族变迁研究》,《中国社会科学》2004年第1期。

持一种长期的而不是临时性的交往关系，并通过更多类型的日常交往活动来维持这种关系，包括但远不限于碰面聊天。我将这种交往结构称为乡村社群内部的"朋友圈"。在我的观察和调研材料中，最为典型的一个朋友圈由5个男性中青年村民组成，其成员分别是：

YHB，42岁，务农，兼村办幼儿园厨师；
YZJ，40岁，务农，兼本地工厂务工；
LMH，41岁，务农，兼本地工厂务工；
LK，38岁，务农，兼经营CK自行车专卖店；
LMX，41岁，工人，莱山机场地勤部门。

对于这样一个朋友圈的观察和研究，首先需要解释的问题是：研究者如何可能确定地给出一个小型交往团体的成员清单，而将其他人隔离在外？其原因在于，他们的交往活动存在清晰的、切实可识别的边界。这种边界体现为以下四个方面：

第一，成长和亲缘背景。按照当地的方言表达，这5人属于"光腚耍伴"，意思是从光屁股、穿开裆裤的孩童时代就一起结伴玩耍、一起长大的人。除此之外，作为白马村土生土长的村民，他们彼此间还有或远或近的亲戚关系，这一点从他们的姓氏上也能看得出来（两个姓原，三个姓李）。这为他们之间的亲密交往关系提供了历史和亲缘背景。

第二，日常交往活动。在乡村社会，小型朋友圈是通过不间断的日常交往活动来维系的。这些活动的方式一方面具有常规化、模式化特征，另一方面也随着外在条件的变化而逐渐演进。就前者而言，这个5人朋友圈的日常例行交往形态包括"喝水"

和"喝酒"两种。所谓"喝水",就是到其中一人家中串门,泡上一壶茶,聊天侃大山。由于基本不存在经济门槛,这种活动除了农忙和务工时间之外,一年四季大都不间断地进行;地点的选择也比较规律,最常去的地方是 YZJ 家和 LK 的自行车专卖店门头,时间大多是在晚饭后。"喝酒"就是指集体聚餐,由于他们 5 人都热爱喝酒且酒量极大,每次聚餐都必定消耗大量酒水,因此"喝酒"就成为这个圈子中对聚会吃饭的专用修辞表达。在某些特定或不特定的节点上,如逢年过节,或者时蔬、海鲜换季上市,也有时候纯粹出于心情,就会打电话招呼各人说"过来喝酒"。这种交往形式的经济成本较高,轮流做东就成为大家都默认遵守的潜规则。通过"喝水"和"喝酒"这两种日常交往活动,5 人之间互通有无,各种各样的村庄信息被定期或不定期地传播,成为村庄信息流转的重要通路。

第三,事务合作。由于 5 人结成一种比普通街坊更为亲密的圈层关系,所以在涉及一些具体事务时,彼此之间就成为互相帮忙和求助的对象。LMH 和 YHB 在 2014—2015 年通过"合伙"方式共同经营蔬菜批发业务,两人共同出资购买了面包车、租赁场地,后因效益不佳而作罢,但并没有损害到朋友关系。LMX 的母亲所居住的房屋年久失修,2017 年进行了维护翻新,其间除了技术性工作请专业泥瓦匠施工之外,很多零散杂活都请 YHB、LMH、YZJ 等朋友义务帮忙完成。这种传统的"帮工"行为在当地农村里面原本极为常见,但近年来随着经济发展和观念的变迁,人们逐渐习惯遇事花钱请人来做,而不愿请亲友义务帮忙从而"欠下些人情"。所以,"帮工"本身也就成了私交"很铁"的一种表征。

第四,他者的认知。某种意义上说,乡村社群内部小圈层的边界不完全是由圈层成员自发建立的，也是由旁观者建构出来的。某次我在村里街头纳凉点做参与式观察期间接到 LK 的电话，招呼我一起去"喝酒"。在当地村子里，这种电话通常不避讳旁人，所以我在电话里询问时间、地点时，旁边的纳凉村民都听得到。放下电话后，L 大爷问我："怎么，又要去喝酒？谁请客？"我还没来得及回答，S 大婶便笑道："还能有谁，反正就他们那几个人物。"S 大婶所说的"那几个人物"，就是指 YHB、LK 等几个人，也就是上述的 5 人小群体。在他们眼中，这几个人是孟不离焦、焦不离孟的，只要知道招呼酒局的人是其中的一个，就必可推知有其他几人在场。

以上四个方面决定了这个小型朋友圈具有强烈的"排他性"。这种"排他"当然不是说圈层成员排斥与其他村民的日常交往，而是指他们互相之间建立起一种超越乡亲、街坊乃至亲缘关系的稳定且密切的人际关系格局。当晚上闲来无事时，他们愿意聚在一起喝茶、聊天、大声讲荤段子，但如果有其他人在场，他们的谈话就会变得相对谨慎。此外，每当各人家中有事需要帮手时，优先求助的对象也是这些"铁哥们"，而不是其他社会关系网络，这也是排他性的另一种体现。

排他性使得这样的小圈层能够独立于整个乡村社群而存在，圈层成员的日常交往使得圈层能够得以维持并建立自身的边界。由此引申出的另一个问题是，什么力量促成了这个小圈层的形成？在对这个问题的考察中，我再次看到了空间和宗族的影响。上述 5 人中，LK 等 4 人的家都位于白马村的东南角，彼此之间从门到门的直线距离不超过 100 米；第 5 人 YHB 的家稍远一些，位于白马村西南方向，距离另外 4 人的居住圈中心点约 200 米。但 YHB 在亲缘关系上是 LMX 三服以内的表外甥，这层关系使得他们自小就是玩伴。另外，LMX 和 LK、LMH 之间，YZJ 和 YHB 之间，也存在或远或近的亲戚关系。显然，空间毗邻关系和血缘近亲关系为这个小群体搭建了结构纽带。为了对这一判断进行证伪，我考察了另外一个被排除在小圈子之外的个案。LZP（男，40 岁，务农）是 LK 舅舅家的表哥，与 YZJ 是同年级小学和初中同学。因为这样的关系，他和 LK、YZJ 自小经常在一起玩耍，关系也颇为亲密。但是他现在并没有进入 5 人小圈层，并不经常被邀请参与小圈层的"喝水""喝酒"等日常活动。原因之一是他家位于白马村的北侧，距离 4 人居住圈中心点约 400 米。通常人们很难想象区区 400 米的空间距离可以成为阻碍人群交往的藩篱，但实际上，这种影响在乡村中是切实存在的。小圈子聚会"喝水"活动频次最高的时节是在冬天农闲时的晚上，每年到了这个时候，YHB 等人的小圈层几乎每天晚上都会在 YZJ 或 LK 家中喝茶聊天，直到夜里 22 点以后散场。在这个时间，北方的冬天已经非常寒冷，400 米的距离足以打消农民们"上外面耍"的意愿，LZP 也曾在跟我的闲谈中无意间提及这一点。而如果不能经常性的参与到小圈子的日常交往活动，则很容易被排除在圈子的边界之外，这就表明了空间属性是小圈层得以建立的必要条件。

除了空间和亲缘之外，还有另外一个相对更加隐蔽的因素影响朋友圈的形成，即年龄。在上一章对空间结构的讨论中我们已经提到，街头闲话的人群具备明显的年龄特征。在"纳凉点"聚集的村民以中老年人为主，青壮年人不习惯于街头寡坐，一般不会参与到街头纳凉点的活动中；相对来说，"门头"聚集点的平均年龄明显要更低，在这里他们除了聊天闲谈之外，往往会开展棋牌等娱乐活动。这两处信息空间中，参与者的年龄分界是非常明显的。再来看上述的 5 人朋友圈，成员当中最大的年龄差距也只有 4 岁。正是由于年龄相仿,他们成长中的每个阶段都有相近的兴趣爱好和行动逻辑,例如,在他们 10 岁左右的时候喜欢看"小人书",15 岁左右沉迷武侠小说,18 岁左右开始偷偷吸食父亲的卷烟。这些行为只有跟同龄人在一起分享才能获得最大的快乐,因此年龄上的相近性实际上成为一种使他们保持长久伙伴关系的潜在作用机制。支持这一判断的一个反证是该朋友圈对跨年龄段的孩子的排斥。LMX 在家族中排行老七,跟排行老大的伯父家的兄长相差 17 岁,他的兄长育有一子 LW,比 LMX 小 6 岁。由于计划生育的缘故,LW 是家中独子,没有其他兄弟姐妹。在 20 世纪的农村,孩子们基本上是"放养"的,家长们总是愿意把他们丢到其他孩子堆里去,因此 LMX 天然的背负了带侄子一起玩的"义务"。但是,小 6 岁的 LW 小朋友在知识、兴趣乃至体力方面始终无法跟上"大伙伴"的节奏,所以这种一起玩耍的成长经历并没有使他真正融入到 5 人朋友圈当中。

可能存在争议的问题是,年龄是否只是一个表象的、偶然的指标?社群内部小群体的形成为何不能用"臭味相投"来解释?对于这个问题,我们可以通过考察农村同龄人的成长历程来做出解释。因为是自小的玩伴,他们在成长过程中一起做过一些不足为外人道的"坏事",如偷吸某位父亲的卷烟、围捕别家放养的母鸡去烧烤、破坏集体果园的围栏偷苹果和桃子、暑假里溜进学校敲碎教室玻璃,等等。这些经历一方面让他们彼此之间能够做到真正意义上的"知根知底",另一方面也培养了"哥们儿情义"。也正是因为如此,他们在成年后仍然可以彼此信任,结伴"造业"(方言,闯祸或干坏事的意思),如分享色情电影或者去县城洗浴场所做"大保健",这些集体行动又反过来进一步强化了他们的亲密关系。应该说,如果不是因为处于同一年龄段从而自小一起经历这些活动，就无法建立起长期、稳定的朋友圈。总的来看，"年龄"成为社群内部小圈层交往的塑造机制之一，而且一定程度上超越了空间、宗族和其他社会属性的限制；它在乡村交往结构中担当了重要的分析指标，这是以往的乡村社会学研究所不曾关注到的。

第三节 事务性交往结构

一 老 W 和 YYB

事务性交往是与信息性交往相对而言的另一种乡村日常交往形态。这一部分的讨论，从我在白马村观察到的两件小事说起。这两件小事所代表的行动方式在当地十分普遍，几乎可以说是大部分人所信奉的行事准则。

第一件是村民 LXH（男，48 岁）给自己的小汽车买保险的事。LXH 初中学历，这在本村同龄一代人中属于上等文化水平。2015 年他通过"叫桁"（方言，指耕地的竞价租赁）方式承包了村北的 1.5 亩薄地，办起了小型养猪场。2017 年上半年购置了一辆皮卡小汽车，当时所有手续和保险都交由汽车经销商代为经办。2018 年春夏之交，小汽车需要购买第二年的保险了。那天我正在村里村外四处"采风"，途经他的养猪场碰见他，便打了个招呼。他知道我在外省的城市里工作，几年前就买了小汽车，便来问我买保险是怎么一回事：

> LXH：小原，我这个车一年来往（左右）了，该买保险了。这两天收到个短信，叫我抓紧时间去买。
>
> 我：嗯是，年检是每两年一次，保险得每年买。

LXH：我去年买车的时候在他们店里一块弄的，也忘了多少钱了。还得回去（店里）买不？

我：不用，直接找保险公司就行了。中保、人保什么的，就那么几家，随便挑一个就行。

LXH：价钱没什么差别？

我：现在基本上是系统联网的，各家（保险公司）价格都差不多。

LXH：我听他们说，（有人）在中国人寿买的，能便宜点。

我：按理说都差不多，兴许遇上搞活动能省点？报价还得看你的车去年出险的情况，各人家的车也不一样。

LXH：你都是上哪买的？

我：我买的平安（公司）的。快到期的时候他们就打电话过来了，我让他们报个价，差不多就买了。

LXH：这么样能保险（安全）？咱这的人好像若干都找开发区的老W，他常年搞这个（指卖保险）。

我：要不然去问问他，又不要紧。

LXH：嗯，不行我找找人问问他，看能不能省两个（钱）。[1]

这位"开发区的老W"我并不认识，推测起来，大概是某个保险公司派驻当地村里的业务员，或者兼职代理保险业务的本地人。"认人不认牌子"是在当地一种普遍的认知逻辑，村民们对现代商业机构的认知，依然套用了传统的熟人社会模式，不大理会招牌、门头上的"官方名称"，而是习惯于用店主或老板来指代它。特别是当某个机构是私人经营的，或者接待人员是固定的

---

[1] 与LXH的对话记录整理自2018年5月3日的田野工作。

某人时，这种认知和指称模式就尤为适用。例如，对于白马村里最早开办的"永兴商店"，村里人从来都是用"LZF 家"来指称它，父母会对孩子说"上 LZF 家买瓶酱油去"，而从来不说"去永兴商店买瓶酱油"。乡镇上的农村信用社在南马村设立了营业点，规模很小，由唯一的一个常驻员工来负责绝大部分业务。该员工姓张，女性，年纪不大，村民们每次提及这个信用社的话题，都是使用"小张那儿"来指代，比如"上小张那儿办点事"就是指"去南马村信用社那里存/取一笔钱"的意思。

所以，从 LXH 的描述中，我无法确知开发区的老 W 是挂牌营业的，还是居家兼职的业务代理。但无论如何，他都代表了一类特定的身份，我称为"事务中介者"。这类人被周边的村民相信拥有某一方面的社会资源，能够"专业性"的帮助人们完成某些事务；而且，与一般性的商业逻辑或社会分工逻辑不同，他们被视为当地社群关系中的一员，而不是孤立的、营利性的组织机构。此外，这里所说的"中介"并不是由他们的职业身份所定义的，无论是保险业务员或信用社出纳员，他们就是职能机构本身而不是中介；准确地说，中介角色是由他们所服务的对象建构而成的，后者坚信，通过这些"中介者"的从中运作，自己的事务性目的能够多快好省地达成。

开发区老 W 是"事务中介者"的子类型之一。他的特点在于，一边通过组织化或半组织化的身份接入上游产品或服务供应商，另一边通过村民和熟人身份连接入乡村社群的人际关系网络。在这种类型之外，白马村里还有另一类事务中介者，他们并不具备组织化的身份，但同样在乡村社群中发挥着事务中介的作用。YYB 就是这样一个实例。

关于 YYB 的故事要从 YYQ 说起。YYQ（男，47 岁）是白马村里地地道道的普通农民，从本村完小毕业后进入初中，只读了一年就辍学回家，跟随父母务农。他没有什么特别的技能，但吃苦耐劳、踏实肯干，为人老实本分，属于比较典型的北方农民。2018年5月天气渐暖，他筹划着为年迈的父母购买一台空调，以便应对即将到来的夏天。对于习惯都市生活的人来说，这实在是不值一提的小事，实施方案也很简单，只需要到家电卖场逛一逛看一看就可以出手；但对于备受村庄行为惯习所熏染的YYQ来说，事情却是另一种流程。

得益于我所参与的街头纳凉点的闲话活动，我从其他村民的聊天中得知了他购置空调的大部分细节。一开始我认为，几千块钱的空调购置费用对于白马村的农民来说已经是一笔较大的开支，对于这样的"大宗资产"的购买，YYQ应该会预先做一些必要的市场调研，了解一下空调的品牌、基本功能、价位分布等基本信息。这些信息都可以从互联网上轻易获得，甚至还可以直接从网上购买。虽然YYQ本人和他的妻子文化程度不高，但是他家里早已购买了电脑并接通了网络，他的儿子正在读高中，这些工作是没有技术障碍的。然而实际上，YYQ所做的所有准备性工作就是跟父母和妻子确认了购买空调的意向，然后就把这件事几乎全盘委托给了YYB——一位现在迁至L市市区生活、工作的堂弟。

YYB（男，42岁）从小在白马村长大，初中毕业后去市区一家汽修厂打工，后来学了大型汽车驾驶技术，应聘司机跑长途运输业务，开拓了眼界。约十年前他在市区买了房子安了家，从此之后便"在城里混"了。由于脑筋灵活、能说会道，在市里结交广阔，各路消息颇为灵通。在白马村的乡亲们看来，YYB无论在经济能力还是社会见识都是令人羡慕敬佩的，属于"有本事"的那类人，按照当代社会学的理论表述就是"乡村能人"。对于白马村老家的亲戚来说，他还具备另一个人设特征，即可信任性，特别是涉及"城里"的事务时。YYQ在购买空调这件事上，第一个想到的就是联系YYB：请他帮忙"找找人"（托关系），到市里的大商场买"又好又便宜"的空调。YYB接到电话后慨然应允，并从中协调、联系，几天后圆满搞定了这件事。

在空调安装完毕投入使用之后，YYQ的父母在享受新空调带来的喜悦时，自然也收到了街坊四邻的艳羡，成为街头闲话的另一个主题。其间谈及购买的过程细节时，难免流露出对侄儿YYB的自豪感。于是，在白马村的村民眼中，YYB作为"事务中介者"的形象认知和"到城里买东西要找人托关系（才能买到物美价廉的商品）"的价值观念得到了进一步地建立和强化。

二 "事务中介者"的运转逻辑

罗杰斯（Everett Rogers）在关于创新的网络结构和扩散过程研究中，详细描述了"创新代理人"（Change Agent）和"意见领袖"（Opinion Leaders）这两个概念。创新代理人是按照创新代理机构的意愿去影响客户创新决策的个人；他们游走于创新机构和客户之间，负责处理过量的信息，帮助客户发现创新需要，并通过建立互动关系，确保创新的顺利实施。[1] 意见领袖的特点是拥有更广泛的大众媒体接触渠道、更开阔的视野和社会认知；他们与创新代理人来往密切，积极活跃地参与社会活动，拥有较高的社会经济地位，并且极具创新精神。[2]

---

[1] Everett M. Rogers, *Diffusion of Innovations*, 3th ed, New York: Free Press, 1983, p. 343.

[2] Everett M. Rogers, *Diffusion of Innovations*, 3th ed, New York: Free Press, 1983, p. 310.

从老 W 和 YYB 的故事中可以看到，他们的身份和行动特征与罗杰斯所描述的创新代理人和意见领袖颇为相近，一个是某专业领域的业务精英，另一个是地方上的消息灵通人士。利用手中掌握的信息资源，他们在所属社群的交往网络中占据了特定的节点位置，使自身与大多数的普通社群成员区别开来。更为重要的是，他们在主观意识上重视与其他社群成员的交往和沟通，积极协助他人处理日常事务活动，并通过一次又一次的良好运作，获得了社群其他成员的认可和信任。这反过来进一步强化了他们在社群交往网络中的节点地位，使他们在人群中的形象更加稳固和深入人心。

不过，创新代理人和意见领袖两个概念源于西方社会特定语境下的传播学研究，前者主要针对创新行为和理论的社会扩散，并不适用于中国乡村社群交往结构的分析；后者在卡茨和拉扎斯菲尔德的经典著作《人际影响：个人在大众传播中的作用》中得到了更为详尽的讨论，从该书的观点来看，西方传播学对意见领袖理论的研究旨趣表现为：①意见领袖研究的出发点是对拉斯韦尔《世界大战中的宣传技巧》[1]之后的大众媒介强效果论的反思，它将个人视为传播者和大众传播网络中的中转者[2]，是为了探讨受众的信息接收效果，因此应归类于"效果研究"类型下；②意见领袖的特征之一是他们存在于日常的人际接触之中，不会引人注意，甚至几乎不被觉察[3]；③意见领袖在社群中所发挥的功能

---

[1] [美]哈罗德·拉斯韦尔：《世界大战中的宣传技巧》，张洁、田青译，中国人民大学出版社2003年版。
[2] [美]伊莱休·卡茨、[美]保罗·拉扎斯菲尔德：《人际影响：个人在大众传播中的作用》，张宁译，中国人民大学出版社2016年版，第1页。
[3] [美]伊莱休·卡茨、[美]保罗·拉扎斯菲尔德：《人际影响：个人在大众传播中的作用》，张宁译，中国人民大学出版社2016年版，第128页。

主要是观点和意见的塑造，相关研究并不考察他们在社群事务中所发生的行动性影响；④从研究方法和过程来看，既有的意见领袖研究所面向的对象其实是现代都市人群。总的来看，意见领袖理论关注的是现代传媒社会环境下，信息和观点如何绕过大众媒介而经由人际渠道传播和扩散的过程。从当代传播学科的知识框架来看，由它所确立的"多级传播"模式在多个问题领域给研究者带来启发，但是，它不能也不应当被直接套用到所有的具体研究情境中。

在以白马村为例的中国乡村社群传播和交往研究中，对于老W和YYB这类信息节点人物，用"事务中介者"来定义是一个更恰切的做法。理由有三：第一，这类人物在乡村社群交往中的角色功能主要是事务性的，而不是信息性的。他们之所以能成为村庄交往结构中有影响力的节点，就是因为他们具备超出他人的事务处理能力。第二，他们的这种能力只有在他们作为中介者，或者被认为（或误认为）是中介者的时候，才得以发挥出来。换言之，是在社群事务性交往过程中得到体现的。第三，他们所具备的事务处理能力，以及他们在事务处理上的中介角色，通常并不伴随着对态度和意见的引导，甚至也不包括对客观的资讯类信息的二级传播。社群内其他成员求助于这些中介者时，只是为了达成事务性目标，比如购买一台质量可靠、价格便宜的空调，而不是为了了解更多事务相关的信息，比如空调的市场行情或者品牌口碑。

特别需要说明的是，在社群交往语境中，"事务中介者"本身乃是社群内部的一员。他们拥有更出色的社会交往能力，能够同时融入多个不同的社会交往子网络，也因此而具备了事务中介所必需的条件；但在事务发起者的角度看来，他们一直都是"咱村"或"咱们这地方"的人，属于广义的"自己人"范畴。正因如此，他们才值得信任，可以在任何需要的时候发起求助，而不需要担心"欠下人情"。这也就是说，"事务中介者"的角色的日常运转是基于社群交往逻辑，而不是基于社会交换逻辑。后者通常被运用于跨社群的、与"外人"的事务性交往活动中，其中往往伴随着送礼、请客甚至行贿等做法，其本质是利益交换。这与社群内部基于熟人社会、宗亲关系、空间共同体等背景语境的社群交往有着根本的差异。①

第四节 小结：乡村交往的连接性结构

中国社会学的乡村研究曾提出"乡村精英"的概念。贺雪峰使用"社会影响力"这一评定指标，将乡村精英界定为"在村庄中拥有相对资源优势，其社会影响力超过一般村民平均社会影响力的那类村民"②。仝志辉在讨论村庄权力结构时，将村庄权力结构人格化为三个层次，分别为体制精英（掌握着村庄正式权力资源的村组干部）、非体制精英（在村庄有一定政治社会影响力的村民）和普通的无政治的村民（无政治社会影响力但有潜在参与集体行动能力的一般村民）③，显示出对权力结构层次的更细致

---

① 在社会交换逻辑下，有研究者在社会学本土化研究中提出了"日常权威"概念，探讨社会关系网络的连接和运行状态，并作为中国人的"人情"和"面子"的解释机制。换言之，中国人热衷于讲"人情"与"面子"，是因为他们将其作为一种交往工具，来获得他们的日常权威。参见翟学伟《中国社会中的日常权威：概念、个案及其分析》，《浙江学刊》2002 年第 3 期。这一概念源于社会学和社会心理学，与本书的研究落脚点有着不同的学理脉络。
② 贺雪峰：《新乡土中国：转型期乡村社会调查笔记》，广西师范大学出版社 2003 年版，第 160—161 页。
③ 仝志辉、贺雪峰：《村庄权力结构的三层分析——兼论选举后村级权力的合法性》，《中国社会科学》2002 年第 1 期。

地考察。这些见解尽管出自社会学对乡村治理问题的研究，但它们的分析视角无疑对传播学的乡村研究提供了参考价值。从白马村的实践经验来看，"事务中介者"往往具备了"乡村精英"的部分特征，比如更广泛的社会联系网络和更优裕的个人经济实力，甚至在形象装饰、时尚消费方面也能发挥一定的潮流引领作用。

但两者之间也存在明显的差异。有研究者指出，在乡村治理的分析维度上，当代乡村中"精英—农民"的结构关系越来越不稳定，无论是体制内精英还是体制外精英，与农民之间的传播网络都日益弱化。[①] 这种弱化是在公社制度解体和农业税改革的背景下发生的，折射出当代农村社会的"个体化"[②] 趋向。但在乡村社群交往的分析维度上，情况却完全不同。从白马村的实践经验来看，首先是由空间毗邻和宗亲关系带来的社群归属意识依然存在，社群内部依然维持着更为紧密的日常交往关系；其次是随着经济发展和改革开放，以经济收入和专业技能为外在特征的乡村精英日益凸显，形成了与大多数普通村民之间的清晰可见的界分，但这些从村庄内部成长起来的精英天然属于乡村社群成员的一分子，他们身处村庄社群交往网络之中并认可和遵守其生活交往规则，乐于运用自己的影响力帮助社群其他成员完成事务性工作，总体上与所在社群保持了浑然一体的结构关系。

这样看来，当代中国乡村中以"信息性影响"为主要职能的意见领袖或政治精英或许正在退场，但以"事务性影响"为职能的社

[①] 蒋旭峰：《乡村治理中的精英传播及其模式探讨》，《理论探讨》2012 年第 4 期。
[②] ［美］阎云翔：《中国社会的个体化》，陆洋等译，上海译文出版社 2012 年版。

群交往结构性节点却正在发展。其原因大致可以分为客观和主观两个方面：一方面是社会经济文化发展带来的物质条件和信息条件的方差扩大，增强了社会流动性；部分农民通过社会流动获得了更为丰富的社会阅历，降低了行为保守性和心理封闭性，并增加了自我效能感。[1] 另一方面人们的价值观念日趋"务实"和"理性"，并反映在日常社会交往行动中。例如，王毅杰认为，改革开放后我国乡村家族比过去更为强化而不是弱化，其原因就在于村民们理性地选择血缘关系与家族，以此作为实现自身目的的手段。[2] 贺雪峰进一步指出，这种交往理性不但发生在新式宗族关系中，而且还有更进一步扩大化的趋势，他将其称为"拟亲化"。其含义是指，在熟人社会中也存在自己人和外人的区分，人们通过"人情"来界定熟人社会中的自己人，自己人相互之间就要给面子、讲人情、讲感情。特别是在乡村熟人社会治理工作中，村组干部会通过主动扩大人情往来的方式实现拟亲化，将更多村民纳入自己人的范围，由此获得更强有力的治理能力。[3] 拟亲化的做法还被用于更广阔的集体行动场景中，例如，群体性的外出务工。李培林对广州"城中村"的研究表明，农民集体外出务工过程中会集结为一个"大家庭"来积蓄力量，以规避和抵御事业衰落的风险；即使在业务和经济状况持续改善的情况下，他们也坚持不"分家"，避免产权和社会关系的重组带来的不稳定性。[4]

总的来看，无论交往理性还是拟亲化，它们都是作为一种新

---

[1] 周晓虹：《流动与城市体验对中国农民现代性的影响——北京"浙江村"与温州一个农村社区的考察》，《社会学研究》1998年第5期。

[2] 王毅杰、袁亚愚：《对建国以来我国乡村家族的探讨》，《开放时代》2001年第11期。

[3] 贺雪峰、刘锐：《熟人社会的治理——以贵州湄潭县聚合村调查为例》，《中国农业大学学报》（社会科学版）2009年第26卷第2期。

[4] 李培林：《巨变：村落的终结——都市里的村庄研究》，《中国社会科学》2002年第1期。

的、时代性的意识形态在乡村人群中蔓延发展，其物质基础则源于事务性或者利益性的交换。从这个意义上说，事务性影响在乡村社群交往中的影响力还将进一步扩大，事务中介者在乡村交往结构中的地位将越来越重要。

第五章 乡村传播的媒介结构

在构词法角度上,"社群"可视为"社区"和"群体"的组合。从白马村的实践经验来看,以空间结构为核心的"社区"和以人际交往结构为核心的"群体",共同构成了乡村社群研究的两个基本维度。前文两个章节分别基于这两个维度对白马村的社群传播结构进行了讨论。结果表明,信息传播的空间属性和社群成员的交往关系塑造了乡村传播结构的圈层化和中介化,成为乡村传播实践的主要特征。

截至目前,这些讨论尚不足以完整地阐释本书的研究问题。从传播学视角所展开的乡村社群研究,必须更进一步地审察媒介在乡村中的应用情况及其社会效果。这是出于两个方面的考虑:第一,与大众社会、市民社会等理想型研究语境相比,中国乡村有其独特的社会背景。首先是聚群而居以及由此所衍生的社会网络熟人化乃至拟亲化,其次是农民经济收入相对偏低以及由此所决定的文化程度和媒介素养不高。在这样的背景下,有必要对经典传播学中的既有知识框架持审慎的态度,将其置于乡村社会的具体环境下进行更充分地检验。第二,现代媒介技术的发展和使用成本的降低,促使电视、互联网、智能手机在农村地区快速普及,这又使得乡村社会具备或部分具备了现代市民社会的信息传播特性，即社会交往活动的"媒介化"。作为现代化的表征之一，"社会的媒介化"或"媒介化社会"是否已经延展到乡村地区是研究者们首先需要考察的问题；在此基础上，还需要更进一步辨析媒介在乡村社会所发挥的作用，尤其是如何影响熟人社会系统中的人际交往模式。

所以，只有将传播媒介的使用情况纳入到分析视野中来，才能实现对乡村信息传播结构的完整考察。就本书的研究问题和研究语境而言，除了对白马村的媒介使用做出一般性描述之外，还需要特别关注它对于社群传播结构的影响。在纯粹理论意义上，这种影响既可能是消极的，也可能是积极的，换言之，现代媒介化信息传播方式既可能以信息社会、媒介化社会的交往逻辑瓦解掉乡村社群结构和传统交往模式，也可能在后者牢固的文化根基面前表现得软弱无力，甚至可能成为巩固和强化后者的工具。至于在经验情境中的实际表现，本章将通过在白马村的田野工作进行考察。

第一节　白马村的大众媒介概况

来自中经网、工信部和中国互联网信息中心的统计数据显示，目前中国农村地区普及率最高的媒介是广播电视和互联网，后者包括电脑为终端的有线接入和智能手机为终端的无线接入。广播电视方面，2016 年山东省农村地区广播节目和电视节目综合人口覆盖率分别为 98.65% 和 98.27%，与全省总体覆盖率（98.98% 和 98.62%）基本持平。[①] 互联网方面，2018 年我国城镇地区互

[①] 中经网数据中心统计数据库：http：//db.cei.cn/page/Default.aspx，2018 年 11 月 10 日。

联网普及率为72.7%，农村地区互联网普及率为36.5%。① 手机方面，2018年山东省移动电话10453.9万户②，移动电话普及率104.5部/百人③；L市移动电话数为97.6万户，普及率为114.8部/百人。④ 这些数据大致勾勒出农村地区广播电视和互联网（包括移动互联网）的发展情况。

除了宏观统计数据之外，我们还可以从近年来针对农村地区的新闻传播学研究当中侧面感知大众媒介在农村的发展情况。例如郭建斌⑤、吴飞⑥、张丕万⑦、赵鹏升⑧、袁松⑨等研究者所开展的传播民族志和传播社会学研究，都将主要的媒介焦点投注到电视上；张明新⑩、管成云⑪、张铮⑫、高红波⑬等人的研究则注意到

---

① 中国互联网络信息中心：《第42次中国互联网络发展状况统计报告》，2018年，http://www.cnnic.net.cn/hlwfzyj/hlwxzbg/hlwtjbg/201808/t20180820_70488.htm，2019年6月7日。

② 中华人民共和国工业和信息化部：《2018年9月电话用户分省情况》，http://www.miit.gov.cn/n1146312/n1146904/n1648372/c6446477/content.html，2018年11月10日。

③ 中华人民共和国工业和信息化部：《2018年第3季度通信水平分省情况》，http://www.miit.gov.cn/n1146312/n1146904/n1648372/c6446459/content.html，2018年11月10日。

④ 中经网数据中心统计数据库：http://db.cei.cn/page/Default.aspx，2018年11月10日。

⑤ 郭建斌：《独乡电视：现代传媒与少数民族乡村日常生活》，山东人民出版社2005年版。

⑥ 吴飞：《火塘·教堂·电视：一个少数民族社区的社会传播网络研究》，光明日报出版社2008年版。

⑦ 张丕万：《电视与柳村的日常生活》，博士学位论文，武汉大学，2011年。

⑧ 赵鹏升：《城村电视传播——大众传媒与乡村的民族志研究》，《安徽农业大学学报》（社会科学版）2012年第21卷第4期。

⑨ 袁松、张月盈：《电视与村庄政治——对豫中付村的传播社会学考察》，《新闻与传播评论》2010年第1期。

⑩ 张明新、韦路：《知识、态度与乡村社会的家庭互联网采纳》，《传播与社会学刊》（香港）2009年第10期。

⑪ 管成云：《农村网吧里的孩子们——基于湖北省藕镇留守儿童互联网使用与社会交往的民族志调查》，《新闻学研究》（台湾）2017年第132期。

⑫ 张铮、周明洁：《媒介使用与中国农村居民的现代性——对湖南浏阳农村的实证研究》，《国际新闻界》2007年第5期。

⑬ 高红波：《新媒体需求与使用对农民现代化观念影响的实证研究——以河南巩义iptv农村用户为例》，《新闻与传播研究》2013年第7期。

了以互联网为代表的新媒体在农村的发展。相比较而言，以报纸和音频广播为主要媒介对象的乡村传播或乡村媒介研究几乎空白。

　　报纸和音频广播在乡村传播研究中的缺席，根本原因在于阅听率急剧降低。方晓红带领团队在二十年前的苏南农村做过调查，结果认为当地农民的报纸订阅率高达74%，① 然而在白马村，这种程度的报纸阅读情况并不曾存在。根据我在白马村生活的历史经验，过去二三十年间村民们的确是见过报纸这种东西的，作为行政管理的产物，村委会每年都会订阅2—3份报纸，主要包括《人民日报》《大众日报》和《文汇报》。在电视还没有普遍进入村民家中时，这些报纸在村子里确实获得了一定的阅读率，读者包括一些"念过几天书"的农民和中小学的学生，后者当中就包括我本人。② 但农民自费订阅报纸的情况却从未有过，一方面是因为村民不舍得花这笔钱，另一方面是因为文化程度普遍不高，没有对报纸的阅读需求。在这种情况下所形成的报纸的实际发行量，由于统计口径和方法的原因可能远低于官方公布数值。进入21世纪的第二个十年之后，报纸在农村的市场已经彻底被电视和互联网所取代，白马村村委仍然有订阅《半岛都市报》③ 等报纸，但已然无人阅读，由邮递员隔天送来之后便都整齐地堆放在办公室隔壁的杂物室里。

　　广播媒介方面，20世纪80年代以前，在政府的积极推动下，白马村里绝大部分农民家中都接通了有线广播，至今在一些没有翻修过的老房子里仍然能看到屋檐下面裸露的布线。从90年代中

---

① 方晓红：《大众传媒与农村》，中华书局2002年版，第10页。
② 那时候我还不能阅读繁体字，很长一段时间里都将报头中的"大眾日報"读成"大黑日报"，将"文匯報"读成"文匯报"。
③ 由大众报业集团主管、主办，现为山东半岛地区发行量最大的综合性城市日报。

期开始，由于终端线路和设备的老化损坏，再加上广播内容无法选择（农村有线广播只有唯一的节目源，控制方式也只有开和关两种状态），有线广播逐渐被无线收音机所取代。在 90 年代末之后，电视机逐步普及，收音机也相应地退出历史舞台，从最近这几年的实际经验来看，农民们已经不再收听音频广播了。

基于以上背景，在本章所探讨的白马村媒介使用情况中，直接舍弃对报纸和广播的考察，主要关注电视和数字媒体的应用和影响。

第二节　电视在乡村信息结构中的地位

电视之于乡村传播的常见分析视角是考察它在乡村传播和日常交往中的信息性影响。对于这种影响的后果，一种积极乐观的看法是，电视推动了农民对现代城市文化的认知，充当了推动农村文化由传统向现代转变的"加速器"[1]；它还在农民的社会流动中扮演了较为重要的角色，对农民的流动决策、迁徙过程、文化适应各个环节都产生影响[2]；特别是对于少数民族乡村地区来说，电视是使村民们能从地方脱离出来的重要象征体系[3]。另一种则持消极批判态度，认为电视普遍进入农村之后，农民当中出现了"独自看电视"现象，这虽然没有造成农民日常交往的减少，但却导致公共生活的逐步退场[4]；伴随着现代化的进程，电视侵占

---

[1] 尚妍、彭光芒：《大众传媒与农村社会文化变迁》，《理论观察》2006 年第 3 期。
[2] 刘锐：《电视对西部农村社会流动的影响——基于恩施州石栏村的民族志调查》，《新闻与传播研究》2010 年第 1 期。
[3] 李春霞：《电视与中国彝民生活》，博士学位论文，四川大学，2005 年。
[4] 申端锋：《电视下乡：大众媒介与乡村社会相关性的实证研究》，《华中科技大学学报》（社会科学版）2008 年第 22 卷第 6 期。

了影戏等乡村秩序传统载体的生存空间，进而解构了对乡村共同体的想象①；通过观看《新闻联播》，农民实现了"直达"式的政策信息接收，而这一过程却培养出"精通国家政策"的"刁民"，他们对抽象的中央理念和政策进行个人化解读并对周围人群产生影响。②这两类观点的基本立场各不相同，讨论的问题和结论也存在差异，但总体来看，这些面向传媒与乡村社会的研究，从一开始就被放到了"现代化"和"发展传播"双重的理论话语框架内。③

与以往这些研究不同的是，本书采纳社群及其信息传播结构作为乡村传播研究的切入视角。在这一视角下，对电视媒介的讨论可以操作化为两个问题：一是电视作为一种媒介工具如何影响村民的信息接触，二是电视节目内容作为"共通意义空间"在村民日常交往中发生什么作用。这两个问题所对应的语境，分别是农民独自看电视行为和群体收看行为，前者的观看主体以个人和家庭为单位，后者是指电视在群体互动过程中作为一种话题或媒介环境而存在。本节的讨论试图结合白马村的电视媒介实践来考察电视在这两种语境中的作用，即电视是否成为改变村民信息接触惯习的强势媒介力量，以及是否在乡村社群交往中扮演某种连接性角色。

一 卫星电视与"媒介事务中介者"

20世纪90年代，市场上销售的电视机普遍使用机身天线接

---

① 沙垚：《从影戏到电视：乡村共同体想象的解构》，《新闻大学》2012年第1期。
② 袁松、张月盈：《电视与村庄政治——对豫中付村的传播社会学考察》，《新闻与传播评论》2010年第1期。
③ 郭建斌：《传媒与乡村社会：中国大陆20年研究的回顾、评价与思考》，《现代传播》2003年第3期。

收无线信号,频道数量少、画面质量较差,这种收视方式现已基本淘汰。目前白马村村民家中的电视信号接入包括两种方式,一种是通过同轴电缆接入当地广电网络,也就是"闭路电视";另一种是自行购买卫星接收器,俗称"锅盖"。第一种方式的优势是节目频道多、信号稳定、故障率低,缺点是价格相对比较高,特别是在 2011—2012 年广电部门全面推行"数字电视"之后,接入费用由之前的 150 元/年提高到 280 元/年,并且通过数字技术手段限制了并发终端数量,一条八户线路只允许连接两台电视机。卫星接入方式特指广电总局推行的直播卫星公共服务,包括"村村通"和"户户通"两种业务类型。根据广电总局的统计数据,直播卫星公共服务在山东省的村庄覆盖率为 53.7%[1],居全国中等水平;其中又以"户户通"为主,占卫星接入户数总量的 99.8%[2]。卫星接入方式的缺点是节目频道少(30 个左右)、稳定性受天气影响较大,另外户外接收器的安装通常不够规范,进而影响到使用寿命。而优点是价格低廉,农民只需要一次性支付接收设备的购买费用,此后便可以长期免费收视。

"村村通"和"户户通"尽管使用成本相对低廉,但它们的用户也并不全是从广电专营点购买正规手续的卫星接收设备,有些村民是从私人渠道(如镇上的家电维修店)购买"山寨货"。这样做的原因一方面是为了进一步压缩费用成本,另一方面是因为山寨货有更多规格可供选择,售前和售后"服务"也更人性化。另外,并不是所有村子都开通了"正版"卫星电视业务,白

---

[1] 国家新闻出版广电总局广播电视卫星直播管理中心:《直播卫星公共服务区域划分情况》,http://www.huhutv.com.cn/art/2017/5/9/art_18_3024.html,2018 年 11 月 12 日。
[2] 国家新闻出版广电总局广播电视卫星直播管理中心:《直播卫星公共服务用户发展情况》,http://www.huhutv.com.cn/art/2017/5/4/art_18_2889.html,2018 年 11 月 12 日。

马村所在的 Z 镇辖下 62 个行政村，其中只有 35 个村覆盖了卫星收视公共服务。① 不过，根据我所了解到的情况，白马村村民使用山寨版卫星电视最根本的原因并不在于以上三点，而是他们对广电部门的卫星收视业务不熟悉：他们既不知道卫星电视设备有正规军和山寨货的区别，也无意去比较使用效果的差异，只是通过自己所知晓的渠道去"弄个回来试试"，如此而已。

村民 LML（男，65 岁）是较早从闭路电视转向卫星电视的用户之一。他家中目前使用的是第二套卫星接收设备，已经用了三年多，还在继续服役。据他妻子说，此前他们家购买的第一套设备用了 3 年多之后"坏掉了"。我不能确定"坏掉"具体是指什么，有可能是大风导致户外接收器损坏，也有可能是机顶盒软件故障不能正常工作；而可能性最大的情况是一场风雨之后就接收不到节目信号了，但又不明就里无计可施，只好笼统地解释为坏掉。② 总之就是不能继续使用，所以重新购买了第二套设备。2018 年 7 月的一天我在村子里做参与式观察的时候，LML 刚好路过，看见我便招呼道：

LML：Y（我的小名），没事儿（要做）？上俺家给看看电视怎么回事吧？

我：哦，电视怎么啦？

LML：换了个电视机，接机顶盒的线，怎么接也出不来图影。

---

① 国家新闻出版广电总局广播电视卫星直播管理中心：《直播卫星服务区域》，http://www.huhutv.com.cn/col/col32/index.html，2018 年 11 月 12 日。

② 这种情况在农民对电子产品的使用中颇为常见。对专业人员而言的一些简单故障，如接触不良，往往也能给农民造成极大困扰。有时他们会选择维修，对于价值不高的产品则更多选择置弃或重新买过。

我：(开玩笑)哪个给你家装的，不负责售后服务？

LML：(尬笑)亲戚帮着买的……机顶盒可能没事儿吧，就是线，我怎么接也接不回去了。

我：嗯我先看看吧，也不见得能搞好。

LML：能行，这些东西你们（上过大学的人）都明白。

然后我去到他家里，帮他把机顶盒和电视机的信号连接线重新接好。操作其实很简单，只需按照插头上的颜色标识，分别将视频信号线和左右两个声道的音频信号线对号入座。但对于文化程度偏低的农民来说这还是过于复杂了。他请我坐下来抽根烟，我也趁机跟他攀谈了一会儿。

对于家中这套卫星收视设备，LML 坦言他是"不大明白"的。他说，当初刚买电视机的时候用的是"001"天线，用一根长木杆挑起来立在屋顶，能接收十个左右的电视频道；后来闭路电视普及了，能看一百多个台，但是其实根本"看不过来"，实际经常看的一直就只是中央台、山东台和 L 市台，但是每年要为此支付近 300 元的"有线电视费"。有一年春节，他的表侄 LZQ 来拜年，说是可以自行安装一个小型"锅盖"，价格便宜，花上一两百块钱能用好几年，于是他年后就请 LZQ 帮忙买来并负责安装调试好。至于购买的渠道，他只知道是在镇上某个店里，价格是 220 元。我问及这种设备是不是国家统一管理、定点销售的，他表示完全不知情，"都是在私人那买的，哪有人管呢？"至于卫星电视的频道数量，虽然比有线电视少了很多，但他和家人都并不在意这一点：

（电视）这东西有那么三五个台就够用了，家里又没有小孩子，老人能看多少电视。——再说了，成天看电视那得多少电费？①

　　LML口中的表侄LZQ（男，44岁）是本村一名普通农民，并不从事电器产销行业，也没系统接受过技术培训。他之所以会"捣鼓"这些，完全是因为个人对流行数码电子产品的兴趣爱好而摸索出来的。在亲戚们的印象中，LZQ是个颇有名气的"才情人"（指聪明能干、有手艺的人），20世纪90年代末，当固定电话刚刚开始进入当地农民视野时，他就已经熟练掌握L市电视台的"电话点歌"业务；后来在VCD、DVD、手机、有线电视、卫星电视、电脑和互联网等产品普及过程中，他始终都能走在"时代前列"，永远是全村最早尝试这些"新玩意儿"的人，并且总能把它们"摆弄得溜溜的"。因此，在很多亲戚和街坊四邻当中，每次遇到这类电器产品使用中的小问题，就会请他来帮忙解决。

　　显然，在LZQ身上我们再次看到了乡村"事务中介者"的人物角色。与老W和YYB所代表的两类中介者不同的是，LZQ所依靠的不是组织化机会或社会活动能力，而是通过业余爱好所获得的媒介使用技能。这种个人爱好使他能够积极主动地从村庄社群外部去获取新的媒介信息，例如，手机、DVD、电脑等，从而成为这些新媒介最早的接触者；然后通过他的事务中介网络把新媒介逐渐引入到乡村社群中来。从这个意义上来说，他不但是事务中介者，同时也是新媒介的引领者和扩散者。

　　与LZQ的情况颇类似的另一个案例是村民LGH。LGH（54岁，男，农民）为人精明干练，他的女儿在日本留学毕业后留在

---

① 与LML的此次接触与谈话记录整理自2018年7月21日的田野工作。

日本工作，据说收入较高，因此 LGH 家中经济状况相对优裕，这使他能够经常在闲暇时外出旅游，接触了现代都市的生活方式。2016 年他把自己家重新装修，将整个天井做了封闭，把露天的院子改装成阳光房，然后在院中安装了一套功能完整的卡拉 OK 设备，供平时"吼两声耍耍"。他的"卡拉 OK 房"吸引了几乎全村人的关注，到了春节期间，大量村民聚集在这里嬉戏玩耍，其中有些年轻人在"观摩"之后，自己回去也去依样画葫芦地改造房子、购置家庭影音娱乐设备。从 LGH 在村子里发生的带动和影响作用来看，他跟 LZQ 一样，对于新媒介在乡村的扩散渗透发挥了中介作用。

对于 LZQ 和 LGH 为代表的角色特征，我们不妨使用"媒介事务中介者"概念加以概括。这一概念所阐释的内涵包括两点：其一，以电视为例、包括数字媒介在内的乡村媒介的普及，其过程明显受到了事务中介者的推动。官方媒介机构，比如市、镇广电部门和管理、宣传部门，未能在乡村媒介的推广工作中发挥明显可见的效用；而大部分农民由于自身文化水平和媒介使用能力的限制，其主动采纳新的媒介形态的行动又较为低效。在这种情况下，乡村中的"媒介精英"或"技术达人"以行动示范和事务中介的方式推进了新媒介的渗透和扩散。其二，"媒介事务中介者"所承担的职能和作用，在乡村信息传播和社群交往中有着的重要意义。从初步的分析来看，电视对农民带来的信息性影响颇为有限，并没有对他们产生诸如教化作用等效果；而媒介事务中介者们则在乡村社群交往中扮演某种连接性角色，一边加强了乡村社群的内部联系，一边协助建立和维持新的媒介接触习惯。在本章以下的讨论中，这些判断还将得到进一步的分析验证。

二 电视的信息性影响和交往性影响

为了了解村民观看电视的情况，我在田野调查期间利用各种"由头"开展串门活动，进入村民家中进行观察。在这项工作中，本村人的身份再一次给我带来了便利。问题在于，乡村串门活动作为小群体交往的一种具体形式，主人势必要热情招呼来访者并维持积极互动的谈话氛围；这种情况下，家里的电视机仍然在继续播放，但我却无法考察村民们独自看电视的情形。因此，若要考察村民们在自己家中、无外人在场情况下的电视观看行为，我必须设法隐去我的身体在场。沿着这一设想，我调整了调查方法。首先以我的母亲为对象，观察她的电视观看行为。我的母亲是白马村的普通农民，日常生活习惯与大部分村民完全一致，具有较好的样本价值。然后我又到我姐夫家小住了三天，他家位于Z镇辖下的另一个行政村孙家村，距离白马村11公里路程。由于当地这些村落的文化民风和生活方式相近，所以该样本也有良好的代表性。在自己家和直系亲属家中起居，能够抛离那些社交性活动的干扰，使我能够以近似隐身的方式展开观察。不足之处在于，这种"隐蔽观察法"受应用场景的限制而只能得到较为有限的样本。因此我又使用访谈法作为补充，来了解更多村民的电视观看行为。同样如前文所解释的那样，由于不方便向村民们直言我的行动目的，这种访谈均以非正式的闲话方式展开，好在事实证明，这种非正式的谈话亦足可让我了解到所需要的信息。

（一）"半睡眠状态"的电视观看行为

我的父亲在1992年购买了家庭第一台黑白电视机，此后陆续更新换代，目前在服役的第4台是"海信"牌25英寸CRT彩色电视。在信号接收方式上，与村子里的大部分情况一样，经历了室内外天线、有线闭路电视和卫星电视三个阶段，现在用的也是镇上买来的"小锅盖"，能接收 20 个左右清晰度尚可的频道。随着收音机和磁带录放机的淘汰，这台电视成为我家唯一的大众媒介产品，也是我的父母在过去几年中唯一的家庭娱乐用途的电器设备。

我的母亲 LFM 今年 69 岁，白马村生人，小学文化。从未成年开始便一直从事农业劳动，如今大半生已过，独自出门去过的最远的地方就只是本市城区。从现代都市人的视角来看，她应该属于最传统的、最典型的那类农民。在一年当中的大部分平常日子里，她收看电视的时间都非常有规律，主要集中在午饭后和晚上入睡前，两个时段累加起来总时长大约 2—3 小时。只有在跟随其他家庭成员一同观看的时候，这个时间才会拉的更长些。频道和内容方面，她的"选择"很简单，通常就只在中央电视台、山东电视台和齐鲁卫视之间随机轮换，经常观看的节目是天气预报、中央台《法治与社会》和晚间黄金档的电视剧类。但在更严格的意义上，她对于电视节目内容的"选择"其实并不存在，因为她并没有特别明确清晰的主观意愿，更多时候只是打开电视机的开关，默认状态下播放什么节目就看什么。而且，如果其他家庭成员换了频道和节目，她对电视画面的注意程度也绝不会相应地减弱或变强，在旁观者看来，她对任何类型的电视节目都保持同样的兴趣水平。

我对我的姐姐（49 岁，农民）姐夫（49 岁，农民兼工厂务工）独自看电视行为的观察也发现了类似的结果。与我的母亲这类老年农民相比，他们这一代农民对于电视有着更强的依赖性。当 20 世纪 90 年代初电视机开始进入当地农村家庭时，他们刚好在 20 岁左右，处于建立媒介消费观念的最有利时机；此后电视机便作为最主要的个人娱乐设备伴随着他们大半生的日常生活。我姐姐和姐夫在 1992 年结婚时，他们购买了当时俗称"结婚必备三大件"之一的小家庭第一台电视机。此后，他们还陆续跟随流行风潮购买过一台"燕舞"牌收录机、一台二手东芝 VHS 录像机和一台"万利达"牌 DVD 播放机，但这些设备很快便淘汰废置了，只有电视机始终保持"最长情的陪伴"。2006 年他们把自家的房子推倒翻新、重新装修，把电视机放在正屋四间瓦房中间兼作餐厅、会客厅和起居室的房间一角，这样观看电视的时间就被进一步地延长了。但是，这里所说的"观看电视的时间"其实是指"电视机保持开启状态的时间"，它并不完全等同于"观看者注视电视屏幕的时间"，而是远大于后者。在我姐姐和姐夫的电视观看行为中，最常见的情况是在房间内活动时随手打开电视机，习惯性地按几下遥控器上的换台按钮，让电视保持播放状态，然后便把遥控器仍在一边，各做各的事，比如吃饭、聊天或做家务劳动。其间只是偶尔扫一眼电视画面，有时候也自言自语似地随口发表一两句感叹或评论。作为中年一代农民，他们的这种电视观看行为特征与我的母亲这一代老年农民基本保持了一致。

当我带着这样的观察结果去试着访问其他村民时，得到了高度类似的结果。特别是在中老年村民中，这种观看电视的状态极为普遍而且典型。表面上看，观看者有着明确的电视内容需求，而且确实花费了足够多的时间，甚至也能部分地复述观看过的内容；但实质上，电视于他们而言是形式大于内容的，它只需要保持播放状态以起到"暂存注意力"的作用，内容本身对于观者看者而言并不重要。LMR（男，33 岁，本地工厂务工）说：

都差不多是这个样式儿……LXR 说都被他爹弄草鸡了,老爷子半夜三更开着电视唱戏(指播放京剧节目),动静还贼大。他过去看看,(发现)老爷子在躺椅上迷糊,他寻思关了电视吧,结果(老爷子)睁开眼吆喝谁给我把电视关了?!……俺爹也差不多(就是这个样子)。①

不得不说,这样的发现令人意外,它冲击了现有传播学的基本认知。施拉姆和波特在梳理前人研究的基础上,总结出大众传播应用于个人时的社会功能包括社会雷达、管理、传授、娱乐四个方面。② 但从中国传统农民的电视观看行为来看,这四种功能均未得到确证。就我的母亲这一个案而言,除了天气预报节目之外,她对所有电视节目的观看都处于一种"有若无、实若虚"的精神状态之中,即使是被认为最受欢迎的肥皂剧类,她也只是偶尔随着剧情跌宕起伏而流露出相应的表情变化,关掉电视机之后便立刻忘却了,继续回到眼前的日常生活中来。还有一些老年村民,他们闲来无事时习惯于坐在电视机前,保持一种似睡非睡的电视观看状态,既在观看电视,又似乎没有在看,但一旦关掉电视机,却又会立刻警醒。我将这种现象称为"半睡眠状态"的电视观看行为。

"半睡眠状态"的电视观看行为不但否定了电视对个人的社会环境监测、决策辅助管理、知识传承等功能,甚至也否定了电视的娱乐功能。对于那些在电视机前打瞌睡的人群来说,电视只是消磨时间的一种生活道具,用于处置无处安放的注意力;电视

---

① 记录自 2018 年 7 月在 LMR 家中的串门访谈。
② [美]威尔伯·施拉姆、[美]威廉·波特:《传播学概论》第 2 版,何道宽译,中国人民大学出版社 2010 年版,第 35 页。

所提供的不是舒缓身心的娱乐性,而是通过声光信号的知觉刺激来消解独居或独处时的孤独感。正如我所观察到的那样,不同的电视节目内容对这些观看者并没有不同的意义,在大部分日常场景下,坐在电视机前观看屏幕画面本身就是"看电视"这一行为的全部意义。

(二)人际交往中的电视

电视观看过程中的"半睡眠状态"意味着电视节目内容不会对观看者产生有意义的信息性影响。这里需要进一步讨论的问题是,这种现象在农村人群中是普遍存在的,还是仅限于某些特定人群?我将这个问题置于村民的日常交往和信息互动语境中进行验证。其内在逻辑是,"半睡眠状态"是在村民独自看电视的场景下观察发现的,它否定了电视内容在村民个人信息结构中的意义;如果能够证明这种否定在乡村日常交往中同样存在,那么就可以推知电视在整个乡村社群的媒介结构中的孱弱地位。在这一分析逻辑之下,我将电视在村民日常互动中的呈现具体地定义为"谈资",相应的日常互动情境分为两类:其一是在外部"规范性"驱动下发生电视谈论活动,以春节期间谈论春节联欢晚会为典型场景;其二是在内部"信息性"和"娱乐性"驱动下的电视谈论活动,以街头纳凉点的闲话为代表。以下在这两种情境中分别考察电视对于村民的价值体现。

"春晚"是全国人民除夕之夜的公共盛宴。其持续数十年的举办,辐射出巨大的文化效应,本质上是一种媒介庆典仪式(王立新,2009)。在白马村当地,除夕夜的"欢度"方式区别于中国南方某些地区,家家户户在除夕日白天忙完了最后的过年准备工作(如贴春联、打扫院子)之后,包括晚饭在内的晚间活动与平时并没有特别的不同。甚至于已经"分家"出去独立生活的儿子儿媳，这天晚上也不必一定要过来跟父母一起吃饭，只需要在初一凌晨的下饺子、放鞭炮和拜年活动开展之前提早过来就可以。已经出嫁的女儿则需要等到正月初三才能来拜见父母。近年来随着经济状况的改善，有些农民家庭也不再墨守成规，会在除夕之夜组织全家人的小型聚餐，但对于大多数村民来说，除夕晚上在零时的鞭炮声响起来之前，最大的节日仪式感莫过于观看春节联欢晚会了。这样一来，观看春晚事实上成为各家各户在除夕夜的共同经验，也自然而然地成为初一早晨全村集体大拜年中的共同话题。

我作为本村原姓宗族中的一员，在外地参加工作之后仍然保持每两年一次的频度返乡过年，并在春节拜年活动中得以亲身了解人们对春晚的谈论情况。在初一早晨的全村大团拜中，我和我的堂兄弟组成的队伍需要走遍全村原姓宗族中所有辈分比我们高的家庭，总数约20家（我的堂兄们熟悉每一家的基本情况，我由于并不常年在村子里生活，对此并不能摸清，只是跟着队伍一起行动）。在这种场景下，拜年者和被拜者之间的谈话往往具有强烈的模式化特征，大多数情况下套用了高度相似的人际互动形式和内容。

以我在2018年春节的拜年体验为例。当天早晨五点半左右我去给二伯父（76岁，农民）和二伯母（74岁，农民）拜年，我的堂兄（47岁，农民兼建筑工人，二伯父的次子）和堂嫂（46岁，农民，二伯父的次媳）也在。进入与春晚相关的话题之后，谈话内容大致按如下展开：

我：您二老夜里几点睡的？
伯父：俺早早睡了。看了一小工夫电视。你哥哥和嫂子（指我的堂兄堂嫂们）他们睡的晚。

堂嫂：（因为）看春晚嘛！C（我的小名），你们看完了没有？

我：没看完。看到十点，困了，就睡着了。

堂嫂：（笑）俺和你哥哥都看完了。

我：（笑）有意思吗？

堂兄：哪有什么意思！一年又两年的，翻来覆去还不是那些小节目。

伯母：也就小品还有点意思。今年没有赵本山。

堂嫂：可不是么。一年不如一年了。

伯父：没些什么看头。早晨起来又开始（重播）了，能重播好几天。

堂兄：连孩子们都不爱看，他们光顾着捣鼓手机去了。

堂嫂：C，等会儿拜完年找地方打扑克不？

我：好啊，上谁家去？

……………………①

这样的对话看似有一搭没一搭不着边际，实际上可以分为三个段落：①以"是否观看春晚"为起点建立一个会话主题；②互相表达对春晚节目的看法，且以负面批评为主要基调；③很快地结束这一话题。这三个段落建构出一种高度模式化的"话语套路"，大年初一这天在各家各户的拜年和接待场景中无数次的上演。在我看来，拜年期间这种模式化的谈论春晚的行为，就如同平时打招呼问"吃了吗"一样，是一种当地文化所习惯的春节社交寒暄方式。村民们生活起居在同一个小小的村落，一年乃至一

---

① 此次谈话记录整理自 2018 年 2 月 16 日的田野工作。

生当中时时发生碰面交往，在拜年活动中并没有什么新鲜的话题可以作为谈资，因此不得不用春晚这个"应景"的话题来渲染会话的气氛；但实际上，大家又确实出于审美疲劳等原因对节目内容不再感兴趣，因此这一话题又必然无法持续深入地展开。结果，春晚在整个拜年活动中呈现出两个看似互相矛盾的特点：它一方面成为高度普遍的公共话题，另一方面却又不能赢得与之相称的谈论热烈程度。这两个特点的自洽性在于，春晚本质上是被作为"谈资"或"由头"来建立和维持人际互动过程，但是这种工具化的使用并不意味着人们对其内容本身投注了兴趣，事实上恰好相反——村民们在除夕夜观看春晚的行为看上去更像是迫于第二天的人际沟通压力，不得不完成一定量的观看"任务"以便能够在初一这天与其他村民建立共通的话语空间；然而实际上，他们对春晚的节目内容并不具有（或者已经逐渐失去了）主观上的兴趣。结果，对春晚的观看和谈论更多沦为一种群体仪式下的附带品，而没有在信息分享的角度发生实质作用。

接下来，我试图将这样的初步判断代入到村民日常的闲话活动中，看看能否得到进一步的印证。为此，我选取街头纳凉点这一最具代表性的闲话场景，通过多次参与式观察，在旁观旁听中记录并分析其中有关电视的谈话内容。由于这些"闲言碎语"穿插在庞杂的闲话中，无法在文本中梳理、复现，所以此处的讨论仅给出观察和分析的结果，不再细述过程和资料。

通过调查发现，街头闲话场景中与电视主题相关的谈话通常包括以下四个特征：第一，天气、孩子、农业劳动和过路人是街头闲话中的四种最主要话题，相对这些内容而言，电视很少被谈及。以我的观察者角度看来，电视可以与其他一些更为琐细的、临时触发的话题一同归类于四种主要话题之外的"其他话题"。第二，当人们谈到电视话题时，如提及某条社会新闻或某电视剧的剧情，通常是因为这些内容与当前正在谈论的某生活事件存在逻辑关联，受到该事件的提示而联想到电视内容。例如，当有人谈到亲戚家的孩子暑假天天宅在家中玩电脑时，其他人就会补充在电视上看到的"网瘾"叙事，以此来猜测或反观、印证他们对邻家孩子的想象。也就是说，当他们谈论电视时，并不表示电视内容是他们的关注点，而是一种类似于"延伸阅读材料"的东西。第三，与拜年中的春晚话题一样，那些针对电视内容本身的谈话——如电视剧的情节，也主要是作为一种互动方式，并不是真正想探讨彼此对它的看法；而且这类内容在闲话活动中所占的数量比例很低。第四，在这些占比很低的电视话题中，的确也有一部分是真正被关注到内容本身的，如在国庆节期间赞叹广场阅兵仪式隆重和气派。我在参与观察期间还遇到过有人就电视新闻上城市房价上涨的报道向我求证。但本质上讲，这类话题已经超出了乡村闲话的普遍范畴，更多的是个别村民的个人兴趣或有意识的知识探求。

将街头闲话场景中的这些特征与春晚话题的谈论场景相对照可以发现，二者既存在细节的差异，又有理论上的共通之处。差异之处主要体现为电视话题在整个对话过程中的提及率，后者在其话题周期内（特别是正月初一这天）更高一些；共通之处在于，无论这种提及率差别有多大，这些谈论的核心都不指向电视内容本身，后者只是被作为一种建立和维持人际互动的工具。

莫利所开展的电视研究曾经发现，绝大部分受访男性都不愿谈论电视，只有一位市政服务的经理例外。这位经理会在上班时间有意地谈论电视，但他并不是真的想讨论电视内容，而是将电视作为一个话题、将谈论电视作为和其他职员套近乎的手段，因为"电视总是一个非常好的共同话题,是建立良好人际关系的第一步"[①]。这与我在白马村的调查结论取得了高度的一致性。

莫利还发现,男人在日常生活中较少谈论电视,因为这看上去"缺少男性气质"。从我在白马村的调研来看,无论男性还是女性,谈论电视的行为均较之前更少了,即使偶尔发起这样的话题,也往往会快速结束。主要原因在于,电视节目不再可能成为共同的话题,从而使谈话者失去了彼此共通的意义空间。也就是说,电视频道和节目越来越多,人们观看电视的时段、内容呈高度差异化,现在已经没有哪个电视节目能制造"万人空巷"的收视效果了。当人们观看内容各不相同时,他们就无法在闲话中就此进行可持续的交流。

以上分别讨论了电视在白马村村民的信息接触和人际交往中的地位和功能。总体来看,电视在这两种语境中的重要性都不凸显。它虽然普遍进入了农民家庭,却没有作为一种强势的媒介力量改变村民信息接触的惯习。农民虽然每天都在收看电视,但他们的观看行为却处于一种"半睡眠状态"之下,个人和他们所处的社群都没有因为电视而促成自身信息结构的变化。在日常的信息性交往中,他们彼此之间互动最多的话题仍然集中在社群内的公共事务和共同经验上,例如,孩子和农业劳动;电视只有在进入这种共同经验范畴之后才有可能成为谈话的主题。而且,即使在后者情况下,电视也未能饰演特别关键或重要的角色,只是被作为一种建立和维持谈话过程的交际小技巧,而不是传播交往活动中的主要信息对象。再者,随着互联网向乡村地区的进驻,电

[①] David Morley, *Family Television: Cultural Power and Domestic Leisure*, London: Routledge, 1986, p. 150.

视收看时长未来将呈现持续衰减的趋势,电视作为社群成员共同生活经验的可能性将继续降低,这还将进一步导致电视在社群传播和交往活动中的影响力被压缩。这些分析表明,电视作为一种现代大众传媒,它向乡村地区的大规模渗透并没有改变当地传统的社群传播结构,自然也不能改变既有的信息圈层化格局。对于那些乐观地认为电视能够推进乡村现代化和文化发展的观点来说,这样的结论无疑是富有挑战性的。

第三节　数字媒介与乡村信息传播的现代化

除了电视之外,以互联网和智能手机为代表的数字媒介也正快速向乡村渗透。本节内容将以白马村的媒介实践为例,考察数字媒介对于乡村传播结构所带来的影响。

在互联网的普及程度方面,农村地区与城市地区之间目前还存在比较大的差距。2018 年我国城镇地区互联网普及率为72.7%,而农村地区为 36.5%[1],后者大约相当于 2010—2011 年的全国平均水平。但应注意,除了普及程度之外,考察媒介发展对社会生活的影响时还应关注其应用场景或用途。调查显示,城镇网民在网络购物、旅行预订、网上支付及互联网理财等方面高于农村网民,而在即时通信、网络音乐、网络视频等方面,城乡网民表现出来的差别则很小。[2] 换言之,农民在事务性的互联网

---

[1] 中国互联网络信息中心:《第 42 次中国互联网络发展状况统计报告》,2018 年,http://www.cnnic.net.cn/hlwfzyj/hlwxzbg/hlwtjbg/201808/t20180820_70488.htm,2019 年 6 月 7 日。

[2] 中国互联网络信息中心:《第 42 次中国互联网络发展状况统计报告》,2018 年,http://www.cnnic.net.cn/hlwfzyj/hlwxzbg/hlwtjbg/201808/t20180820_70488.htm,2019 年 6 月 7 日。

应用方面明显落后于城市居民，但在人际互动和娱乐类应用方面，二者并没有明显差别。在农村网民的上网方式中，使用手机上网的比例为87.1%，已经远超台式机（63.4%）和笔记本电脑（25.6%）成为农村网民的首选上网设备。即时通信则是农村网民使用率最高的网络应用，高达88.2%。[1] 这些是全国层面的宏观统计数据。

对于白马村的数字媒介使用情况，我使用了观察法来获得分析数据。至于为什么放弃使用常见的量化采集方法，比如问卷调查，简单来说原因有二：其一，本村农民的文化素质不足以支持他们按照研究规范的要求完成问卷；其二，这种形式上过于"正式"的调查方法会引起他们的戒心，影响调查结果的真实可靠性。这些在前文也曾有解释。总体来说，根据本书的研究问题和分析路径，直接观察方法更为可取。

在具体实施过程中，我充分运用我作为本村人的优势，利用各种"合情方式"进入村民家中或以其他方式接触，观察电脑和手机的拥有和使用情况。这里所说的"合情方式"，主要是指以熟人身份串门，这在农闲时节和每年的正月里都是很平常的事，不需要什么特别的理由。对于某些不太相熟所以不方便直接串门的调查对象，我则通过"以人带人"的迂回办法，让其他与对方相熟的小伙伴带我前去。比如LZB家就是我跟着LZG（男，44岁，农民兼肉贩）一起去的，他们两人属于"家门上的"（即同姓宗亲关系），又是麻将牌友。

除了串门之外，还有一些情况下我假借事务性活动之名与观

---

[1] 中国互联网络信息中心：《2015年农村互联网发展状况研究报告》，2016年，http://www.cnnic.net.cn/hlwfzyj/hlwxzbg/ncbg/201608/t20160829_54453.htm，2019年6月7日。

察对象进行接触。例如 LXP（男，48 岁）夫妇是做日用杂货赶集生意的，这种经营方式不设店面，每天上午把货物装车拉到周边不同村镇的集市上摆摊销售，自家院子则兼作库房。本村人为了方便，会在下午或晚上直接到他家中购买日用品，因此我就可以借买东西之机进入他的生活环境。

手机使用情况的调查就更简单，我只需要选择不同的时段在村子里四处"闲逛"，尽量参与各种公开场合的小型群体聚集，例如街头和商店、卫生所等纳凉点，便能轻易观察到人们使用手机的状况。此外，鉴于即时通信应用的普遍性和影响力，我还添加了若干个村民的微信号码，并找人把我拉进了"白马社区"和其他几个微信群，观察群成员聊天的话题和内容，以考察微信群作为乡村社区媒体的应用情况（这部分的讨论见本章第四节）。

一 电脑的普及与用途

在白马村，电脑的普及程度比我最初的预期高出很多。从消费能力角度推测，我本以为村里不太可能大范围普及电脑和互联网。白马村虽然毗邻省道 S218 和经济开发区，但区划范围内没有什么特色自然资源，不像周边其他一些村子有矿山或水库，所以集体经济状况非常一般。现在年轻男性村民当中有些会去周边的私营工厂打工，但大都是计件工薪制，收入很不稳定。中老年人和女性都还是以居家务农或小规模瓜果种植为主，经济产出很低。而电脑产品虽然绝对价格比过去低了很多，但必须要配合宽带使用才有意义，这笔钱是需要持续投入的；再考虑到农民的电脑使用技能相对较低，买回来之后未必能发挥它的功能。这些因素共同导致电脑在农村可能是一件"性价比很低"的产品。

但从我实地了解到的情况来看，村里购置了电脑的家庭约占据半数以上。这些家庭购买电脑的原因大致可以分为三类：

第一类是家中有学龄孩子，电脑主要是为了给孩子使用，包括娱乐和学习的目的。这种情况在拥有电脑的家庭当中所占比例最多。村民 LXR（男，45 岁）有两个女儿，分别在读高中和初中。对于这个年龄段的孩子来说，电脑已经是常规必备的学习用品了，除了自己学习基本的电脑使用知识之外，学校还会有一些教学方面的事务需要使用电脑网络完成，如家庭作业。而对于 LXR 本人来说，购买电脑的决策逻辑就更为简单："反正别人家的孩子都有，咱哪能没有？"作为父母，他某种意义上是被裹挟着加入了新媒介的消费浪潮当中，他本人及其妻子对于电脑的使用其实只会一点最简单的操作。

第二类是村民自己对电脑有使用的需求。前文讲过的"新媒介技术达人"LZQ 是其中的典型，他出于个人爱好，总会在条件允许的情况下第一时间"捣鼓"新鲜的电子数码产品。"事务中介者"YYB 是另一个实例，他的个人经济状况较好，也乐于尝试新的电子产品，在电脑以及附属消费上花费很多，从 2012 年购买第一台电脑至今已更新换代了 5 轮以上，用于电脑游戏的直接投入高达上万元。

当然，也有些拥有电脑的家庭是以上两种类型的混合体，电脑既是给孩子用，也是给父母自己用。这类情况也比较常见。YYK（男，40 岁）初中文化，平时在镇上的一个石材加工厂中做管理工作，他的女儿在镇上中学读书。前几年他因为女儿的要求购买了电脑。某次我去他家中拜访的时候，他正在电脑上浏览"L 市论坛"，这是本市的一个地方性网络虚拟社区。我问他平时在这上面看些什么内容，他说："净是些吹牛皮的。孩子不在家我才打开看看，其实没什么好玩的。"话虽如此，他平时还是会经常使用电脑，浏览一些网站，用免费 P2P 播放器看小视频和影视剧。

第三类是与成年子女分居的老年人家庭。这种情况比较特别，因为老年农民很少具有使用电脑的自发需求和能力。不过实际调查给出的解释也很合理：他们家中的电脑并不是自己花钱买来的，而是在"城里"定居的子女们"淘汰下来的"；其主要功能也不是为了日常使用，更多是作为一种家庭装饰用途的"摆设"（指没有实际用途的点缀品）。村民 LXM（男，73 岁）和 LZE（女，72 岁）夫妇就是这种情况。他们的儿子和女儿多年前就在市区工作和生活，近二十年来一直都是他们老夫老妻二人在白马村老家一起生活。由于子女们家庭经济状况比较好，孙子孙女们用的电脑更新换代之后，旧电脑便送给了老人。LXM 夫妇将电脑摆在客卧两用房间的桌子上，与电视机并排，还自己量着尺寸缝制了一个布套把显示器整个套起来。我开玩笑说，您两位老人家还蛮时尚的呀，LZE 笑道：

> 俺哪里会用哦，就孙子放假来老家的时候才打开使唤使唤，平时连电源都不插。

综合以上这三类情况来看，村子里中青年农民家里基本可以说普及电脑了。随着时间的推进，普及度必然还会进一步提高。在这个意义上，电脑已经成为乡村媒介物理设施的一个显要组成部分。不过，它在乡村社群的信息传播活动中是否发挥作用、发挥多大作用，还需要进一步考察其使用情况才能给出判断，包括使用方式和使用强度，这比电脑的普及率数据有着更实际的意义。以下我将从电脑的购置过程和用途两个方面对此进行介绍，然后据此得出一般性的理论观点。

在购置环节上，电脑作为一种具有更高技术操作门槛的新媒介，其购买和维护过程催生了更为显著的"事务中介者"和"技术影响者"现象。从我的调查样本来看，村民们所购买的电脑中，品牌整机（包括台式机和笔记本）的比例很低，约占1/5，其他都为组装台式机。其主要原因自然是因为组装机的价格相对更加便宜，而品牌机具有的售后服务优势对他们而言并不敏感。[①]但是，组装电脑并不像电视机、冰箱、空调那样标准化，购买过程必然涉及技术问题和价格透明度问题。对于这些"门道"和"讲究"，村民们的应对策略就是寻求人际渠道。一种方案是找相识的专业经营者。本村恰好有一位从事电脑组装生意的"个体户"，即ZZQ（男，39岁），他在省道S218的沿街位置租赁了一家门面，从2009年开始从事电脑组装业务，并逐步扩展到装机、维修、电脑周边配件零售以及家用监控摄像头安装等领域。白马村里的一部分村民，特别是跟ZZQ有亲戚关系的，会优先选择在他这里购买电脑，这样既可以做到"价格实惠"，又能获得比较方便的维修和维护服务。另外一些村民私下里对ZZQ的服务和价格评价不高，因此不愿意去ZZQ这里买电脑，而是选择第二种方案，即寻找更可信任的中介者。除了前文已经提及的LZQ和YYB等人之外，在电脑购买这个领域中，我本人也部分承担了这一中介者角色。在过去几年中，当我因各种原因回到村里短暂逗留

[①] 当地农民在日常消费领域的权利意识比较淡薄，总体上还保留着"钱货两讫，互不相干"的传统观念。这并不是说他们不注重"服务"，恰恰相反，"服务"是当地农村塑造商业口碑的重要因素，其影响力经由闲话机制、事务中介者机制而被高度放大，甚至超过产品质量因素。但是，这里所说的"服务"主要是指售前和售中服务，农民很少在售后服务方面对商家或厂家提出要求。前文中LML请我（而不是镇上的卖家）帮忙维修机顶盒的事便是一例。

时，就曾多次应邀帮助 LK、LZP、LZG 等人购置组装电脑，包括安装操作系统和其他一些维护工作。现在村里的电脑普及度已经很高，我在白马村的亲戚和朋友圈中已经没有新装电脑的需求，但仍然会时不时收到系统维护和技术疑难的咨询。

用途方面，与前文所述的拥有电脑的三种家庭类型相呼应，第一种是面向中小学学生，第二种是面向中青年农民，第三种则是作为"摆设"的类装饰物。从信息传播的角度来看，真正有意义的是前两种。中小学生对电脑的使用可以归纳为"学习用途"，包括狭义的科学知识的学习和广义的社会资讯的学习。前者是中小学教学体系的配套组成部分，学校会有一些家庭作业和假期作业或课外练习是通过网络开展的；后者则依靠家长对孩子的监督而进行。那些能够为孩子"投资"购买电脑的家长，大都有着明确的约束意识，会努力控制孩子对电脑的使用时长和浏览内容。这一点我在 LXR、LZP、YZJ、LK 家的田野观察中都得到了确证。不过，由于自身的文化水平不高，这种控制并不总能运用恰当的方法，从而也影响实际效果。

中青年农民对电脑的使用目的稍微复杂一些，但大体上可以归纳为娱乐用途。我通过直接的观察和间接的访谈发现，这些人群使用电脑最多的、最具有普遍性的用途是玩网络游戏和观看在线视频，几乎所有"会用"电脑的村民都熟悉这两种操作。其次是网络搜索、购物和即时通信，具体是指百度、淘宝和 QQ。但这些操作中已经显现出使用能力造成的障碍。LYJ（女，52 岁）在一次聊天中自嘲说，她总搞不清淘宝买东西的流程，每次都要找人帮忙指导，"鼓捣来鼓捣去，好不容易整明白了，过一阵子又忘了。"此外的其他一些用途就很"小众化"了，例如，上文提及的 YYK 对"L 市论坛"的访问，作为一种主动的信息接触行为，这在白马村的农民中间并不常见。LZG 还一度发挥了电脑的"办公"用途，他有一段时间痴迷于福利彩票，试图从历史中奖号码中发现规律性，为此特意请亲戚中的一位大学生帮忙设计了一个 Excel 模板，用来记录和统计彩票号码。当然，这并不表示他完全了解"Office 办公软件"是什么，实际上他自身也并没有弄清这个问题的意图，只是按照"票友"告诉他的方法做一些简单的数字统计。

总体来看，电脑作为一种新型数字媒介，它在白马村的渗透和使用呈现为以下几个特点：①在农民家庭中普及度比预期的要高，在它的普及过程中，事务中介者/媒介技术影响者发挥了重要作用；②当电脑最早进入农民消费视野时，主要的驱动力是工具性用途或者对这种用途的想象，如作为孩子的学习工具和农民个人的信息化工具；③但受限于农民的使用能力，电脑自身的物理技术功能远远未被充分发掘和利用，从实际结果来看，有些用户将其作为电视的替代品来观看影视内容和玩游戏，在个别家庭中甚至沦为装饰品；④电脑在进入白马村十多年的时间中，并没有表现出用途越来越广、功能越来越强、作用越来越大的趋势，而是维持了一种低水平的利用状态。此外，当智能手机出现之后，很多受访者表示家里的电脑开机率越来越低，预示着电脑在乡村的"存在感"正在逐渐削弱？我们甚至可以更大胆地认为，电脑在农村地区已经度过了其产品生命周期的成熟期，已经或者正在走向衰退期，未来一段时期内的主流数字媒介将会是智能手机。

二 手机的使用场景

手机产品的平均价格比电脑低了很多，而且购买方便，对操作能力的要求也更低。这些特点决定了手机在农村必然以远超电脑的速度普及。中经网的统计数据显示，L 市移动电话普及率为 114.8 部/百人[①]，考虑到多号码用户和部分非手机用户（如儿童）的对冲，基本可以认为适龄人口人人都有手机。

与电脑的情况类似，对于这样的普及率数据也大可不必盲目乐观。严格来说，这个数据是以在网手机号码为统计口径的，它掩盖了手机终端设备的差异所导致的使用方式的差异。这里所说的终端设备，按照通信行业的通俗用语可以分为"功能机"和"智能机"，前者运行在 2G 蜂窝网络上，只能实现通话、短信和部分单机功能，后者运行在 3G、4G 以及更新技术的数据网络上，能以无线方式接入互联网，并通过 App 实现大量用户自定义功能。而对于农村用户而言，这种区分仍然是不够的，因为仅仅凭借终端设备的差异依然不足以充分理解农民的手机使用情况。在实际生活中，他们使用手机的活动还受到了更多因素的影响和制约，如用途范围和操作能力的差异化，在研究过程中必须将这些因素纳入考察的范围。为行文清晰起见，本节以下按照"功能机"和"智能机"将白马村的手机用户人群分为两类，分别对他们的手机使用情况进行讨论。

(一) "功能机"的使用情况

功能机在民间还有另一个俗称——"老人机"。它价格低廉、有实体硬按键（区别于触摸屏上的虚拟按键）、待机时间长，特别适合仅有通话需求的用户。这类用户一般是指 60 岁以上的老年人。在白马村的调研中，我在街头闲话、串门聊天等活动中，有意地将闲谈话题引导到手机上来，从中获取村民们的手机使用情况。所得

---

① 中经网数据中心统计数据库：http://db.cei.cn/page/Default.aspx，2019 年 1 月 13 日。

到的第一个结论与预期完全一致：大部分老年人使用的是功能机，或者说，手机市场上的功能机比较集中地供应给了老年用户群体。

接下来，我对这一群体的手机使用习惯进行了更多的观察。首先，与生活常识认知相一致，这些老年手机用户只用到手机最基本的语音通话功能，而对于短信和机身自带的小功能，如计算器、闹钟等，几乎都不会用。我在田野调查中某次与 LXM（男，73 岁）、CHX（女，68 岁）、LFM（女，69 岁）、LET（男，77 岁）等村民在街头闲话，LXM 请我帮他把手机的铃声调大一些，说之前的铃声音量本来很大的，后来"也不知道怎么弄的就只有不大一点了，来个电话也听不见"。我很快帮他调好之后，他对自己这样的处境颇有些懊恼情绪，愤愤地对着 LET 等人说：

> 咱们这些（老年）人，就是瞎汉！就是聋子！你们说是不是，就连小学生也不如！①

其次，他们对手机通话功能的使用，也主要用于接听来电，较少发起主动呼叫。除了与使用能力（包括生理层面的视听能力和文化层面的操作能力）有关之外，另一个可能的原因是这个群体始终没有培养起电话沟通的习惯，只要有可能，他们还是更愿意采用面对面的人际沟通方式。另外，还有一些老年村民存在费用焦虑心理，认为打电话太"浪费钱"，而且这种理由往往能得到旁人的附和。总而言之，无论出于何种原因，他们都不会像年轻人一样"人不离手、手不离机"，手机对他们来说主要用于偶尔的事务联系（主要是跟子女），并不是一个多用途的新媒介

---

① 整理自 2018 年 5 月 10 日在纳凉点的参与式田野工作。

工具。

再次，也正是由于未养成高频度使用手机的习惯，他们往往不会刻意记得把手机带在身上，更不会时时去查看手机屏幕，甚至还会忘记充电而导致手机长时间关机。由此而导致的结果是，当他们出门做农活、整理菜园或者只是拎一把小板凳去街头纳凉，别人就不能及时联系到他们。我的母亲身上就经常发生这种情况。有一次我问她，既然有了手机为什么出门不带上以方便联系？她略带不满地说：

> 哪有那么多电话（要打或接）？你看看街上的人，谁出门成天装着个手机了？

这样的话语实则表明了老年农民对手机的两种认知：第一，手机的使用并不面向日常沟通场景，或者说，它并不被视为一个实时的、即时性的日常联系工具。大量被现代都市人群所习惯的场景，例如因为加班需要稍晚一点回家吃饭而打电话通知家人，在老年农民这里并不被视为手机的典型应用场景。相比之下，手机更多被他们视为一种与远方的人建立联络的方式，如在春节期间通过电话与外地的亲戚互相拜年，或者在周末晚上与外地工作的子女通话寒暄。某种意义上说，手机对他们而言更像是书信的取代者，而不是被作为"人的延伸"。第二，手机还不像电视那样成为生活日常的一部分，而是依然带有某种符号象征意义。以我的母亲为例，这种象征意义可能源自对价格和功能的历史记忆。当2001年我带着一部诺基亚手机从北京回到村里的时候，我的母亲曾满脸期待地问我，这台"好几千块钱的电话"能"打出多远去"。对于土生土长的老一代农民来说，这样的认知建立起来之后便很难发生改变,这使得他们永远对手机这种现代科技产品抱有一种"崇敬感"。当然,这两种认知仅限于老年农民群体,对于中青年农民对手机的认知,我将在下文的智能机部分加以讨论。

当然,也有一部分老年人持有的是智能手机,但据我了解大都是子女"淘汰"下来的旧机。这些智能机在他们的实际使用中完全是被当作功能机来用,所以也归入以上的分析过程,不再另行讨论。另外,在一些中年农民身上也出现了类似情况,他们的操作能力会比老年人略高一点,如会独立储存电话本、能阅读短信,但是总体上仍然是以接打电话为主,所以也归于功能机用户类别。

综合这些情况来看,用人口统计学的"年龄"要素作为标准来指认"老人机"的用户群体,其实是不严格的。准确地说,这里的"老人"概念应该是社会学视角的,指具备老年人典型媒介消费特征的人群。从年龄上看,这些人群包括但不限于由《中华人民共和国老年人权益保障法》所规定的60岁以上[①]的公民。

总的来看,从功能机在乡村人群中的使用状况来看,手机主要是作为传统书信的替代品,用于具有一定仪式性的社会交往场景;在这种场景中,宗亲关系和空间区隔是其交往对象的两个主要特征。换言之,它更像是传统交往方式的延伸,主要使用价值在于维持较远空间距离上的宗亲关系。国内有研究者曾以流移上海的家政钟点女工为例,考察她们如何利用手机在异地以遥控方式监护子女、履行母职[②],这与本书的研究发现保持了一致。在这样的使用场景中,功能机作为日常通讯和联络工具的功能被置

[①] 全国人大:《中华人民共和国老年人权益保障法》,http://www.npc.gov.cn/wxzl/gongbao/1996-08/29/content_1479994.htm, 2018年11月30日。
[②] 曹晋:《传播技术与社会性别:以流移上海的家政钟点女工的手机使用分析为例》,《新闻与传播研究》2009年第1期。

于次要地位；对于它的用户群体即社会学意义上的"老年农民"而言，手机这种新型媒介并不像其他研究者所认为的那样能够带来某种生活方式上的"现代性"[1]，进而也就无助于疏解乡村社群基于人际传播模式的信息接触结构。

（二）"智能机"的使用情况

目前来看，智能手机已经独立发展成为一种"高维媒介"[2]，功能机时代作为手机核心功能的蜂窝语音通话，在智能机时代正在逐渐边缘化，基于无线数据网络的互联网应用则成为它的主要特征。2018年的调查数据显示，通过手机设备上网的网民已经占到网民总量的98.3%，这个统计指标在5年前还只有78.5%。[3]智能机的技术特性使它不再像功能机那样仅仅只是一种"点到点"的人际沟通工具，而是以多媒体终端的形式具备了参与大众传播和群体传播过程的能力。从当前的发展态势来看，这种能力似乎正在颠覆法定的信息获取模式和群体互动模式，塑造出一种革命性的新媒介景观。那么，在农村地区的实际情况如何呢？

对于智能手机在白马村村民中的普及情况，我依然使用了观察法和访谈法来了解。除了前文已经解释过的原因之外，这里还额外考虑到村民对智能手机的理解和认知。通过在纳凉点的日常闲话可以确认，大部分村民并不能明确区分"功能机"和"智能机"概念，其中一些即使手上所持有的是智能机，也并不表示他们能够使用网络交互和多媒体功能，而后者才是鉴

---

[1] 孙信茹：《哈尼族村寨手机使用的传播人类学考察》，《传播与社会学刊》（香港）2011年第18期。
[2] 喻国明：《互联网是一种高维媒介》，《南方电视学刊》2015年第1期。
[3] 中国互联网络信息中心：《第42次中国互联网络发展状况统计报告》，2018年，http://www.cnnic.net.cn/hlwfzyj/hlwxzbg/hlwtjbg/201808/t20180820_70488.htm，2019年6月7日。

别智能机用户的真正有意义的指标。基于这种考虑，我还是选择使用了定性分析方法。具体而言，我一方面使用田野工作中最常见的参与式观察，利用所有与村民面对面接触的机会来观察他们的手机使用情况，另一方面借由请客喝酒这种被当地文化所习惯的方式组织了两次非正式的小型访谈。访谈的对象是与我相熟的本村"土著"，年龄在38—43岁，分别来自李、原、刘三个姓氏宗族。通过前文所阐释的信息圈层结构，这种社群"朋友圈"是了解村庄信息的有效渠道，吃饭喝酒这种交往方式既符合他们的日常行事风格，同时也是乡村社群信息传播的重要形式。如下文将阐明的那样，这种非正式的调查方法帮助我获得了大量有价值的信息。

首先的一个调查结论印证了"人人有手机"和"绝大部分中青年村民使用智能手机"的预判。用LMH（男，41岁，农民兼本地工厂务工）的话来说就是"该有的都已经有了"。2013年他曾托我从网上帮他购买了一部小米手机，现在他用的vivo手机已经是他的第三部大屏智能机了。在谈到村里的手机使用情况时，他说：

> 都什么年代咯，（智能机）早普及了！早前那种黑白的（功能机），你想买都买不着！就连俺儿子他们，才初中生，都一人一台（智能机）了！也就是些老头子、老婆子们，才用那种老式的（功能机），其他的，该有的都有了！①

LMH所说的"该有的"，是泛指具备手机使用能力、有手机

---

① 整理自2017年12月20日的访谈记录。

使用需求、有购买能力的村民。这三个条件表面看上去"门槛"很高，其实极富弹性。对白马村的农民而言，所谓使用能力、使用需求都有具体语境下的操作化定义，比如 LMH 的儿子 LY（15岁）主要用手机登录 QQ、玩小游戏，这就已经符合了这里所说的使用能力和需求的定义。购买能力也是与手机价格相对而言的，在本镇最大的"永盛超市"里面，数码商品柜台销售的绝大多数手机都在一两百元到一千多元之间，其中有些已经是"过时"的老机型。我在 2017 年年底的时候在这里见过包装全新的 iPhone 4S 在售，标价 900 元，这是苹果公司早在 2011 年上市的产品。这样的价格水平是符合当地农民消费能力的。所以，在 LMH 的话语语境中，所谓"该有的"其实是排除了儿童、社会学意义上的老年人和极个别的"古董人"（方言，指言行古怪、另类、不合群的人）之外的所有村民，包括成年中青年男女和大部分中学及以上年龄段的青少年。"该有的都有了"就是指这些人群都已经拥有了智能手机。

这种高水平的手机媒介渗透率已经与现代都市人群中的情形颇为相似，甚至于在农村用户中间也开始出现"低头族"。我在 2017 年 12 月以家族亲戚的身份参加 YC（男，27 岁，兵役返乡农民）的婚礼时，就在出席婚宴的年轻人当中发现了"同桌吃饭、各玩各机"的现象。

这当然不是说农民群体对智能手机的使用没有自身的特殊性。相反，从我在白马村田野调查的感受来看，他们对于手机的"使用姿势"与现代都市人群存在显著差别，具体表现在使用功能、频度、费用支出水平以及媒介效果等方面。不过，从本书的研究目标出发，我并不试图对这些方面逐一展开全面调查，而是有所侧重地探究他们的手机使用如何影响自身的信息接触，进而如何影响乡村社群的信息传播结构。具体而言，我重点考察了他们使用手机的用途，特别是与新闻、知识和其他社会资讯有关的部分；另外，鉴于即时通信App的普遍应用及其在社群信息传播中的重要性，我重点考察了村民们的微信使用情况。对于相关材料的获取，仍然使用了观察法和访谈法，操作细节在前文已有说明，这里不再赘述。

这里所考察的手机用途，是特指智能手机的"智能化"功能的使用情况，即基于操作系统和数据流量的网络化、定制化、多媒体化应用，不包括传统的语音通话功能。同时，也不包括手机作为一种数码消费商品有可能具备的社会身份识别功能。因为村民们购买的手机普遍价格不高，在日常社群交往中并不能有效体现出消费能力的差别。最终，考察村民们对智能手机的用途，就具体地转化为考察他们对各类App的使用情况。根据他们对新媒介技术的接触和熟悉程度，可以将他们分为两类用户人群分别进行讨论。

第一类是此前没有或几乎没有电脑使用经验的村民。对于这类人群来说，智能手机是他们生命中第一次接触的数字化、网络化媒介工具。他们在白马村的农民当中占据大多数。LYJ（女，51岁）是这类群体中一个比较有代表性的个案。她小学毕业，性格开朗泼辣，独子YC（男，27岁）于2017年结婚，婚后跟LYJ夫妇全家住在一起。家里的电脑是YC于2013年服完兵役回乡后购买的，但LYJ和她的丈夫YYC（52岁，农民兼建筑工人）几乎不碰那台电脑，一方面是因为"捣鼓不明白"，另一方面也是因为那属于"儿子和媳妇的资产"，避讳"万一给弄坏了，媳妇会不乐意"。2015年LYJ用上了她的第一台价格699元的智能机，从此开启了一名手机网民的经验历程。

2017年春节期间我去她家拜年喝茶,她正在使用的是一款iPhone 4S手机,因我也是用的同品牌手机,于是便有了共同的话题,我也得以趁机了解她使用手机的更多细节。当我问她每天主要用手机做什么的时候,她哈哈地笑着说:

> 抢红包啊!哎呀你不知道那些人,每天早晨还没睁开眼就开始(抢红包)了!半宿溜夜的也有人发!他们说苹果的手机没有自动(抢红包)功能,小C(指她的儿子YC)他们说是装了个什么软件,红包一来自动就抢了,真叫他们热闹坏啦!①

她所说的抢红包,指的自然就是微信。在2017年春节期间,微信抢红包成为当地村民手机上最重要的活动内容。② 为了抢得更多更热闹,LYJ加入了十多个微信群,群里大部分是白马村本村人,也包括少量被临时拉进来抢红包的外村亲属和朋友。这些人在现实生活中大多彼此相识,在群里认出对方之后,往往会兴奋地互相加为微信好友。LYJ注册开通微信只有一年多时间,其通讯录里已经添加了两百多位好友。

除了抢红包之外,LYJ对微信的使用并不是基于它的核心功能——即时通信。一方面,乡村作为熟人社区,村民的生活空间有限,绝大部分日常交往可以通过面对面的人际方式完成,对基

---

① 这段话记录自2017年春节期间的拜年串门活动,彼时本书的研究主题尚未确立,亦未"正式"展开田野工作,因此具体细节不详,仅凭记忆加以整理。在本书的研究过程中,这类历史积淀的白马村生活经验提供了丰富的分析素材,为完整准确地理解村民的信息接触模态提供了很大帮助。类似片段性资料在本书其他部分抑或有运用,如非必要均不再一一注明。

② 从白马村的实际经验来看,微信能够在农民群体当中得以快速普及,抢红包的功能设计功不可没,甚至可能是最重要的推动力。

于互联网的远程通信和社会化交往的需求并不高。另一方面，对于 LYJ 这种文化程度不高的农民来说，诸如文字输入等人机交互操作还是有着一定的难度。除了微信之外，她的手机里还安装了 QQ 软件，账号是儿子 YC 当初刚买电脑时帮她申请注册的，买了智能手机之后就随手装了上去。不过除了偶尔也用来抢红包之外，几乎不怎么使用。

从实际使用情况来看，娱乐才是这部分农民们使用智能手机的最大动力。就微信应用而言，抢红包本身就是一种群体娱乐活动，这也是 LYJ 使用微信的最大乐趣所在。我趁着把玩手机的机会，留意了一下 JYJ 手机上安装的其他 App 应用，以了解她平时的手机用途。结果发现，这部手机基本上可视为一台多媒体娱乐设备，除了系统自带的 App（如日历、电话本、天气、备忘录、计算器等）之外，大部分的第三方 App 都是休闲娱乐类的，包括切水果和消消乐游戏、搜狐和优酷视频、QQ 音乐、唱吧 K 歌、快手短视频等。我问她，这些 App 平时玩的多吗？她笑着说：

> 也就是拍个照片、看看照片，有时候在家没事看看搞笑视频。我这个手机内存小，用着用着就不够了。他们那些大屏幕的才能玩消消乐。叫你哥（指她的丈夫 YYC）给我买个大的，他总也不舍得。

可以看出，LYJ 对手机的使用是完全娱乐倾向的，而且这很可能在当地农民中具有典型性。带着这样的判断，我在此后多次的回乡田野调查中去留意村民们的手机，间或以适当的话语策略去询问。结果表明，这一判断是符合实际情况的。那些从智能手机开始接触互联网新媒体的村民，在手机使用过程当中建立起了以娱乐为基本导向的使用习惯。如果要为这类农民群体做一个人口统计学绘像的话，大致可以描述为45岁（1973年出生）以上、女性为主、文化程度较低、几乎没有社会流动性的农民，他们也是当代农村人口中没有受到现代工业文明所浸染的那一部分。

第二类是村民当中拥有电脑上网经验的那部分。在前文的讨论中我们已经知道，村子里的部分村民在若干年之前购置了电脑，例如作为事务中介者和消息灵通人士的YYB，作为新媒介技术达人和创新扩散先锋的LZQ，等等。这些人对电脑的接触早于智能手机，并且积累了程度不一的使用经验。在人口统计特征方面，这一群体以相对年轻的男性为主，大致上是从20世纪70年代后期到90年代末出生的那两代农民。

首先值得关注的是他们对电脑的基本性质的认知。电脑作为一种高效能的"计算机"，具有办公用途的天然属性，这一点在家庭使用环境中本应是它与电视和手机的重要区别所在。在白马村的电脑用户当中，有些的确声称他们购买电脑的动机是为了供孩子学习，因此电脑被视为一种"学习用品"。前文介绍过的LZG还找人帮忙安装了Excel软件来处理彩票号码数据；LZP甚至还在2016年购买了一台二手打印机。这种认知模式带来的结果是，这类群体在电脑使用方式上建立起了一定的"工具意识"，能够自觉的用电脑执行一些信息性用途，例如使用网页浏览器访问新闻网站、使用百度搜索引擎搜索网络信息。

按常理推测，当用户从电脑时代进入智能手机时代时，这样的使用经验应会得到保留。换言之，他们可能会与第一类人群不同，并不把智能手机用作一个单纯的娱乐设备，而是相对更充分地利用它的信息工具功能。带着这样的假设，我调查了这类群体中的几个样本。操作实施方法基本如前文所述分为两个环节，一是通过日常生活中频繁的人际接触来观察他们使用手机的情况，主要是看他们平时用手机来做些什么；二是查看他们手机里安装的 App 种类，以此来推测他们如何理解手机的功能定位。在这个过程中，我的本村人身份再次发挥了作用，使我能够作为熟人和亲戚融入观察对象的日常活动，并且获取到具有一定私密性的信息，例如他们手机里的应用软件。样本方面，白马村切实有过电脑使用经验（排除拥有电脑但基本没使用过的）的智能手机用户总量并不多，我所调查的对象包括 YYB、LK、SL（女，LK 的妻子）、YZJ、MXM（女，YZJ 的妻子）、LMH、YH（男，20 岁，机械厂合同工）共 7 名村民。

调查结果表明，这类人群的智能手机使用行为表现出四个显著可观测的特征。第一，自从使用智能手机之后，他们家中的电脑虽然仍在服役，但已经呈现出被替代的趋势。从我在非正式访谈中所获得的信息来看，曾经被他们投注以高度兴趣的电脑现在正逐渐被冷落，之前通过电脑进行的娱乐活动，例如观看影视视频、玩 QQ 游戏等，现在被转移到了手机平台上。多名被访问者表示，家里的电脑"经常好几天都不开"，而智能手机则成为他们最为依赖的、甚至唯一偏好的多媒体设备。

第二，尽管智能手机正逐渐取代电脑，但两者的使用场景仍存在可辨识的边界。在被调查家庭中，电脑均被安放在家中的起居空间（"正屋"或客卧两用房间），且无一例外地配备了独立的电脑桌，暗示了电脑如同电视一样的"正式家庭成员身份"，某种意义上也是向客人展示财力和文化品位的一种象征。相比之下，手机的使用则随意得多，他们也会像都市人群一样寻找最舒适的使用姿势，如窝在躺椅或躺在床上。但是，他们却很少在主动性的人际交往情境中"摆弄手机"，例如酒桌饭局、喝茶聊天甚至街头闲话。① 在我看来，后者体现出了传统文化对日常行为的规范性影响。村民们将社群交往视为某种严肃活动，即使是在街头纳凉的闲话活动中，独自摆弄手机也会被视为一种"不正常"的现象，可能被疑心有什么心事或者被背后指责没有礼貌。因此，他们的手机使用场景会具有更强的私人性，极少侵占与他人交往活动中的公共时间；即便是在公共交往中有少量的手机行为，也会是以"分享"的形式出现，例如向在场的他人展示手机上看到的搞笑段子或图片、抖音小视频。在这种情况下，手机实际上充当了社交道具的角色，而不是个人媒介化工具。

第三，与那些以智能手机作为人生第一部智能终端的人群一样，他们自行安装的手机 App 绝大部分可以归为娱乐休闲类，包括各种类型的手机游戏、在线音视频、趣味相机、网络小说阅读器、手机卡拉 OK 等。应用商店中排名较靠前的新闻资讯类软件，如人民日报、澎湃新闻、网易新闻、今日头条等，则非常罕见。7 位调查样本中，YH 的手机里安装了"手机百度"，该 App 属于信息服务类，但是 YH 实际上并没有主观的信息寻求动机，他几乎从不主动打开和浏览其中的资讯内容，只是偶尔从系统通知里选择性的点击一些看上去"有意思"的推送内容。我问他为什么会要安装这个 App，他说：

> 这不是"装机必备"吗？你把软件商店打开，排在前面那些都装上就行了。反正我这台手机内存大。②

---

① 这里需要区分主动性人际交往和被动性人际交往。后者是指外部因素驱动的、非自发的社交场景，为婚礼宴请中的同桌就餐。这种场景下仍然可以见到各自低头玩手机的现象，且多发生于彼此不相熟悉的青年人之间。

② 记录自 2018 年 7 月 22 日的访谈。这里的"内存"是指机身存储容量，YH 和大多数用户一样不能清楚地区分 RAM 和 ROM 的差别。

第四，虽然他们之前有过短暂的电脑使用经验，但实际上仍然不具备必要的信息化能力。这种能力的缺失首先表现在人机交互过程的文字输入方面。上述 7 位调查对象的学历都不算高（最高是初中毕业），而且由于毕业或肄业后长期从事体力劳动，对于手机文字输入这种"细致活"并不能做到游刃有余，甚至可以说是一种糟糕的体验。他们在微信中使用文字表达时，会出现大量诸如方言音、语法错误、遗漏或错用标点符号的情况，以至于像我这样的本村人有时候都不能完全领会某些文字消息的意思。其次，这种缺失还表现为不能掌握网络信息获得的方法。他们有时候会点击某些 App 推送的系统消息，例如"暴风影音"推送的娱乐圈八卦、"糗事百科"推送的来历不明的"社会新闻"，但不会通过使用专业新闻资讯客户端（如人民日报、新浪新闻）来主动获取外界社会信息。即使是网络搜索这种最基本的互联网应用，他们都知道百度（但不知道还有其他网络搜索引擎）但也还是不能熟练运用。有一次跟 YZJ 聊天的时候，他从微信群里看到山东省未来几天将会有地震的消息（可能是谣言），他半信半疑地跟我打听：

你在网上看到了没有？他们说过几天有地震！这事儿也不知道真的假的，你上网搜搜，看看有没有什么消息？①

YJZ 所说的"上网搜搜"，是一个既具体又含糊的表达。说它具体，是因为它所指的就是到百度上搜索一下，在这里百度与网络搜索被视为完全等价的概念；说它含糊，则是指这个操作当中包含了若干连他本人也不明确的细节，诸如使用何种检索关键

---

① 记录自 2018 年 2 月 19 日的串门聊天内容。

词、除百度外有无其他方法、有没有某个特定网站可以查询，等等。可以看出，当他们手握智能手机和电脑，却提议由我这样的"文化人"去"上网搜搜"的时候，他们内心是相信这一操作有技术含量的，但自己却不掌握这些技术。

从以上四个特征看来，在智能手机之前拥有电脑使用经验的这部分村民，他们曾经把电脑视为一种学习或办公用途的"正经工具"，但当他们从电脑使用经验转向智能手机时，这种认知模式并没有继承下来。他们对智能手机的使用没有呈现出工具性和信息性用途，而是与LYJ所代表的第一类村民一样，将娱乐功能放在最为主要的位置。有趣的是，这一点从村民的惯用措辞表达中就可以看出来：他们把使用电脑的行为叫作"打电脑"，而把使用手机的行为叫作"玩手机"。即使是即时通信或社交软件的使用，如微信，本质上也是休闲娱乐导向的，他们利用微信来抢红包、转发传阅奇闻八卦和各种不辨真伪的所谓社会新闻，以达到娱乐、猎奇的心理效果。这种效果与经典传播理论所描述的社会环境监测和文化继承相去甚远。

三 数字媒介在乡村的质变

调查数据表明，截至2018年6月，我国互联网普及率已经达到57.7%。非网民之所以不上网的原因当中，"没有上网设备""没有时间""当地无法连接互联网"等外在因素所占比重非常小，"不懂电脑/网络"和"不懂拼音等文化程度限制"等内在因素是主要原因，两者在调查中的选中率分别达到49%和32.5%。[1]

---

[1] 中国互联网络信息中心：《第42次中国互联网络发展状况统计报告》，2018年，http://www.cnnic.net.cn/hlwfzyj/hlwxbg/hlwtjbg/201808/t20180820_70488.htm，2019年6月7日。

从白马村的数字媒介使用情况来看，虽然村民们存在年龄、性别、媒介接触时间、经济能力、动机等多个方面的差异，但整体上的教育程度和文化素质不高，这使得他们没有足够的技术能力储备来享用互联网和新媒介所带来的信息红利。更为重要的是，他们也没有表现出明显的对社群外部信息的需求意识，没有表现出通过已经占有的新媒介手段来了解外部社会的欲望。可以佐证这一观点的一个小细节是，当我以各种直接或间接的方式询问他们"平时用电脑和手机来干什么"的时候，所有调查对象当中没有一个人用同样的问题反问我。他们都知道我的身份，认可我是"上过大学""有文化"的，遇到电视、电脑和手机使用中的问题也会向我求助，但是他们却从未试图从我这里学习新媒介工具的运用，从未尝试在自己所熟悉的经验和场景之外去"解锁"更多的新媒介"使用姿势"。

有研究者认为，大众媒介特别是新媒介在乡村的快速普及，使其正在成为预测农村居民现代性的重要指标。[1] 然而从白马村的媒介发展情况来看，媒介形态虽然经历了集体电视、有线广播、家庭电视、电脑和互联网、智能手机和移动互联这样的过程，但并没有为他们带来信息接触结构的现代化。在白马村，互联网并没有像其他研究情境下的结论那样，在农村发挥出宣传报道、信息沟通和文化建构的作用，[2] 而是在低水平的新媒介使用能力和强烈的娱乐动机驱动这双重因素的交互作用之下，展现出一种不同于理论假想的实践形态。

---

[1] 张铮、周明洁：《媒介使用与中国农村居民的现代性——对湖南浏阳农村的实证研究》，《国际新闻界》2007年第5期。

[2] 此前的研究者在具体研究情境下得出更乐观的结论，参见石蓬勃、白树亮《网络媒体在新农村建设中的角色》，《新闻爱好者》2009年第9期。

网络作者风辞远以风趣幽默的"过年回家体"文风描写了他对东北地区某小城市的观察。他发现，在大城市玩的风生水起、引以为豪的移动互联网，在小城市快速崛起但又快速消退，乃至于濒临真空。移动互联网创造的网约车、快递、外卖三个最大的就业机会，分别被地方自发发展起来的"出租车联盟"和"跑腿公司"所取代，其他基于互联网的业务也分崩离析：

电商，基本可以使用"找我姐们拿货"这种神奇的方式进行替换。

视频，手机太小看不清楚，还费流量，最多看个直播、短视频。

共享单车，不存在的。

地图导航，用不着的。

知乎、简书，那都是啥？[1]

这些经验现象表明了互联网在小城市中的社会效用的有限性。在乡村地区，农民群体的平均文化水平更为有限，而且以"熟人社会"为基本特征的人际交往和信息传播形态更为主流，这就决定了互联网和新媒介的价值将比城市地区更难以发挥。就白马村的实践经验来看，新媒介技术固然带来了日常生活的便利性，但总体上并没有构成对传统行为惯习的有力冲击。农民们逐渐开始体验视频通话，年轻人已在尝试手机支付，但这只提供了"技术红利"而不是"信息红利"。这种技术红利在人类传播历

---

[1] 风辞远：《大城市离不开的移动互联网，正消散在我们东北小城》，http：//dy.163.com/v2/article/detail/DASB6OM90511D8S6.html，2018年12月12日。

史、媒介演进历史上一直都存在着，从造纸和印刷术到无线和有线广播，从马车火车邮政业务到电报电话，从固定电话和"大哥大"到基于数字蜂窝技术的移动电话。如今，电脑、智能手机和互联网的应用，看上去只是又一次新的媒介技术革新，并不会对中国传统乡村的信息传播结构带来质的变化。当我们从社群角度去审视白马村的新媒介实践时，我们看到了以 LZQ、YYB 为代表的"媒介技术精英""事务中介者"和"意见领袖"的作用，也看到了以个体娱乐为主要导向的新媒介使用场景，但是我们没有看到村民们运用新媒介技术手段扩大信息和文化视野，也没有看到他们表露出突破既有的信息结构、寻求更广阔的社会资本的愿望。在这里，当我们回顾前文讨论的社群化、圈层化的信息传播模式时，我们发现农民对新媒介技术的采纳并没有在可感知的程度上消解这些模式。

通过对比其他同类研究，我们还可以对这一结论获得更为深入的理解。管成云对湖北省藕镇的农村留守儿童展开了民族志调查，结果发现，孩子们的社会交往活动被卷入到了互联网之中，他们基于网络游戏这一平台，将周围一些不爱学习的同学和伙伴聚在一起，形成了一个关系紧密的"小圈子"[1]。这些孩子是"网络时代的原住民"或"数字化土著"，他们从儿童时代就接触互联网并受其影响，但身处农村生活环境下，互联网并没有引导他们建立现代信息社会的信息接触和社会交往模式，反而强化了传统乡村聚居生态下的圈层式交往结构。丁未和田阡分析了深圳城中村的农民工——湖南攸县籍出租车司机的车载电话和手机使

---

[1] 管成云:《农村网吧里的孩子们——基于湖北省藕镇留守儿童互联网使用与社会交往的民族志调查》，《新闻学研究》（台湾）2017 年第 132 期。

用，认为这一群体身处陌生城市之中，却通过移动通信建立起基于血缘和地缘纽带的"空中社区"，进而形成相对封闭又紧密可靠的社会关系网络，彼此之间相互提供经济援助和情感支持。① 另外，丁未和宋晨还认为，手机媒介令双峰村农民工们获得了一定程度上的、处于萌芽状态的自主性，即能够掌握局面的能力和意识，由此，他们在以出卖体力为生的最底层社会境遇之下，通过以手机为代表的新媒介技术，寻求到中国最传统的血缘、地缘关系网络的支撑，这个网络有值得他们信赖的接应反馈和乡情慰藉。② 这些研究作为鲜活案例呈现了新媒介技术如何促进农民自发建立社群圈层网络，其结论再次证明，农民的新媒介使用不是打破而是强化了传统乡村聚居生态下所固有的交往结构。

有必要说明的是，这一结论并不是对数字媒介在乡村地区的发展持消极悲观态度。而是说，在乡村社会的信息传播结构特别是媒介结构这一分析维度上，不应将技术主导的数字媒介置于考察的中心。以互联网（包括移动互联网）为代表的数字媒介技术带来了实时性、交互性、多媒体化、普遍可及性甚至经济性等特点，这些特点颠覆了人们对广播电视和报刊主导的大众传播机制的想象，理论上有可能统一农业社会和工业社会的信息传播结构，消弭不同群体之间的信息和文化鸿沟。然而对白马村的个案研究足以表明，至少在现阶段，农民们在总体上依然维持了农业社会的信息传播和人际交往结构。对这一状况的认

---

① 丁未、田阡：《流动的家园：新媒介技术与农民工社会关系个案研究》，《新闻与传播研究》2009 年第 1 期。
② 丁未、宋晨：《在路上：手机与农民工自主性的获得——以西部双峰村农民工求职经历为个案》，《现代传播》2010 年第 9 期。

识和理解，一个乐观的视角是，现代都市人群正越来越普遍地陷入"屏幕依赖"的信息焦虑当中，而且正在向低龄化方向蔓延①，而乡村中的农民们暂时没有面临这一问题。

第四节　社区媒介的传播效果

所谓社区媒介，是指以特定居住和生活社区为传播范围的信息媒介。在广义上，它包括各种形式的信息载体，如社区报纸、社区广播、社区公告牌、公共标识设施等。但从国内现有的社区媒介相关研究来看，对这一领域的关注主要集中在狭义层面上。其一是社区报。2000年民政部下发了《关于在全国推进城市社区建设的意见》，在推动城市社区改革的同时，对中国社区报的发展构成了方向性影响。从2001年深圳《南山日报》创立至今，社区报的发展可分为三个阶段，即个别试验期、集体探索期、全面开花期②；现阶段主要面临三个基本问题：一是身份不明，即主办单位不明确；二是功能未定，难以定性为机关媒体、公益媒体或是商业媒体；三是前途未卜，其维系模式或盈利模式尚不明晰③。其二是新型社区媒介。在互联网快速发展的背景下，这类媒介以小区业主网络论坛为代表，弥补了主流大众媒体在社区传播中的缺位，成为社区公共参与的重要平台。与传统大众媒体相比，小区网络论坛具有匿名而又交互开放的特点，被认为更适合

---

① 曹晋、庄乾伟：《指尖上的世界——都市学龄前儿童与电子智能产品侵袭的玩乐》，《开放时代》2013年第1期；敖成兵：《时代变迁背景下的"屏奴"低龄化趋向解析》，《中国青年研究》2015年第1期。
② 孟书强：《我国社区报的发展态势及前瞻：2001—2014年》，《重庆社会科学》2014年第12期。
③ 李良荣：《中国社区媒体：建构社会生活共同体》，《中国报业》2013年第6期。

中国文化背景下的公共交往。① 从这些实践经验来看，社区媒介被认为具有公共协商、培育社区共同体、提升生活便利性等价值，一方面是政府的耳目喉舌，为政府了解民生、针对性地解决问题提供了辅助作用，另一方面则是居民的"嘴"和"腿"，使居民可以方便高效地通过它的传播力量解决社区问题。②

在理论研究层面，目前国内的社区媒介研究存在两个不足。第一，这些研究都将探讨的重心投置于"媒介"维度，并按照大众传播研究的一般范式设计研究问题，因此其主要研究对象集中在社区报纸和社区网络论坛这两种具体形态。而对于"社区"维度的关注则相对较少，没有深入考察媒介与社区的有机融合。第二，对于社区概念的理解，现有研究大都将其置于城市生活社区即居民小区的背景下，很少讨论乡村地区的情况。基于这样的研究背景，本节首先对社区媒介的外延进行界定，然后考察社区媒介在白马村媒介结构中的地位和功能，以及它们对农民的信息获取活动能产生何种实质性影响。

对于"社区媒介"的界定，本书认为，在乡村社群传播的分析语境下，社区媒介应该具备三个特征：一是具有清晰的信息传播空间边界，即以村落特别是行政村为基本覆盖单位，相应地，其传播者和受众主要是本村居民；二是以乡村内部信息为主要传播内容，其基本功能是服务于本地乡村治理和村民的日常生活；三是在形式上以群体传播媒介为主，强调传播活动参与者之间的互动性，不包括报纸、电视等单向度的大众传播媒介。

基于这三个特征，白马村社区媒介在具象形态上可以分为两

---

① 袁靖华：《新型社区媒体：社区传播与公民素养——基于小区业主论坛的田野调查》，《浙江传媒学院学报》2014年第3期。

② 贾茜、蔡雯：《中国社区媒体运行模式及其价值研究》，《当代传播》2015年第1期。

类。一类是习惯上所说的"旧媒介",包括公共标识设施、墙面标语和壁画、喇叭广播、村委布告栏。这类媒体以"公共媒体"的面目存在,也就是说,它们的日常运行由公共职能部门(如村委会)来主持,而不是由作为社群普通成员的村民所掌握。同时,它们的传播对象也不指向特定的村民个人,而是完全公开、开放。为表述方便,本书将这类社区媒介称为"公共社区媒介"。另一类是相对而言的"新媒介"。由于在白马村的传播实践中没有网络论坛这种形态,这类社区媒介唯一地指向村民微信群。微信群内的信息传播虽然也是公开、开放的(面向所有群成员),但言说者却是微信账号背后的村民个人,因而必然伴生着人际和小群体互动的属性,所以不归入公共社区媒介类别。以下对这两类社区媒介分别展开更具体的讨论。

一 公共社区媒介

白马村的公共社区媒介包括四种类型,分别是公共标识设施、墙体标语和壁画、喇叭广播、村委布告栏。公共标识设施是指承载某些信息指示功能的村庄公共设施,如位于村头北端的界碑和牌坊、村委会大院的铭牌、村内的人造景观等。这些设施对于乡村信息传播其实并没有实际的意义,它们只是在刚刚建成的时候能吸引村民们的注意,短期内成为村子里日常闲谈的一个话题,但很快就被熟视无睹了。某种意义上说,它们的存在只是一种形式上的、带有仪式性意义的行政管理的产物。

墙体标语和壁画分布于村内主街两侧,喷绘于临街的民房山墙或院墙上。标语是过去农村里常见的宣传手法,在不同的年代背景下根据需要以大约60厘米见方的字体喷涂各种政策宣传用语(见图5–1、图5–2)。这类标语现存的已经不多,能够辨识的

图 5-1 白马村的"旧式"标语

图 5-2 白马村的"新式"墙画

就只有零星的几条，如"只生一个好""关爱女孩从心开始""建设社会主义公德"等，除此之外就只有一些商业广告了。在村民的集体记忆中，墙体喷涂标语还先后出现过建设四个现代化、发展集体经济、反邪教等内容。

作为一种宣传方式，乡村标语显然正在被逐渐遗弃。至于其中的原因，村委干部和村民有不同的理解。村委会会计 YFT（男，55 岁）说：

> （标语）都是镇上统一安排的，上面有要求咱就弄（喷涂），没要求弄它干什么。①

而村民 YZY 说：

> 这东西吧，以前没那么多讲究，大队（指村委）里要喷字就来喷了。现在老百姓家里里外外收拾得好模好样的，谁愿意让喷些红字在上面，多丑……上次格力公司的业务员说要来喷广告，给一百块钱，我都没让他弄。②

YZY 的房子是临街的，而且墙面平整、全部用白石灰粉刷，是比较理想的户外墙体广告位。不过，他的话虽然这样说，当我问他近年来村委有没有要求利用他家墙面喷标语时，他想了想说没有过。这样推测起来，村子里宣传标语的减少和不再更新，很可能是因为政府逐渐放弃使用此种宣传手法，而不是受到村民爱护自家墙面而发起的抵制。

墙体标语消失的另一个原因是被壁画所取代。2016 年，在 L 市开展的新农村建设进程中，临大街的绝大部分合适的墙面均被

---

① 记录自 2018 年 5 月 11 日在村委会的闲话式访谈。
② 记录自 2018 年 5 月 12 日的串门访谈。

重新粉刷，由政府安排专业工作人员绘制宣传画。内容是以中式水墨画笔法绘制山水、花卉、人物，并配以题词。这些壁画的主题分为两类，一类是基于二十四字社会主义核心价值观，另一类是围绕福气、善恶、慎思等中国传统文化。这些壁画制作精良，不但美观大方，而且历经两年多的风吹日晒（截至 2018 年年底）仍然保持完好，成为村里的一道特色人文景观。不过，从乡村信息传播的角度来看，这些壁画与公共标识设施一样并没有实质意义上的信息载体价值。

相比较而言，喇叭广播和村委布告栏具备了真正意义上的乡村事务信息传播能力，可视为村庄社区公共媒介的代表。喇叭广播被村民们称为"大喇叭"，是两个外径约为 50 厘米的户外扩音器的组合。它被悬挂在村委会大院当中两根专用电线杆的顶端，喇叭口分别朝向南北方向。由于村委大院位于白马村的中心位置，这种布局使得喇叭的声音基本可以覆盖到全村每户人家。话筒和功放系统安装在村委办公室，由村委会干部负责保管。大喇叭的主要用途是向全村通报各类通知，如催缴电费、代收电话费、召开党员干部会议、提醒村民秋收，等等。有时候也会发布一些临时性的广告信息，比如如果有"拉乡"（方言，指在各个村子里流动售卖瓜果肉食等产品的个体商贩活动）来卖肥料或西瓜的，也可能会找到村委请值班干部帮忙广播一下。除此之外，在没有集体公共事务和通知信息需要发布的时候，喇叭是保持关闭的，不会被用来广播其他私人或娱乐信息，比如音乐或戏曲之类。这实际上确保了它作为社群信息媒介（而不是娱乐媒介）的基本性质。

村委布告栏与广播喇叭的性质比较接近，它被开辟在村委大院临街一侧的外墙上，高约一米，宽约三米。顶部安装了一个象征性的滴水檐，表示这块区域是张贴公告专用。大部分时候，这里只供村委会张贴政府和相关部门的正式公告文件，例如人民检察院发布的案情公告、市文明办发布的《乡村公约》、市环保局发布的《环境保护倡议书》等，以及村庄内的一些公共事务公告，如《白马村红白理事会章程》。偶尔也会有商业广告张贴上去（见图5-3）。

图5-3　白马村村委大院中的广播喇叭

与广播喇叭相比，布告栏的传播效果要差得多。我在村里做田野期间，多次在不同时间驻足观察、留意这些布告栏的阅读情况。结果发现，除了我自己之外，从未见到其他村民去阅读上面张贴的内容。根据我对本村村民行为习惯的了解，推测其原因可能有两个：一是农民本身的文化水平决定了他们对文字这种介质不够敏感，何况布告栏张贴内容的字体一般都很小；二是他们对于其中的内容，特别是政府文件、公告这类文体，可能没有足够的理解能力从而丧失关注兴趣。这两个推测在中老年村民那里得到了确证。在某次街头纳凉点的闲话中，我提到了市环保局发布的《环境保护倡议书》和其中的几个关键词，询问他们是否在布告栏看过或者了解更多细节。结果他们都表示并不知情。LXC（男，72岁，农民）说：

在哪里贴着？俺没看见。有什么事就听听大队的大喇叭。（我们这些）老东西字都不识几个，还看什么告示……①

后来我又以同样的问题、同样的方式去询问年轻人，探听他们的看法。YYH（男，35岁，机械厂务工）笑着说：

哥哥你又来笑话我了。那些什么公告啊通知啊，那是你们文化人看的东西，俺这些小老百姓没事儿跑去看那个干什么，屎壳螂冒充大先生嘛！②

这种话语所反映出来的认知态度，在白马村村民当中有相当典型的代表性。他们并不认为这些政府和官办机构发布的公告与自己的生活有任何关系，所以即使有阅读能力，也不会去主动关注这些信息。

---

① 记录自2018年5月13日的街头闲话式访谈。
② 记录自2018年5月13日的串门访谈。

总体上说，白马村的上述四类公共社区媒介在社区信息传播中的"活力指数"上存在着等级差异。公共标识设施、标语壁画和布告栏的信息传播效果整体欠佳，不能促成对村民有实际效用的信息传递。喇叭广播的活跃程度、使用频率最高，但是传播内容大都是具体事务性的，比如通知村民缴纳电费，在改善中观层面的社群信息传播结构、促进乡村信息现代化角度上同样不具备实质意义。

与这种局面相映成趣的是，我在调查中所见更多的是口耳相传的人际传播方式。2018年7月，村委布告栏里张贴了一份《白马村红白理事会章程》，用对开制版、铜版彩色印刷，形式上可谓非常醒目了。其文字内容包括三个要点，一是公示理事会成员名单，二是颁发理事会章程细则，三是倡导移风易俗的村规民约。这些内容实际上已经涵盖了该理事会的人员结构、工作规程和设立宗旨等核心内容。我以这份章程的内容为话题，伺机引导几位村民开展了一次实地访谈。从访谈得到的情况来看，村民们对理事会信息的获知，主要还是通过日常闲话、串门等方式。他们会在街谈巷议的小群体互动场景中聊起这个话题，并互相打听、询问，再将各自所听闻的只言片语的信息串联起来，形成自己对这一议题的总体认知。这些认知当中存在很明显的信息偏差，例如他们会弄错理事会成员到底由哪些人组成，但是他们在主观上对这种交流方式所获得的信息都深信不疑，并且会言之凿凿地二次传播给他人。

二 微信群

将微信群视为一种社区媒介是出于两个方面的考虑。首先，其群成员主要来自本地村庄，所交流的信息也主要是本地化的，这是社区媒介的基本属性。其次，它不同于广播、墙体等传统媒介形态，而是以数字化、网络化的"新媒介技术"为依托，从而又具备了一定程度的"虚拟性"。从既有的经验研究来看，这种新型社区媒介正在社区信息交往和公共治理中发挥出越来越重要的作用。①

前文相关讨论已经说明，除了社会学意义上的"老年人"之外，白马村绝大部分村民都已经用上了智能手机，并不同程度地使用网络应用软件。在这些用户样本中，微信作为"装机必备App"之一，其普及率接近百分之百。2017年春节期间，腾讯公司发起的红包营销策略在农民群体中收到了极为显著的效果，白马村的微信用户纷纷参与到"红包大战"中，并组建出若干规模不等的微信群。这些微信群中的一部分在抢红包的活动场景结束之后（如春节过后）就自然转入非活跃状态，但有一些规模较大的群则长期保持下来。乡村地区没有类似城市生活小区的"业主论坛"这种网络平台，对于村民们来说，微信群成为唯一以新媒体形态存在的村庄社区媒介，也是在数字媒介平台上接收和传播村庄公共信息的唯一方式。

为了了解村民们的微信群使用情况，我基于"网络民族志"方法加入他们的微信群做实地观察。在这个环节中，我作为本村人的身份又一次发挥了作用。我借助在本村的人际关系，通过LSR（女，48岁，村委妇女主任）、LZP和LK的介绍，请他们分别把我"拉进"了7个群。这些群的名称分别是：①"白马社区"，134人；②"L市旅行部落"，168人；③"Z镇农商行客服

---

① 参见张梅《城市网络社区中的权威形成（一）——以A小区网上论坛为个案》，《东南传播》2010年第12期；黄荣贵、张涛甫、桂勇《抗争信息在互联网上的传播结构及其影响因素——基于业主论坛的经验研究》，《新闻与传播研究》2011年第2期；袁靖华《新型社区媒体：社区传播与公民素养——基于小区业主论坛的田野调查》，《浙江传媒学院学报》2014年第3期。

群",164人;④"喜洋洋窗帘快乐骑行",118人;⑤"游山玩水吃哈群",117人;⑥"爱心公益服务4队",412人;⑦"相识就是缘",240人。① 从2017年12月到2018年12月,我在这些群里面默默"潜水",对群里的互动情况持续观察了一年时间。在以下部分的讨论中,我先对观察到的基本情况做一般性描述,再从乡村社群信息传播的角度给出理论阐释。

首先是各个微信群的主题或"宗旨"。从群名称可以看出,这些群的主题五花八门,包括一般性信息互动型、事务导向型、组队娱乐型、社会公益型、相亲交友型等。不过,这些名称其实只是反映了群的创建名义,随着成员人数的增加和时间的推进,各群内部话题并没有被有意导向特定的方向。换言之,除了群名称之外,这些微信群彼此之间在实际的群内互动内容方面没有本质性差异。

其次是群成员的组成结构。严格来说,只有"白马社区"是白马村专属的社区微信群,其中的成员绝大部分是白马村本村人。其他6个群的成员结构要相对复杂一些,既包括本村人,也有来自全镇其他村子乃至其他乡镇的村民。这些群成员大都通过微信好友互相拉人头的方式入群,部分人之间彼此相识,另一些则不是。从这个角度来说,乡村微信群作为社区媒介又同时具有了"跨社区"的性质。

再者是群的活跃情况。从理论上说,"跨社区"的性质可能导致某个微信群的不稳定,即成员由于彼此不熟悉而默不作声,最终导致"死群"。但从我所观察的这7个群的实际表现来看,它们均保持了良好的活跃水平,具体表现为成员总数保持稳定或

---

① 各群成员人数数据采集于2018年12月30日。

缓慢的增长、群内经常有人发言互动或转发消息、有时"群主"还会站出来维持秩序。各群每天的群发消息大约为30—100条这样的数量级，但由于发送频度与特定事件热度、群内互动程度都有相关关系，所以没有什么特别的规律性。

但可以明确的是，活跃度和消息数量并不能直接反映群内传播的"信息量"的大小，还要考虑到这些信息的形式和内容。在信息形式上，村民们最偏爱使用富媒体信息，他们从别处大量转发图片、视频和超级链接，纯文字的原创消息只占据很少的比例。内容方面，这些群消息明显地呈现为五种类型，按照大致的数量比例由大到小排列为：①来自网络的搞笑娱乐类和鸡汤类的图片、视频（也包括部分文字消息）；②各种形式的广告信息，包括商业广告、个人广告（如网络拉票、出售个人物品等）；③涉嫌违法违规的信息，包括叫卖假烟、传播不雅视频、公积金套现信息等；④群成员之间的日常闲聊；⑤少量其他消息，比如有人转发自己的手机K歌录音、群主发布的公告、在非节日里面偶尔的小额红包等。

从社群信息传播的角度来看，这些微信群中所传播的消息大部分可以归类为"垃圾信息"。这些消息本身含有大量"三俗"内容，其中有相当一部分是未经证实的网络谣言，甚至涉嫌违法内容；另外，除了原创性的聊天消息之外，其他类型的内容在群内几乎没有互动，即使群发量最多的搞笑视频、鸡汤视频，也极少有人回应。能够为群成员带来信息性影响、具有群体互动效应的消息，仅存在于上述第四类的日常聊天内容中，但这类内容所占比例很低，互动也往往不够及时，实际上远远不如乡村日常闲话那样具备实际的信息交流意义。

基于这些基本面的考察，在针对白马村的社区媒介这一研究主题下，本节重点选取"白马社区"进行进一步讨论。首先，它的群成员绝大部分是本村人，这使其具有了比较清晰的传播范围和对象边界。其次，它具有一定的"准官方"性质，"群主"由白马村妇女主任 LSR 担当，她和其他几名村委干部经常会在群里发布集体通知或公告等内容，这使该群具有了显著的"公共性"；再者，其群成员结构决定了成员之间大多彼此相识，因此群内成员的聊天互动内容相对更多，这种聊天过程能够传播村庄内外的家长里短、柴米油盐等信息，在性质上已经比较接近线下生活中的村庄闲话。从这三个特点来看，它初步具备了以讨论社区公共事务为基本职能的"社区公共媒介"而不是"私人社交工具"的性质。

我带着这样的预期对该微信群进行了更多的观察。然而，最终的结果并不乐观。调查所得的经验材料表明，"白马社区"微信群并不能很好的承担起公共交流平台的功能。其原因包括三个方面。第一，微信群作为一种社区媒介的覆盖率不够高。"白马社区"的群成员总数为 134 人，而白马村总住户约为 250 户。考虑到群中还有少量非本村居民，从媒介覆盖率角度来说，该群对白马村以户为单位的村民覆盖率仅有 50% 左右。此外，还需要考虑到群成员按户分布的均衡性问题。也就是说，134 位群成员并不是每户出一人为代表而组成，其中有些来自同一个家庭，所以实际以户为单位的覆盖率会更低。过低的覆盖率使得它不能发挥可靠的信息传递功能，比如当村委干部在群里发布水电费缴纳通知的时候，就不能确保将消息顺利送达。

第二，在群消息的类型和内容方面，该微信群与其他 6 个样本群一样，也充斥了大量"垃圾消息"。几乎每天都有人向群里发送搞笑图片、搞笑视频、鸡汤说教视频、购物链接、奇闻逸事链接、求赞与拉票二维码、手机 K 歌录音、各种类型的广告等等。这些内容几乎全部经由网络转发而来,既缺乏信息量,又格调低俗。很多时候,村委干部 LSR、YFT、ZZZ 等人在群里发布的社区公共信息、通知都被淹没在这些垃圾消息当中,不能够实现有效的传播效果(见图 5-4)。

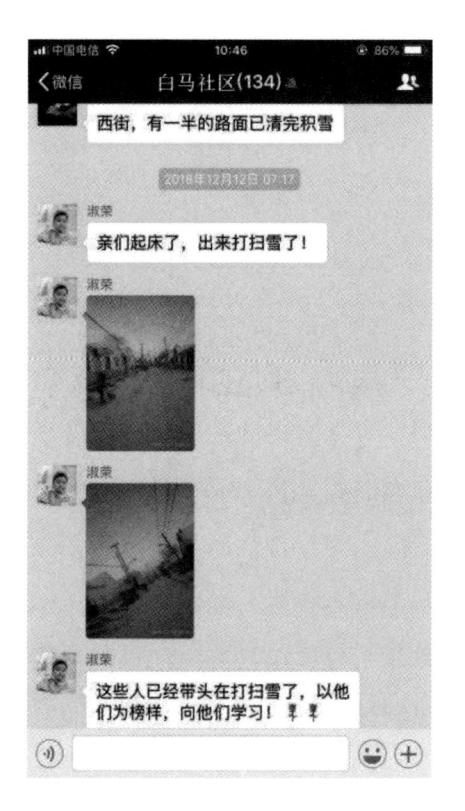

图 5-4 被赋予"官微"性质却又充斥
"垃圾信息"的社区微信群(一)

第三,即使群内的公共信息没有被干扰,其传播过程也很难达到理想的效果。在我的长期"潜水"观察中,随机收集到村委干部发布的若干条通知、公告和其他事务性消息,如农用车年检、耕地灌溉水费催缴、新农合医保办理、乡村文明调查等各类通知，甚至还有帮村民转发的寻狗启事。但是，这些消息在群里发出之后，极少收到群成员的回应：既无人表示收到，也无人询问细节，更没人提出疑问。从村干部在群里的表现来看，"白马社区"被赋予了一种"官微"性质，村委显然有意将它打造为村内集体信息传播的新媒体平台；但是群内的村民们并没有表现出某种相应的集体意识，从他们在群里的行为表现来看，这个群与他们所加入的其他群似乎并没有什么本质的差别（见图5-5）。

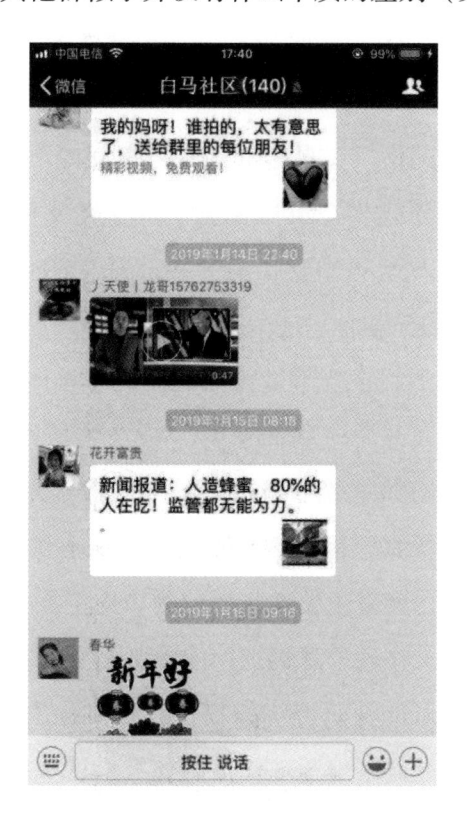

图5-5 被赋予"官微"性质却又充斥
"垃圾信息"的社区微信群（二）

总的来看，将微信群视为乡村人群自发打造的"社区媒介"，基本上是可行的。它基于乡村地区的"熟人社会"或"半熟人社会"性质,把乡民之间的地理空间纽带导向网络空间,由此生产出一种新媒介平台上的社群信息传播新形态。与一般意义上的社区媒介(如社区报)相比,它经由数字化、网络化、多媒体化的信息呈现手段和交互性、虚拟性的信息交流模式,一方面推动社区信息流通结构转向水平化和去中心化,另一方面也带来信息内容和形式上群体亚文化特征。同时,它又不同于互联网上的虚拟社区类网站(如天涯社区、虎扑论坛等),它的成员结构有着线下现实空间的边界,受到熟人社会网络和地域生活圈层的约束。

但是,如果期待它在乡村信息传播中发挥重大的影响作用,至少目前来看并不现实。虽然智能手机已经高度普及,但乡村居民们尚不能自觉地利用它作为个人信息化的工具和手段。无论在微信(包括微信群)还是其他 App 应用软件的使用过程中,个体娱乐功能都被置于最核心的位置。具体到微信群来说,7 个样本中的绝大部分"版面空间"被上文所定义的垃圾消息所充斥,这些内容既无助于开拓群成员的文化视野、提升他们的知识水平,也无助于促进群成员之间的群体和人际交往;即使仅从讯息的传递角度来说,这些微信群作为传播介质的功能也未能得到有效发挥。在理论逻辑上,由于微信媒介的数字化和网络化特性,它本有可能消弭传统的基于农耕文化的乡村传播结构,后者是传统乡村社群区别于现代信息化社会的关键特征之一;但是从实践经验来看,这种理论上的可能性并没有变成现实。微信群固然已经成为一种乡村社区媒介,但从社群维系、信息传播、文化传承的功能角度来说,它又是一种无价值的、至少是极其低效的社区媒介。

第五节　小结：大众媒介在乡村的边缘化

本章的分析逻辑是通过考察白马村村民的媒介使用情况——包括电视媒介、数字媒介和社区媒介——来探讨媒介在乡村信息传播结构中的地位和作用。在历史上，新闻媒介曾是党和国家政策的积极传达者和践行者，特别是以《人民日报》和《新华日报》为代表的党报，在农村土改时期建构并拓展了中国共产党政权的权威性与合法性，从舆论导向上帮助乡村向新的社会关系、社会结构转型过渡，成为反映并弥合中共政治意识形态和民众思想意识及行为之间距离的重要通道。[①] 在当代，依托传播媒介的大众传播依然被有些研究者认为是农村现代化、城市化发展道路中的两股力量之一，起着引导和促进农村社会向现代化迈进的积极作用。[②]

但是，从大众媒介的效用发生机制来看，与农民切身利益有关的政策信息虽然以大众传播的模式通过政策报道、典型报道、批评报道及常规新闻节目向乡村传递，但并不是直接在农民群众中间发生效果。一类研究表明，在大众传播和人际传播这两种乡村传播子系统中，人际传播系统长期发挥着更有实际影响力的信息性作用。祝建华在20世纪80年代的一项调查中发现，在农村的大众传播系统中，报纸、图书、广播、电视等媒介均以娱乐功能为主，信息功能为次；人际传播系统则扮演着多种特定的信息

[①] 马维强、邓宏琴：《信息传播与历史建构：新闻媒介何以参与乡村土改——以晋冀鲁豫〈人民日报〉、〈新华日报〉（太行版）为中心的考察》，《新闻与传播研究》2014年第3期。

[②] 顾炜程、朱娇娇：《社会转型中农村的传播媒介与观念变迁、交往格局的关系研究——以青浦农村家庭调查为例》，《新闻大学》2007年第2期。

传递角色，例如通过集体会议传递经济政治信息，通过串门聊天传播小道消息，通过婚丧喜庆、茶馆交流情感和信息交换。① 另一类研究发现，乡村中广泛存在着以"媒介化精英"为中介的信息传播机制。"媒介化精英"是指农民当中少数通过观看电视而"精通国家政策"的"刁民"，他们基于自身的理解水平和利益关系对政府的政策方针做出解读，再通过人际传播对周围的人群造成影响。② 此外还有一类研究认为，当农民遇到利益冲突问题时，最常用、且最有效果的手段不是借助新闻媒体，而是寻求基于人际社会网络的对话、调解、上访和闹事等。③

　　针对白马村个案的媒介结构分析支持了以上三类研究的基本观点。也就是说，从白马村的媒介实践来看，虽然媒介形态发生了变迁，但农民的信息传播格局仍然保持了传统农耕社会的亲缘和地缘特色，非媒介化的人际传播在农民信息接触中的重要性远大于大众传播，是农民满足个人信息需求的主要渠道。在白马村，广播媒介包括有线广播和无线广播都已完全没有市场，报纸、图书、杂志等印刷媒介也难觅踪迹，这使得传统大众媒介的内容丰富性和社会影响力被大大压缩。这是大众媒介在当代农村地区发展中的消极面。积极面则是，电视从过去的模拟信号转变成数字信号和卫星信号，频道数量和画面质量得到了提升，特别是互联网为代表的数字媒介蓬勃发展。然而，这些媒介技术的进步并没有给白马村带来实质意义上的信息接触模式变革，它们促

---

① 祝建华：《上海郊区农村传播网络的调查分析》，《复旦学报》（社会科学版）1984年第6期。
② 车英、袁松、张月盈：《试论新闻传播在乡村治理中的反作用》，《武汉大学学报》（人文科学版）2008年第1期；袁松、张月盈：《电视与村庄政治——对豫中付村的传播社会学考察》，《新闻与传播评论》2010年第1期。
③ 乔同舟：《乡村社会冲突中的利益表达与信息传播研究——兼论大众传媒的角色与作用》，《新闻与传播评论》（辑刊）2010年，第91—100页。

进了信息在展示形式上的高清化、多媒体化，但在信息内容的多样性、知识性方面则乏善可陈。

在人际交往形式上，串门依然是村民们最重要的信息交流方式之一，同时包括街头空间的群体交流、朋友圈的社会化交往等。与四十年前的调查结论[1]相比，这些人际传播的基本模式没有发生根本性变化。至于现代媒介特别是数字媒介的使用是否对其产生了某种解构性影响，白马村的个案研究给出了否定的回答：媒介技术形态的发展虽然在农村地区发生了可见的效果，越来越多的农民正在开始使用新媒介，但是这种使用并没有改变他们的信息结构，也没有改变他们的信息接触品质；他们从更丰富的电视频道、海量的互联网信息中获取到的只不过是更多更重复的低水平娱乐，这无助于提升他们自身的信息化水平和对外部世界的认知。[2]

更甚者，正是在新媒介的普及进程中，传统人际交往模式的强大影响力得到了进一步凸显。事务中介者、媒介技术影响者和意见领袖，都在农村地区的媒介创新与扩散中发挥着关键作用。如果没有这些人际影响机制的存在，农村地区的新媒介扩散进程将变得低效而缓慢。鉴于新媒介与人际互动如此紧密地结合，我们既可以说人际交往模式促进了新媒介在乡村的普及，也可以反过来说新媒介的普及过程巩固了乡村社群基于人际交往的圈层化信息接触模式。

---

[1] 祝建华：《上海郊区农村传播网络的调查分析》，《复旦学报》（社会科学版）1984年第6期。

[2] 从这个意义上说，有研究者提出以媒介素养作为一种分析视角来考察农民与媒体之间的真正的关系状态，以使农村受众更好地使用大众传媒、参与传播活动，促进其自身的发展和农村现代化的实现，无疑是有着洞见性和前瞻性的。参见李苓、李红涛《媒介素养：考察农民与媒体关系的一种视野》，《新闻界》2005年第3期。

第六章　乡村传播结构的一般分析框架

杜威说：只有"微妙的、精致的、生动的与敏感的沟通艺术"才有可能催生出"伟大的社群"（Great Community）。① 至于何谓"艺术"、何谓"伟大"，处于不同时代和社会背景下的研究者当然可以给出不同的阐释，但必须承认的是，信息沟通与传播系统在社群的存续与发展中具有举足轻重的意义。出于同样的逻辑，我们也可以说：只有微妙地、精致地、生动地与敏感地揭示其沟通艺术，我们才有可能更深刻地理解社群。这也正是本书的研究旨趣所在。本章将首先对白马村的田野工作和相关讨论做出梳理和总结，然后将研究发现进行归纳概括，从中提取出乡村社群信息传播系统的一般性分析理论。

第一节　白马村的传播结构特征

在此前的三章内容中，本书分别从空间、交往和媒介三个维度考察了白马村的信息传播结构。空间是乡村社群得以存在的物

---

① John Dewey, *The Public and Its Problems: An Essay in Political Inquiry*, University Park, PA: The Pennsylvania State University Press, 2012, p.141.

理维度，它提供了人们生产、生活的物质环境；社群交往反映了人的存在形式，它沿着马克思唯物主义思想将人和群体视为社会化而不是自然化的存在。在传播学视角上，这两个维度的交叉点在于，二者都在社群信息传播过程中扮演了重要的角色。这种信息传播过程也正是本书所要探讨的核心主题。在这个主题下，媒介作为一种最直接、最外显的信息传播载体被纳入本研究必须考察的第三个维度。

一　空间

从白马村的实践经验看来，空间依然是乡村社群信息传播活动中的关键要素。无论是街头纳凉点所代表的开放空间，还是入户串门所建构的私隐空间，都没有如现代性的"脱域"机制所描述的那样，从村民的日常信息活动中抽离出来，而是充当了必要的传播基础设施，为社群信息传播提供了所需要的外部物质条件。而且，由于空间与社会关系的同构性，它还成为了洞察信息传播参与者之间社会互动模式的重要指标。

村民们作为社会交往实践的信息交流与传播活动建立在社区空间这一物质基础之上，其后果是塑造了社群信息流转的圈层式结构。圈层结构的基本单元是经由小群体的空间化互动而形成的"小信息圈"，它们隐藏在开放空间和私隐空间中，彼此之间保持一定的距离和边界。作为熟人社群的组成部分，这些小圈层之间又不是截然隔绝的，而是充满了彼此交织、犬牙交错的弹性互动。在空间维度上建构出来的这种圈层传播结构，是理解乡村社群信息传播系统的一个首要切入点。

二 社群交往

在社群交往的维度上去考察白马村的信息传播系统时，这种圈层性特征再一次浮现出来。首先，基于血缘、亲缘和宗姓的宗族关系构成了村民日常交往的重要影响线索，它通过走亲戚、串门和仪式性事件等形式建立和维持了村庄内部稳定的人际圈层结构，与空间要素共同发挥了乡村社群日常交往的底层支撑作用。其次，村子里还有另外一种更为日常化的人际交往结构，即某些村民之间自发结成的"朋友圈"。它由相对固定的成员所组成，彼此之间通过频繁的日常互动保持稳定的联系，并且经由交往历史、事务合作、他者认知等方式具备了排他性，建构出一种超越乡亲、街坊甚至亲缘和血缘的人际关系。

除了这种圈层性特征之外，社群日常交往实践还塑造了某种接近于"意见领袖"或"创新代理人"的角色，本书称为"事务中介者"。在当地村民眼中，饰演这一角色的那些特定社群成员拥有某些社会生活领域的技术资源或社会资源，能够"专业性地"帮助他人推进相关事务并多快好省地达成目标。同时，作为村庄社群的一员，他们经由空间、宗亲和朋友圈等交往机制而取得了其他村民的信任甚至依赖，使其在社群交往网络中占据了有影响力的节点位置。以这些中介者为核心所勾连起来的小型交往圈层成为该网络中的一部分独特结构。

三 媒介

信息传播的空间属性和社群成员的交往模式，塑造了白马村社群传播活动的基本特征，勾勒出乡村信息传播的圈层式结构。与此同时，现代大众媒介特别是数字媒介的普遍运用建构出"媒介化社会"景观,这或将影响乡村人群的信息接触模式。由此,必须将媒介的使用情况纳入到分析视野中来,才能实现对乡村信息传播结构的完整考察。这就构成了本书展开分析的第三个维度,即媒介维度。

从本书的研究旨趣出发,媒介维度的分析具体地聚焦到媒介在乡村社群传播结构中的作用,特别是它对前文已经阐明的圈层和中介结构的影响。分析结果表明,电视作为传统大众媒介的代表,它虽然已经高度融入农民生活,但是在白马村村民的信息接触和人际交往中的效能都不明显。村民们的电视观看行为处于一种"半睡眠状态"之中,即使是春节联欢晚会这样富有影响力的媒介事件也只是被作为维持人际互动的手段而不是内容。电脑、互联网以及当前正快速普及的智能手机,同样未能为他们营造出新的、现代化的信息获取模式,在低水平的新媒介使用能力和主导性的娱乐动机这双重因素的共同作用下,新媒介技术褪变为一种致幻剂,引导他们走向新型"沙发土豆"。

社区媒介方面,旧的媒介形态如村庄广播仅具有很低的"活力指数",除了简单的事务性通知之外,并不能在村庄传播系统中发挥有价值的信息传递功能。以微信群为代表的新型网络化社区媒介中又充斥了各种类型的垃圾信息,在社群维系、信息传播、文化传承等方面均缺乏实际价值,更不能充当农民个人信息化的有效工具和手段。反而在新媒介的普及进程中,我们却看到了传统人际交往模式的强大影响,"事务中介者"和媒介化精英、新技术影响者们在媒介创新与扩散中发挥了积极的作用,客观上也巩固了乡村传播的圈层化和中介化格局。

埃尔默·罗珀在 1955 年为《人际影响:个人在大众传播中的作用》一书所写的序言中说:"理念(ideas)常常缓慢的渗入作为

整体而存在的公众之中，更为重要的是，这往往是通过邻里之间的互动得以实现，大众媒介在这一过程中并没有产生任何明显的影响。"[1] 进入 21 世纪之后，全球媒介环境虽然发生了巨大的变化，但仍然有学者坚持认为，大众媒介和互联网技术在社会发展和变迁进程中固然重要，人际传播却也依然发挥着基础性作用。[2] 本书对白马村的个案研究印证了这些观点（尽管它们并不代表学术界的普遍共识）。在白马村的传播实践中，无论是传统的大众媒介、社区媒介还是数字化和网络化的新媒介，都没有在实质上体现出它们理论上应有的作用，没有推进乡村居民的信息化或信息的现代化。继承自农耕文化、熟人社会的人际传播模式依然在当代乡村人群中占据主导性地位。这是本书得出的基本判断。

在此基础上，我们还需要进一步探明，乡村社群内的信息如何流动？如何从理论建构上描述其传播结构的一般性特征？以及，这种传播结构背后的运行逻辑是怎样的？对于这些问题，本书引入"雨涟格局"和"自谐秩序"两个概念加以具体的论述和阐释。

第二节　雨涟格局

综合以上的分析讨论，本书提出"雨涟格局"概念，作为对白马村为个案的乡村社群信息传播结构的总体性和一般性描述。所谓雨涟，是指雨点洒落在平静的水面上所溅起的涟漪，每一个

---

[1] [美] 伊莱休·卡茨、[美] 保罗·拉扎斯菲尔德：《人际影响：个人在大众传播中的作用》，张宁译，中国人民大学出版社 2016 年版，第 2 页。

[2] Jan Servaes, "Conclusion", In: J. Servaes, ed., *Communication for Development and Social Change*, London: SAGE Publications, 2008, pp. 389–390.

涟漪都以圆形波的形式由内向外扩展，相邻涟漪之间的圆形波又彼此相互干涉。所谓格局，也就是图案、形状、格式或者布局。雨涟格局是一种形象化的隐喻，对这一意象的具体描述包括如下六个方面：

第一，雨点撒落水面所激起的圆形波状涟漪是整个格局中的基本单元。每个涟漪代表一个乡村信息传播结构中"小信息圈"，这些小信息圈经由传播空间、宗亲关系、事务交往和"朋友圈"等形式而建立起来，彼此之间保持相对隔离、但又连成整体的状态。

第二，多个雨点激起多个涟漪，它们由中心向外围扩散的圆环波彼此干涉，代表乡村社群内多个小信息圈之间的信息融汇和互动。

第三，雨点洒落在乡村池塘的水面上，池塘的大小代表某个乡村社群的边界，如行政村或自然村。乡村池塘大多以自然地形为基础、辅以必要的人工修砌而成，通常不与其他水域相通。这代表了中国大部分乡村社群自然分隔的分布状态。

第四，池塘里面的贮水代表社群内既有的信息储备，也就是村民们在历史和日常生活中已经具备的资讯和知识。这些存量信息的品质也如同乡村池塘的水质一样，是粗糙的，或者说未经过滤或净化的。

第五，雨水的总量有限，它们洒落入池塘之后，并不能明显改变池塘的水质，雨水所代表的外部新信息的注入也不能改变乡村社群的信息结构。除非发生重大的、基础结构性的改变，比如池塘并入河流、引入活水，才能引发水质的变化，对于它所象征的乡村社群来说，这意味着媒介结构和信息接触模式的重大革新。

第六，影响水质的另一个重要因素是池塘底部积淀的淤泥。在雨涟格局的隐喻中，它代表历史积累的乡村文化，或者说沿袭自农耕社会的中国传统文化。正如池底淤泥决定池塘水质那样，宏观层面的乡村文化从根源上决定了乡村社群交往和信息传播的深层"秩序"（这一点将在下文中给出更详细的说明）。

作为一个隐喻，"雨涟格局"通过感性的形象描绘勾勒出乡村社群信息传播的基本结构。在理性的学术规范话语中，这样的传播结构可表述为以下特点：

首先，它采纳了社会系统论的基本观点，将乡村社群传播系统视为更宏大的社会总系统下的一个子系统，该子系统的信息传播过程嵌入在社会总过程之中，但又保持相对独立的完整性。这与赖利夫妇"传播的社会总系统模型"[1]有着类似的分析视角。二者的区别在于，雨涟格局对信息流动的路径做了细节化描述，并且应用于更为具体实在的传播实践环境，即中国乡村社会。

其次，由空间、亲缘等各类纽带所结成的小群体是这个传播系统的基本单位。这些小群体分别构成相对独立的信息圈层，彼此之间通过直接或间接的人际互动产生信息交换；但群体成员又可以同时隶属于多个小群体，同时也保留一定的流动性。这一结构模式与社会学对社会结构的理解不同，后者一般认为家庭是社会结构的基本单位，乡土社会结构围绕家庭展开和组织。[2]

再次，雨涟格局特别关注和强调人际传播在乡村信息传播系统中的应用与价值。在以白马村为代表的现阶段中国乡村，大众

---

[1] ［英］丹尼斯·麦奎尔、［瑞典］斯文·温德尔：《大众传播模式论》，祝建华、武伟译，上海译文出版社1987年版，第49页。
[2] 彭大鹏、吴毅：《单向度的农村：转型期乡村社会性质的一项探索》，湖北人民出版社2008年版。

传播媒介（包括互联网在内）未被发现足够强大的信息力，它对乡村人群的信息性影响如同雨水之于池塘一样无关大体。而人际传播通过事务中介、创新扩散等多种具体化、操作化模式，在乡村社群信息传播和人际交往中发挥了积极的作用。

最后，雨涟形象既是对信息传播格局的静态描述，也喻示了信息流动的动态性。乡村社群是一个整体性信息系统，信息的传播并不被严格限定在小圈层之内，而是如同雨涟产生的水面波纹一样向外扩散，并与其他波纹产生干涉和交织。这种信息圈层之间的信息流动构成了社群信息传播的一种动态机制。同时，该流动过程将必然地导致水波纹的形变，代表了信息的交互干扰以及由此导致的信息失真。而且，传播距离越远，这种失真就会越严重。

这些讨论足以表明，"雨涟格局"在乡村传播研究语境中有着具体且明确的意象内涵。但在文字表达上，它显然很容易令人联想到费孝通的"差序格局"。必须承认，后者对雨涟格局这一概念的萃取思路提供了有益的参考和借鉴作用，但本书绝非有意将这两个概念相提并论。在理论内涵上，这两个概念分属不同的学科范畴，这就决定了二者有着根本性质上的区别。

费孝通在阐述"差序格局"概念时，是将它放在"群"与"己"、公与私的关系问题背景下。他认为，中国传统思想里没有地位平等的观念，"我们所有的是自我主义，一切价值是以'己'作为中心的主义"[①]。而且，"我们传统社会里所有的社会道德也只在私人联系中发生意义"[②]。由此，中国社会结构的基本特征便可描述为"以'己'为中心，像石子一般投入水中……像水的波

---

① 费孝通：《乡土中国》，北京出版社2005年版，第36页。
② 费孝通：《乡土中国》，北京出版社2005年版，第40页。

纹一般,一圈圈推出去,愈推愈远,也愈推愈薄"①。通过剖析差序格局观照下"能放能收、能伸能缩的社会范围",人们就"可以明白中国传统社会中的私的问题了"②。这些论述表明,差序格局是对中国人以自我意识为中心的行动逻辑的概括。但是在后人的解读中,它常常被理解为一种"结构"或"关系",例如阎云翔认为差序格局所描述的应该是个多维立体的"社会结构","序"代表纵向的等级差别,"差"代表横向的远近亲疏。③ 其他研究者则往往将其理解为"社会关系"的结构,再推论为"人际关系"的结构,进而演变成"关系"或"关系网络"的同义词。对于这种"结构"或"关系",当代还有研究者使用了"圈子"和"系"的概念加以描述:"圈子"强调内部成员的同质性和结构的平面性,属于库利所说的"初级群体";"系"的成员成分则是多样的,在内部是多种关系的综合,在外部又能通过跨系重叠生成更大的社会单位。④ 这种描述与"差序格局"有异曲同工之意,或可视为后者的注解。

从这些讨论中可以看出,无论是从群己意识、公私观念角度还是从人际关系、社会结构角度去理解,"差序格局"都是一个文化社会学概念;这种格局的建构主体是乡村社会里的"人",格局中的亲疏远近关系是人的主观能动性的结果。而"雨涟格局"是一个传播学概念,它所描述的是信息在乡村社群内的流动与传播结构;这种结构的建构主体是客观实在的"信息",乡村里的"人"只是信息传播过程中的必要影响要素之一,同样重要

---

① 费孝通:《乡土中国》,北京出版社 2005 年版,第 34 页。
② 费孝通:《乡土中国》,北京出版社 2005 年版,第 38 页。
③ [美]阎云翔:《差序格局与中国文化的等级观》,《社会学研究》2006 年第 4 期。
④ 项飙:《跨越边界的社区:北京"浙江村"的生活史》,生活·读书·新知三联书店 2000 年版,第 482 页。

的影响要素还包括空间和媒介。两者分属两个不同的社会科学研究领域，在各自的历史背景和研究语境下有着各自的理论价值，但彼此之间实际并无交集。从本书的研究视角看来，雨涟格局是基于对白马村信息传播结构的经验观察而提出的，除去复用了差序格局的水波纹比喻之外，与费孝通的理论思想并没有什么交叉汇集，也几乎没有进行学术对话的可能。

第三节　自谐秩序

在"雨涟格局"的隐喻中，池塘的水质主要是由潜藏池底的看不见的淤泥所决定的。对于乡村社群来说，其信息传播表面结构的背后亦有其社会和文化的逻辑，即本节试图探讨的"秩序"。

秩序的概念在不同的研究领域有着不同的意义诠释。在社会学中，韦伯根据其有效性的保障途径，将秩序划分为两类具体的社会规范，即惯例和法律，二者有效性的共同基础是传统、信仰和成文章程。[1]沿着类似的逻辑，哈耶克把社会秩序分为"生成的"和"建构的"，前者指自生自发的秩序，后者指人造的秩序，[2]并且认为社会理论的核心在于阐发和重构人类社会中的各种自生自发的秩序。[3]在人类学和文化研究中，秩序被认为隐藏在日常生活中，即使是最为普通、不起眼的生活形态，也是对更

---

[1] ［德］马克斯·韦伯：《社会学的基本概念》，胡景北译，上海人民出版社2000年版，第48—53页。
[2] ［英］弗里德里希·哈耶克：《法律、立法与自由第一卷》，邓正来、张守东、李静冰译，中国大百科全书出版社2000年版，第55—56页。
[3] 邓正来：《研究哈耶克法律理论的一个前提性评注》，载［英］哈耶克编《法律、立法与自由第一卷》，邓正来、张守东、李静冰译，中国大百科全书出版社2000年版，第7—8页。

为普遍的社会和文化秩序的表达。① 华裔学者孙隆基使用"深层结构"概念来阐释社会和文化秩序，指一个文化体系中相对"表层结构"而言的、不曾变动的层次，认为一种特定的文化会有特定的脉络，这个脉络关系就是文化行为的"结构"，它具有一定的法则性，并关联起一组文化行为。②

在中国的乡村社会，自然秩序思想长期占据主导地位，儒家的"礼治""德治""人治"观、道家的"道法自然""无为而治"观都是建立在这一思想源头上。③费孝通在《乡土中国》一书中指出的"礼治秩序""无讼""无为政治""长老统治"等中国乡村社会特征，其实是中国传统秩序思想在农村社会的具体化。这些讨论是基于文化研究视角的。当代乡村社会学研究则引入了"结构—功能"主义的分析视角，首先是将村庄秩序的生成分为两种途径：一是行政嵌入，如人民公社；二是村庄内生，依赖于村庄内部人与人之间的联系。其次是将村庄秩序的内涵具体地指向五个方面，分别是获得经济协作、保持社会道德、抵御地痞骚扰、抗衡乡镇的过度提取和保持村庄领袖的公正廉洁。④ 结构—功能主义的分析视角带有明显的功利主义或实用主义色彩，构成了文化研究之外对乡村秩序的另一种解释进路。

这些思想和观点为传播学视域下的乡村传播秩序分析提供了工具和方法。以此为理论基础，本书通过对白马村传播实践的考

---

① ［英］戴维·英格利斯：《文化与日常生活》，张秋月、周雷亚译，中央编译出版社2010年版，第4页。
② 孙隆基：《中国文化的深层结构》，广西师范大学出版社2004年版，第8—9页。
③ 陆益龙：《后乡土中国》，商务印书馆2017年版，第268—269页。
④ 贺雪峰、仝志辉：《论村庄社会关联——兼论村庄秩序的社会基础》，《中国社会科学》2002年第3期。

察而提出"自谐秩序"概念，用以概括"雨涟格局"这一传播结构背后的社会和文化力量的作用机理。

"自谐"是"自发"与"和谐"两个词的组合，在这里通过朴素构词法将其拼接起来，取二者的协同意义。自发的概念沿用了哈耶克对秩序的分类思想，指的是"内部生成"。用韦伯的话来说就是"纯粹内在"[①]。在乡村传播活动中，自发秩序是指作为深层文化结构的、村民们自觉、自动遵守的信息性交往规则。在前文的相关讨论中，我们已经触及并分析了这些规则，例如街头闲话活动中的空间就近原则、社会化交往中的宗亲关系纽带、麻将场和饭局建立起来的合群性、社群事务和媒介扩散中的中介连接等。这些规则在数百甚至上千年的传统文化中积淀下来，形成了潜移默化的影响，村民们虽不能像日常行为守则那样把这些规则熟记于心，但在日常生活中却又总能自然默契地奉行。[②] 作为其对立面的，是那些由外部力量驱动的信息传播规则。在乡村传播语境下，这种外部力量通常是指行政力量，其外在传播形态包括村委公告、村民代表会议、乡村汇报演出、乡村建设宣传影片巡展等。不过，从白马村的经验和其他研究者的观察[③]来看，此类传播形态在乡村地区正在逐渐

[①] ［德］马克斯·韦伯：《社会学的基本概念》，顾忠华译，广西师范大学出版社2005年版，第45页。

[②] 这种潜移默化的影响可能与乡村的集体记忆有关。方慧容使用"无事件境"的概念提供了乡村集体记忆形塑机制的一种解释：对于传统乡村中的村民而言，重复事件序列中的各种事件，不但由于高重复率导致事件记忆上难免的事件间各种细节的互涵和交迭，并且生活在这种状况中的村民在心理上也"无意"地将这些众多的重复事件理解为分立有界的事件。参见方慧容《"无事件境"与生活世界中的"真实"——西村农民土地改革时期社会生活的记忆》，载杨念群编《空间·记忆·社会转型："新社会史"研究论文精选》，上海人民出版社2001年版，第467—586页。

[③] 参见曹海林《村落公共空间与村庄秩序基础的生成——兼论改革前后乡村社会秩序的演变轨迹》，《人文杂志》2004年第6期；曹海林《乡村社会变迁中的村落公共空间——以苏北窑村为例考察村庄秩序重构的一项经验研究》，《中国农村观察》2005年第6期。

消解。

"和谐"在唯物辩证法的角度上是指彼此对立的事物在一定条件下的辩证统一，反映的是不同事物之间相同相成、相辅相成、相反相成的关系。中国传统文化中历来就有着和谐思想及其价值观，如人与自然的"天人合一"、人际关系的"和为贵"、个体身心的"神形合一"等。在白马村的传播秩序分析框架下，和谐一词包含了两层意思。其一是指静态的和谐状态。对于乡村社群来说，雨涟格局所描绘的是一个自成体系的信息系统，有着完整且相对独立的信息生产与传播流程，总体上处于一种平衡、稳定状态。对于村民来说，无论社会环境、经济环境和媒介环境如何变化，他们总是能在他们所习惯的信息接触方式中获得信息满足。除了个别人之外，绝大多数村民都安于现状，他们会听"城里来"的亲戚朋友谈论"外面的世界"，但极少产生出去闯一闯、看一看的念头。其二是指动态的谐振过程。"谐振"在物理学中指谐波的振荡，在这里用于比喻雨涟波纹的动态扩散和互相干涉，意指信息在乡村传播过程中的"再加工"和"噪声干扰"。从白马村的传播实践来看，这种谐振始终伴随着各类信息在社群成员和信息圈中的扩散过程。其结果既可以是积极的——带来信息的完整化、准确化，也可以是消极的——导致流言或谣言的诞生。不过，在系统总体视角上，社群信息总是能够在传播过程中实现自我补偿、自我修正，以达到社群成员满意的结果。因此，谐振并不是一个动荡不稳的过程，而是更像一个信息传播的"自适应"过程。

"秩序"在这里是一个传播学概念，特指传播秩序。与社会学特别是面向中国本土化的乡村社会学研究中的"社会秩序"概念相比，二者的理论意涵有联系也有区别。其共同点在于，无论是传播秩序还是社会秩序，都重视（而且也无法规避）传统文化和社会交往方式的影响，如宗族文化[1]、信仰民俗[2]、乡村精英或"中间人"[3]等，把这些作为支撑其理论观点的现实根基。不同之处在于，它们的研究对象迥异，由此导致对秩序概念的外延有不同的阐释。传播秩序讨论的是乡村信息流转过程中潜藏的或外显的规律性，主要受到社会和文化规范的影响；社会秩序讨论的则是乡村社会的运行结构，除了文化和人的要素之外，它还关注政治力量和经济力量[4]在这个运行结构中的作用。

从"秩序"视角去理解乡村传播，有着学理上的正当性。英国人类学家贝特森（Gregory Bateson）曾指出，每一次人类传播活动都在"传播"和"元传播"两个层面上同时发生，前者是指信息的传递，后者则隐含在前者的过程中，是信息传递活动所遵循并得以完成的脚本、规章，是信息传播活动的语境和解释规则。[5]

---

[1] 参见朱康对《宗族文化与乡村社会秩序建构——温州农村宗族问题思考》，《中共浙江省委党校学报》1997年第1期；李华伟《乡村公共空间的变迁与民众生活秩序的建构——以豫西李村宗族、庙会与乡村基督教的互动为例》，《民俗研究》2008年第4期。

[2] 参见罗惠翾《宗教信仰在乡村回族社区中的功能——以云南沙甸为例》，《西南民族大学学报》（人文社会科学版）2008年第29卷第6期；侯杰、段文艳《信仰民俗的历史传承与乡村社会秩序探析——以河北省高碑店市大义店村冰雹会为中心的考察》，《民俗研究》2010年第4期。

[3] 参见车英、袁松、张月盈《试论新闻传播在乡村治理中的反作用》，《武汉大学学报》（人文科学版）2008年第1期；袁松、张月盈《电视与村庄政治——对豫中付村的传播社会学考察》，《新闻与传播评论》2010年第1期。

[4] 对乡村社会结构中的政治和经济力量的讨论参见折晓叶《村庄的再造：一个"超级村庄"的社会变迁》，中国社会科学出版社1997年版；王红生《乡场 市场 官场：徐村精英与变动中的世界》，上海辞书出版社2011年版；邱泽奇、邵敬《乡村社会秩序的新格局：三秩并行——以某地"乡土人才职称评定"为例》，《国家行政学院学报》2015年第5期。

[5] Bateson, G., "A Theory of Play and Fantasy"，转引自潘忠党、陆晔《走向公共：新闻专业主义再出发》，《国际新闻界》2017年第10期。另参见赵星植《元媒介与元传播：新语境下传播符号学的学理建构》，《现代传播》2018年第2期；胡易容《帕洛阿尔托学派及其"元传播"思想谱系：从神经控制论到符号语用论》，《国际新闻界》2017年第8期。

元传播是贝特森用以解释人类行为和社会实践的一个工具性概念，社会研究可以通过元传播的视角洞悉人的内在心理和人际交往的复杂过程，获得理论想像与知识创生能力。[1] 这一概念表明，若要理解传播活动的意义，就必须将其置于特定的情境和解释规则之下。这些情境和解释规则一方面显然受到技术采用和社会文化变迁的影响，另一方面它又是由人来能动性地创建的，所以必须综合考量这两个方面的内容，才能准确完整地阐释"元传播范本"[2]，进而理解人们的信息传播活动。在这样的逻辑脉络上，传播秩序的本质就是对元传播范本的具体表达。

总而言之，"自谐"描述了乡村社群传播系统的运行特性，"自谐秩序"从理论上概括了乡村传播过程的深层机理。在自谐秩序主导下，信息的生产与流动、乡民的信息接触与满足均表现出一种自我适应、自我调节的特点，乡村传播的结构和功能在这种持续不断地适应和调节中保持了自我稳定性。这种稳定性反过来确保了社群成员在社会心理和行动上的认知协调，进而又促进了社群结构的稳定性。

在现实意义上，自谐秩序既是对当前乡村信息传播格局之运行机制的客观概括，也能在一定程度上预测乡村信息结构的未来走向，从而为政治和社会层面的乡村治理提供决策参考。结合白马村的个案经验来看，村民们对建立在人际传播基础上的圈层化信息结构表现出自我满足、自我适应的行动和心理状态，其重要后果之一是造成了乡村信息的"内卷化"。"内卷化"概念因被格

---

[1] 王金礼：《元传播：概念、意指与功能》，《新闻与传播研究》2017年第2期。
[2] 潘忠党、陆晔：《走向公共：新闻专业主义再出发》，《国际新闻界》2017年第10期。

尔茨①和黄宗智②等学者用于对农业和农村问题的考察而被学界广泛关注,但它最早的定义是来自美国人类学家戈登威泽(Alexander Goldenweiser),指一个系统在外部扩张受到约束的条件下,内部不断精细化和复杂化的过程。从这个本义出发,它的使用语境也从农业经济领域被扩展到制度、国家、文化等领域。③ 在不是特别严格的意义上,这个概念也可用来描述乡村人群的意识形态、文化价值观、社会行动模式等方面的社会化变迁。在特定乡村地区中,这几个领域之间在内卷化(或非内卷化)趋向上很可能是相互映衬、相互影响的。以这样的视角来审视自谐秩序所描述的乡村传播结构,从中可以发现明显的内卷化现象:农民们在新时代的经济和社会环境中,依然沿袭了农耕时代的信息交往模式;数字媒介和网络媒介的技术革新已经渗透进乡村,但农民们并没有有意识地从中获取媒介红利,相反,农民对新媒介的采用过程经由技术精英和事务中介者机制而进一步固化了乡村传播的格局和秩序。

自谐秩序的另一个可能的后果是导致公共性在乡村社会的持续衰落。当自发的空间纽带、宗亲关系、个人情感、价值理性和民俗信仰主导了信息流动秩序时,过去由行政力量、集体团结所驱动的"正式公共空间"便开始萎缩,乡村社会的"自治性社会关联"逐渐取代"捆绑式社会关联"④,这必将导致"公"

---

① Clifford Geertz, *Agricultural Involution: The Process of Ecological Change in Indonesia*, Berkeley: University of California Press, 1963.
② 黄宗智:《华北的小农经济与社会变迁》,中华书局1986年版;黄宗智:《长江三角洲小农家庭与乡村发展》,中华书局1992年版。
③ 参见刘世定、邱泽奇《"内卷化"概念辨析》,《社会学研究》2004年第5期;郭继强《"内卷化"概念新理解》,《社会学研究》2007年第3期。
④ 曹海林:《乡村社会变迁中的村落公共空间——以苏北窑村为例考察村庄秩序重构的一项经验研究》,《中国农村观察》2005年第6期。

与"私"之间力量对比的变化。费孝通已经指出过,"私的毛病在中国实在比愚和病更普遍得多,从上到下似乎没有不害这毛病的"①。从当代乡村传播格局来看,电视的"下乡"② "饭市"的退场③和"闲话"的消失④,都是按照一种"私的逻辑"而展开,这可能预示着乡村地区社会生活中公共交往空间的消退。

---

① 费孝通:《乡土中国》,北京出版社2005年版,第30页。
② 申端锋:《电视下乡:大众媒介与乡村社会相关性的实证研究》,《华中科技大学学报》(社会科学版)2008年第22卷第6期。
③ 陈新民、王旭升:《电视的普及与村落"饭市"的衰落——对古坡大坪村的田野调查》,《国际新闻界》2009年第4期。
④ 桂华:《论村庄社会交往的变化:从闲话谈起》,《中共宁波市委党校学报》2010年第5期。

第七章　回顾与讨论

　　本书的目标是通过田野研究方法考察乡村传播实践中的信息流动结构，进而建构乡村传播研究的一般分析框架。这一研究设计的前提假设是：人们的信息接触与传播活动乃至整个日常生活都紧密地嵌入在特定社会结构和文化规范之中。正如英国文化学者英格里斯所说：如果我们想要超越将日常生活描述为空洞无聊与微不足道的观点，理解社会或它的某一特定部分是如何运作的，我们就必须理解不同类型的人群各自生存其中的社会和文化结构，理解他们所处的生活状态。[1]

　　那么，在讨论乡村问题时，我们应如何理解乡村地区的社会和文化结构，进而理解人们的信息生活状态？为了回答这一问题，有必要建立一种"城乡对比"的视野，以此来明晰乡村研究在一般社会科学研究中的独特性。为了表达乡村与现代都市的差别，滕尼斯创造了社区和社会，迪尔凯姆划分了有机团结和机械团结，雷德菲尔德创用了乡民社会与市民社会，费孝通则用了礼俗社会和法理社会的比喻。[2] 此外，齐美尔也在都市社会研究中

---

[1] David Inglis, *Culture and Everyday Life*, London：Routledge, 2005, pp. 3 – 4.
[2] 周晓虹：《流动与城市体验对中国农民现代性的影响——北京"浙江村"与温州一个农村社区的考察》，《社会学研究》1998 年第 5 期。

提出了他的看法，认为大都会精神生活的核心特征是理智主义，小乡镇的精神生活则更多依托于感觉和情感层面的联系。①

不过，对宏大主题的分析不应脱离具体的社会实践语境。对于中国乡村的研究，无论是政治学、社会学还是传播学，都应当从中国本土的实践经验出发，既要参考和验证世界先驱者的思想洞见，也要根据自身的独特性质尝试建立自有的分析逻辑。本章先由此出发对全文内容作一点回顾性讨论，阐释乡村传播研究中的社群逻辑，说明乡村传播结构研究的理论价值，再指出本研究中可能存在的疏漏与不足。

第一节　乡村传播研究中的社群逻辑

在总体分析思路上，本书针对中国语境的乡村传播研究采用了一种"社群化"的分析视角，即将研究对象——中国乡村地区和人群——视为一种社群，在此基础上使用"社群逻辑"来搭建分析的视角。正如本书第二章所讨论的那样，社群逻辑是基于对中国乡村独特属性的洞察和对社区逻辑、群体逻辑的反思而提出的。

实践经验表明，中国乡村的独特属性表现为三个方面：传统中国乡土文化、聚村而居的空间生存状态和熟人社会化的人际交往关系。以这三重属性为框架去透视乡村传播研究的分析逻辑，首先可以看到传统乡土文化在各个面向的研究中发挥着潜移默化的效用、构成了一种弥散性的背景和语境；而能够激发具体的研

---

① Georg Simmel, "The Metropolis and Mental Life", In: G. Bridge and S. Watson, eds. *The Blackwell City Reader*, Oxford: Wiley-Blackwell, 1903/2002, pp. 11 – 19.

究问题或提供直接的操作性建议的，则是农民聚村而居的空间性和熟人社会式的交往关系。从这两个特性出发，很自然地可以发展出两种分析逻辑，即社区逻辑和群体逻辑。

以社区逻辑来考察乡村传播问题，本质上就是考察空间关联的纽带如何在乡村地区发生传播作用。如孟德拉斯所说，工业革命以来的科技进步和经济勃兴带来了通信和交通产业的发展，这不仅影响了都市生活，也扩大了乡村社会的规模；相应地，构造经济生活、社会生活和政治生活的不再是地理边界和辖区，而是通讯和影响网络。① 但另一方面，血缘、宗族、人际网络等要素依然是乡村得以存续的基础条件。虽然有研究者提出中国乡村正在出现"弱熟人社会"② 或"半熟人社会"③ 的特征，但"弱"和"半"都只是一种对量变的描述，在根本性质上，中国乡村仍然是熟人社会。

熟人社会的概念佐证了乡村研究中群体逻辑的合理性。群体逻辑关注的是乡村中的农民以何种社会化方式联结在一起的问题。在社会学和传统的群体传播学视野中，这种联结方式主要指向社会交往的结构性要素，例如，共同的身份归属和共同的行动目标，在互联网时代还包括基于网络链接的共同信息生产。④ 在更宏观的意义上，我们还可以认为群体代表了一种具有特定心理文化结构的社会身份，乃至一种社会等级划分和社会

---

① [法]孟德拉斯：《农民的终结》，李培林译，社会科学文献出版社2005年版，第275页。
② 苟天来、左停：《从熟人社会到弱熟人社会：来自皖西山区村落人际交往关系的社会网络分析》，《社会》2009年第29卷第1期。
③ 贺雪峰：《论半熟人社会——理解村委会选举的一个视角》，《政治学研究》2000年第3期。
④ 隋岩：《群体传播时代：信息生产方式的变革与影响》，《中国社会科学》2018年第11期。

归类。① 但对于乡村人群而言，他们彼此之间建立关联的方式既有经济性的和文化性的，如农业职业和习俗认同，也有空间性的和血缘性的，如村落行政区划和宗亲关系，甚至后者可能发生了更为重要的作用，这是传统的群体研究未能投入足够重视程度的方面。

综上所述，在中国乡村的传播实践中，空间毗邻的社区化聚居和传统文化统领的精神纽带共同构成了村落的社会和文化架构，也共同决定了农民的信息传播和事务交往模式，两者联合起来在农民的日常生活中发生作用和影响。单一地沿用社区逻辑或群体逻辑去定义乡村传播研究的对象，都不是最恰当的做法，我们需要在此基础上结合中国乡村的社会生活实践寻找更为恰切的学术表达。

从中国乡村的三种外显属性（传统中国乡土文化、聚村而居的空间生存状态和熟人社会化的人际交往关系）中，我们可以抽象出三种学术话语，即空间边界、身体在场和文化认同。这三种话语指明了乡村传播研究中最核心的学理脉络，我们需要一个更准确的、更概括性的概念来统摄它们，这个概念就是"社群性"。相应地，上述三种学术话语也就成为社群性这一概念的内涵阐释和外在表征。以社群性及其三种表征为框架去审视中国乡村传播的实践时，我们可以看到其中暗含的三条分析线索，即相对独立的信息传播系统、人际传播的主导地位和传统惯习对传播行动的强力约束（见图7-1）。换言之，以上由"社群性"所定义的分析视角能够帮助我们梳理复杂的乡村传播

---

① 社会归类的概念和理论参见［澳］约翰·特纳等《自我归类论》，杨宜音译，中国人民大学出版社2011年版。

实践，寻找开展理论研究的问题和切入点，这也就是本书所称的社群逻辑。

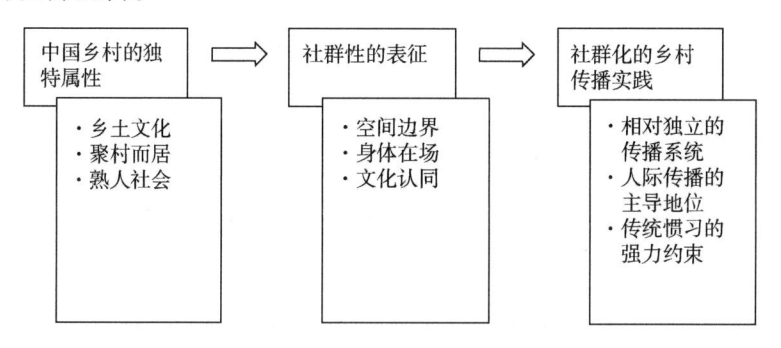

图7-1　乡村传播研究的社群逻辑

中国乡村的独特属性
- 乡土文化
- 聚村而居
- 熟人社会

⇒

社群性的表征
- 空间边界
- 身体在场
- 文化认同

⇒

社群化的乡村传播实践
- 相对独立的传播系统
- 人际传播的主导地位
- 传统惯习的强力约束

除了这种正向的理论推演之外，社群逻辑的提出也是与媒介逻辑、效果逻辑相比较的结果。后两者在以往的乡村传播研究中都比较常见，例如方晓红[1]、郭建斌[2]、谭英[3]、张丕万[4]、赵鹏升[5]、金玉萍[6]等研究者普遍采用了"媒介—社会"关系的分析视角，主要考察大众媒介特别是电视在乡村的普及情况和传播效果，以此作为事实基础来考察乡村社会的变迁。某种意义上说，这类研究的更准确归类应该是"乡村媒介"研究而不是"乡村传播"研究，因为它们的分析范式均带有媒介中心主义的色彩，所试图探讨的问题始终围绕媒介（特别是电视）的使用后果。然而，媒介技术固然有可能带来信息传播结构的变革，研究者也不宜将"新的媒介

---

[1] 方晓红：《大众传媒与农村》，中华书局2002年版。
[2] 郭建斌：《独乡电视：现代传媒与少数民族乡村日常生活》，山东人民出版社2005年版。
[3] 谭英：《中国乡村传播实证研究》，社会科学文献出版社2007年版。
[4] 张丕万：《电视与柳村的日常生活》，博士学位论文，武汉大学，2011年。
[5] 赵鹏升：《城村电视传播——大众传媒与乡村的民族志研究》，《安徽农业大学学报》（社会科学版）2012年第21卷第4期。
[6] 金玉萍：《电视实践：一个村庄的民族志研究》，上海交通大学出版社2015年版。

形态为乡村带来什么"作为唯一的研究主题；实际上，只要研究者进入村庄的日常生活就会发现，任何一种媒介技术都是嵌入在社会关系之中。① 由此，由卡茨和拉扎斯菲尔德所倡导的、基于人际影响的社群化信息传播机制②，理应被投注更大的研究热情，但在此前的大多数研究中却不约而同地被忽视或边缘化了。

以社群逻辑开展中国乡村传播研究有其理论和实践的价值。在学科发展的角度上，这首先体现了传播学区别于其他学科开展乡村研究的基本思路，如政治学的治理逻辑、经济学的产业逻辑、社会学的结构—功能逻辑和文化研究的乡土文化逻辑，从而有助于奠定传播学在中国乡村研究中的学术地位。其次，在"信息化社会"③ 的时代背景下，社群逻辑既继承了乡村研究的传统视角，如空间、宗族、文化习俗等，又发展出微信群等数字社区媒介研究的新思路，从而为研究者提供了可操作的分析范式和方法。再者，它还有利于拓宽群体传播这一学科子领域的理论视野，在"群体传播时代"④ 背景下促进传播学理论的进一步丰富化。

更为重要的是，基于社群逻辑的乡村传播研究立足于中国本土的实践背景，构成了对传播学本土化发展的回应。中国传播学研究的本土化问题在 20 世纪 90 年代就被提出，其基本目标是在

---

① 赵月枝、林安芹：《乡村、文化与传播：一种研究范式的转移（上）》，《教育传媒研究》2017 年第 4 期。
② [美] 伊莱休·卡茨、[美] 保罗·拉扎斯菲尔德：《人际影响：个人在大众传播中的作用》，张宁译，中国人民大学出版社 2016 年版。
③ Manuel Castells, *The Rise of the Network Society*, Malden, Mass.: Blackwell Publishers, 1996.
④ 隋岩、曹飞：《论群体传播时代的莅临》，《北京大学学报》（哲学社会科学版）2012 年第 49 卷第 5 期；隋岩：《群体传播时代：信息生产方式的变革与影响》，《中国社会科学》2018 年第 11 期。

"地方性"研究中建立"主义"和"流派",从而扩大传播学的知识体系。[1] 实现路径方面,学界共同认可三个基本原则:一是不局限于学科本身的桎梏,要具有学科"溢出"效应;二是不局限于国际接轨和理论旅行,注重基础理论建设;三是发现并围绕专业焦点问题展开综合性研究。[2] 中国乡村作为传统的农耕文明的缩影和实例,是中国社会区别于西方发达社会的一个典型代表;在这样的实践语境中发展乡村传播理论,构造中国乡村传播学的基本理念和思路,便不失为传播学本土化的有意义的探索。[3] 但由于乡村社会结构、人群结构和传播环境的差异,国内学界对发源于欧美国家的现代传播学经典理论,如法兰克福学派、传播政治经济学、文化研究等,存在很多片面、脱离历史语境甚至一知半解的引介[4],并没有形成能够用来解释中国乡村传播问题的专门学术话语体系。因此,脚踏实地审视中国乡村社会的独特性,针对中国乡村社会实践的具体现实,创建全新的分析逻辑来研究中国乡村传播问题,将有助于逐步超越由西方社会科学搭建起来的传播学学科理论框架,发展出适合中国"国情"和"乡情"的本土化传播理论。[5]

---

[1] 潇湘:《传播学本土化的选择、现状及未来发展》,《新闻与传播研究》1995年第4期。

[2] 参见王怡红《传播学发展30年历史阶段考察》,《新闻与传播研究》2009年第5期;李彬《中国传播学,掠影三十年》,《新闻春秋》2013年第1期。

[3] 李红艳、谢咏才、谭英:《构建中国乡村传播学的基本思路——传播学本土化的一种探索》,《中国农业大学学报》(社会科学版) 2005年第2期。

[4] 赵月枝、林安芹:《乡村、文化与传播:一种研究范式的转移(上)》,《教育传媒研究》2017年第4期。

[5] 当然,这种本土化的探索不应将理论研究与对策研究相杂糅,也不应刻意谋求与西方理论的差异化,而是首先建立对当地社会生活具有解释力的地方性知识,同时努力将研究成果贡献给国际学术体系。相关讨论另参见刘海龙《从受众研究看"传播学本土化"话语》,《国际新闻界》2008年第7期;翟学伟《社会学本土化是个伪问题吗》,《探索与争鸣》2018年第9期。

第二节　乡村传播结构研究的现实意义

纵观20世纪80年代以来的农村改革和社会变迁，中国村庄正在经历从农业共同体到城乡社区衔接带的大转型，从村庄与市场、国家、城市社会的三重关系来看，它正处在一个十字路口上。[①] 在这样的背景下，审察乡村社会的组织架构和运行秩序，从而判断和影响乡村的未来发展方向，就成为当前需要关注的重要命题。社会科学研究应秉持服务于国家社会发展的学术自觉，时刻检视自身工作对国家社会发展的意义。

本书所开展的乡村传播结构研究以及所采用的社群分析逻辑，首先是回应了中国乡村信息系统的"现代化"问题。现有研究大多认为，大众传播媒介的使用对中国农村居民的现代性有独立的预测作用，互联网、电视在农民的社会流动、文化变迁中充当了由传统向现代转变的"加速器"[②]。但是从本书的研究结果来看，这类观点或许有些过于乐观了。在白马村，空间、宗族、血缘甚至年龄仍然是社会交往和信息交往的主要纽带，这表明了一种显著的"前现代社会"[③]属性。这种属性反映在以传播学为进路的乡村研究中，具体表现为乡村传播格局相对独立于现代信息化社会而自成体系，新媒介的普及也没有改变信息封闭和低质量水平的状况，农民们未能享受到新媒

[①] 毛丹：《村落共同体的当代命运：四个观察维度》，《社会学研究》2010年第1期。
[②] 参见尚妍、彭光芒《大众传媒与农村社会文化变迁》，《理论观察》2006年第3期；张铮、周明洁《媒介使用与中国农村居民的现代性——对湖南浏阳农村的实证研究》，《国际新闻界》2007年第5期；刘锐《电视对西部农村社会流动的影响——基于恩施州石栏村的民族志调查》，《新闻与传播研究》2010年第1期。
[③] [以]艾森斯塔德：《论传统社会、现代社会和后现代社会》，晓良译，《国外社会科学》1991年第12期。

介带来的信息红利,不仅做不到提高个人信息化水平以改善生活状况,更不必说"睁开眼睛看世界"。但是,在"直线矢量的现代时间"①进程中,现代化终将不可避免。乡村传播研究从其人文关怀出发,应当致力于发掘、塑造、传播追求进步的精神信念,以推动农民现代意识的形成,推进乡村地区"传播的现代化"。这种现代化并不是指媒介技术的现代化,后者在全国范围内已然处于紧锣密鼓的推进过程之中,在某些地区甚至已经完成;而是指乡村信息传播结构的现代化,即建立和推进乡村地区和人群以科学、高效的手段和积极、理性的心态来开展信息接触和传播活动的机制。传播结构研究为此提供了一种可行的分析路径。

其次是关于中国乡村社会的"媒介化"问题。中国乡村社会是否已经具备了"媒介化社会"的性质?或者说,大众媒介包括数字媒介在乡村信息传播活动中占据何种地位?从本书的研究结果来看,聚居空间和熟人社会关系依然是中国乡村信息流转的基础结构性要素,地缘和亲缘仍然是农民日常交往的主要联结纽带,大众媒介在社会效果特别是信息化效果方面并没有与它们的普及程度取得同等强大的影响力。因此,"媒介化转向"在西方社会虽然已经发生②,但在中国乡村是否具有现实意义,在目前看来还需要进一步地观察。

最后是乡村的信息传播结构及其社群分析逻辑还关涉乡村民主的实现路径问题。这一问题在20世纪后半叶的西方政治哲学思

---

① 尤西林:《现代性与时间》,《学术月刊》2003年第8期;尤西林:《"现代性"及其相关概念梳理》,《思想战线》2009年第5期。
② Norm Friesen and Theo Hug, "The Mediatic Turn: Exploring Concepts for Media Pedagogy", In: K. Lundby, ed., *Mediatization: Concept, Changes, Consequences*, New York: Peter Lang, 2009, pp. 61–81.

潮中一度形成新自由主义和社群主义两相对峙的局面①，至 90 年代则兴起了协商民主理论，主张以交往理性和对话民主为基础改造交往结构，促成"辩论共识"从而实现公共决策的民主化。② 协商的核心在于公众的理性沟通，这是传播学介入政治民主研究的基本立足点。就乡村民主问题来说，"乡政村治"的村民自治模式没有为村民建立起有效的制度性权益保障机制，现阶段需要构建"乡村民主自治"制度框架，推进协商民主建设。③ 但是就目前的情况看来，这个进程并不能依赖于现代媒介技术的发展。数字化和网络化媒介的即时性传播速度恰恰妨碍了需要审慎地深思熟虑才能实现的协商过程，因此它们事实上反而成为对抗强势民主的一部分。④ 实际情况是，只有回到社群逻辑上来，将村落视为地域共同体和精神共同体的联合⑤，从传播结构分析入手，经过诊断和重建来打造一种"传播一体化的社群"⑥，才能促进乡村民主的有效运转。

总的来看，社群逻辑支撑下的乡村传播结构研究在以上三个方面为当代中国乡村研究提供了思路，并构成了中国乡村研究的一种中层理论。这种中层理论"在帕森斯式的巨型理论与低层命

---

① 俞可平：《社群主义》，东方出版社 2015 年版，第 2—3 页。
② 薛冰：《自由、社群与协商共识——探究公共管理的思想基础》，《江海学刊》2007 年第 2 期。
③ 参见何包钢、王春光《中国乡村协商民主：个案研究》，《社会学研究》2007 年第 3 期；南刚志《中国乡村治理模式的创新：从"乡政村治"到"乡村民主自治"》，《中国行政管理》2011 年第 5 期。
④ [美] 本杰明·巴伯：《强势民主》，彭斌、吴润洲译，吉林人民出版社 2006 年版，第 6—8 页。
⑤ 闫丽娟、孔庆龙：《村庄共同体的终结与乡土重建》，《甘肃社会科学》2017 年第 3 期。
⑥ L. A. Friedland, "Communication, Community, and Democracy: Toward a Theory of the Communicatively Integrated Community", *Communication Research*, Vol. 28, No. 4, 2001, pp. 358 – 391.

题之间建构起具有明确界定的可操作化概念，这些概念构成陈述以说明有限范围的现象之间的协变关系"①。在乡村传播研究中，这种"可操作化概念"具体地指向信息流动、社会交往和知识教化，它们解释了乡村与总体社会之间的关系"如何实践"。相比之下，政治学、经济学、社会学等学科所主张的权力、资本、现代化等分析概念，更多的是探讨这种关系"如何可能"。在未来的乡村研究工作中，这些逻辑方法和操作化概念或将交织在一起被融汇运用。

第三节 不足与展望

本书基于白马村个案，采用民族志研究中的田野工作方法采集分析材料，并据此展开理论探讨。一般来说，单一个案的研究设计（single-case design）要求所使用的个案具备代表性或典型性（representativenessor typicality）②，以此作为推导出一般性结论的必要条件之一。但是，中国国土幅员辽阔，各乡村地区的经济和文化情况均不相同，例如，南方多团结型村庄，北方多分裂型村庄，中部多分散的原子化村庄。③ 不同的社会生活环境和人际交往结构衍生出不同的行为逻辑，从而也表现出差异化的信息接触和媒介使用模式。从这个角度上说，本书的研究结论还需要在未

---

① 杨念群：《导论：东西方思想交汇下的中国社会史研究——一个"问题史"的追溯》，载杨念群编《空间·记忆·社会转型："新社会史"研究论文精选》，上海人民出版社2001年版，第1—74、47—48页。
② Robert K. Yin, *Case Study Research: Design and Methods*, 3rd ed, Thousand Oaks: Sage Publications, 2003, p.41.
③ 贺雪峰：《论中国农村的区域差异——村庄社会结构的视角》，《开放时代》2012年第10期；桂华、贺雪峰：《再论中国农村区域差异——一个农村研究的中层理论建构》，《开放时代》2013年第4期。

来置于更多样化的乡村经验情境下进行进一步的检验。

  本书的另一个不足是缺少对乡村社会现实问题的考察。一些特定的社会公共议题，比如农民外出务工引起的人口流动问题、失去公共生活能力的独居老人问题、经济和社会地位造成的阶层分化问题，甚至性别差异问题等，理论上都有可能不同程度地影响或改变农民的信息接触模式，从而干扰到本书的研究结论。本书没有对这些问题展开讨论的原因，一方面是为保证研究选题的聚焦性而不得不对分析重点有所取舍，另一方面是因为白马村这一个案样本中少有这些方面的经验实例。未来的研究可考虑将这些议题作为影响变量纳入分析当中。

参考文献

［以］艾森斯塔德：《论传统社会、现代社会和后现代社会》，晓良译，《国外社会科学》1991年第12期。

艾四林：《哈贝马斯交往理论评析》，《清华大学学报》（哲学社会科学版）1995年第3期。

［英］安东尼·吉登斯：《社会的构成：结构化理论大纲》，李康、李猛译，生活·读书·新知三联书店1998年版。

［英］安东尼·吉登斯：《现代性的后果》，田禾译，译林出版社2000年版。

敖成兵：《时代变迁背景下的"屏奴"低龄化趋向解析》，《中国青年研究》2015年第1期。

［美］本杰明·巴伯：《强势民主》，彭斌、吴润洲译，吉林人民出版社2006年版。

蔡磊：《清明祭祖与宗族共同体的延续——以鄂东浠水C氏宗族为例》，《学术界》2015年第11期。

蔡骐、常燕荣：《文化与传播——论民族志传播学的理论与方法》，《新闻与传播研究》2002年第2期。

曹海林：《村落公共空间与村庄秩序基础的生成——兼论改革前后乡村社会秩序的演变轨迹》，《人文杂志》2004年第6期。

曹海林：《乡村社会变迁中的村落公共空间——以苏北窑村为例考察村庄秩序重构的一项经验研究》，《中国农村观察》2005年第6期。

曹晋：《传播技术与社会性别：以流移上海的家政钟点女工的手机使用分析为例》，《新闻与传播研究》2009年第1期。

曹晋、庄乾伟：《指尖上的世界——都市学龄前儿童与电子智能产品侵袭的玩乐》，《开放时代》2013年第1期。

曹书乐、何威：《"新受众研究"的学术史坐标及受众理论的多维空间》，《新闻与传播研究》2013年第10期。

车英、袁松、张月盈：《试论新闻传播在乡村治理中的反作用》，《武汉大学学报》（人文科学版）2008年第1期。

陈霖：《城市认同叙事的展演空间——以苏州博物馆新馆为例》，《新闻与传播研究》2016年第8期。

陈卫星：《西方当代传播学学术思想的回顾和展望（上）》，《国外社会科学》1998年第1期。

陈新民、王旭升：《电视的普及与村落"饭市"的衰落——对古坡大坪村的田野调查》，《国际新闻界》2009年第4期。

陈映芳：《传统中国再认识——乡土中国、城镇中国及城乡关系》，《开放时代》2007年第6期。

[英]戴维·莫利：《电视，受众与文化研究》，史安斌译，新华出版社2005年版。

[英]戴维·英格利斯：《文化与日常生活》，张秋月、周雷亚译，中央编译出版社2010年版。

戴宇辰：《走向媒介中心的社会本体论？——对欧洲"媒介化学派"的一个批判性考察》，《新闻与传播研究》2016年第5期。

[英]丹尼斯·麦奎尔、[瑞典]斯文·温德尔：《大众传播模式

论》,祝建华、武伟译,上海译文出版社 1987 年版。

单波:《译者序》,载［英］罗杰·迪金森、拉马斯瓦米·哈里德拉纳斯、奥尔加·林耐编《受众研究读本》,单波译,华夏出版社 2006 年版。

邓正来:《国家与社会:中国市民社会研究》,北京大学出版社 2008 年版。

邓正来:《研究哈耶克法律理论的一个前提性评注》,载［英］哈耶克编《法律、立法与自由第一卷》,邓正来、张守东、李静冰译,中国大百科全书出版社 2000 年版。

狄金华:《中国农村田野研究单位的选择——兼论中国农村研究的分析范式》,《中国农村观察》2009 年第 6 期。

丁未:《流动的家园》,社会科学文献出版社 2014 年版。

丁未、宋晨:《在路上:手机与农民工自主性的获得——以西部双峰村农民工求职经历为个案》,《现代传播》2010 年第 9 期。

丁未、田阡:《流动的家园:新媒介技术与农民工社会关系个案研究》,《新闻与传播研究》2009 年第 1 期。

方慧容:《"无事件境"与生活世界中的"真实"——西村农民土地改革时期社会生活的记忆》,载杨念群编《空间·记忆·社会转型:"新社会史"研究论文精选》,上海人民出版社 2001 年版。

方晓红:《大众传媒与农村》,中华书局 2002 年版。

［德］斐迪南·滕尼斯:《共同体与社会》,林荣远译,商务印书馆 1999 年版。

费爱华:《乡村传播的社会治理功能探析》,《学海》2011 年第 5 期。

费孝通:《费孝通文集》,群言出版社 1999 年版。

费孝通:《江村经济:中国农民的生活》,商务印书馆 2001 年版。

费孝通：《乡土中国》，北京出版社2005年版。

费孝通：《中华文化在新世纪面临的挑战》，《文艺研究》1999年第1期。

风辞远：《大城市离不开的移动互联网，正消散在我们东北小城》，http://dy.163.com/v2/article/detail/DASB6OM90511D8S6.html，2018年12月12日。

[英] 弗里德里希·哈耶克：《法律、立法与自由第一卷》，邓正来、张守东、李静冰译，中国大百科全书出版社2000年版。

复旦大学信息与传播研究中心课题组：《城市传播：重建传播与人的关系》，《新闻与传播研究》2015年第7期。

高红波：《新媒体需求与使用对农民现代化观念影响的实证研究——以河南巩义IPTV农村用户为例》，《新闻与传播研究》2013年第7期。

龚义龙：《维系宗族共同体的硬权力：族谱记忆、祠墓祭拜与宗族通财——对清代民国期间成都及周边地区宗族的研究》，《中华文化论坛》2009年第1卷第1期。

苟天来、左停：《从熟人社会到弱熟人社会：来自皖西山区村落人际交往关系的社会网络分析》，《社会》2009年第29卷第1期。

顾炜程、朱娇娇：《社会转型中农村的传播媒介与观念变迁、交往格局的关系研究——以青浦农村家庭调查为例》，《新闻大学》2007年第2期。

管成云：《农村网吧里的孩子们——基于湖北省藕镇留守儿童互联网使用与社会交往的民族志调查》，《新闻学研究》（台湾）2017年第132期。

桂华：《论村庄社会交往的变化：从闲话谈起》，《中共宁波市委党校学报》2010年第5期。

桂华、贺雪峰：《再论中国农村区域差异——一个农村研究的中层理论建构》，《开放时代》2013年第4期。

郭继强：《"内卷化"概念新理解》，《社会学研究》2007年第3期。

郭建斌：《传媒与乡村社会：中国大陆20年研究的回顾、评价与思考》，《现代传播》2003年第3期。

郭建斌：《独乡电视：现代传媒与少数民族乡村日常生活》，山东人民出版社2005年版。

郭建斌：《民族志方法：一种值得提倡的传播学研究方法》，《新闻大学》2003年第76期。

郭建斌：《在场：民族志视角下的电视观看活动——独乡田野资料的再阐释》，《传播与社会学刊》（香港）2008年第6期。

郭庆光：《传播学教程》第2版，中国人民大学出版社2011年版。

郭于华：《农村现代化过程中的传统亲缘关系》，《社会学研究》1994年第6期。

国家新闻出版广电总局广播电视卫星直播管理中心：《直播卫星服务区域》，http://www.huhutv.com.cn/col/col32/index.html，2018年11月12日。

国家新闻出版广电总局广播电视卫星直播管理中心：《直播卫星公共服务区域划分情况》，http://www.huhutv.com.cn/art/2017/5/9/art_18_3024.html，2018年11月12日。

国家新闻出版广电总局广播电视卫星直播管理中心：《直播卫星公共服务用户发展情况》，http://www.huhutv.com.cn/art/2017/5/4/art_18_2889.html，2018年11月12日。

［德］哈贝马斯：《交往行动理论·第1卷》，洪佩郁、蔺青译，重庆出版社1994年版。

［美］哈罗德·拉斯韦尔:《社会传播的结构与功能》,展江译,中国传媒大学出版社2013年版。

［美］哈罗德·拉斯韦尔:《世界大战中的宣传技巧》,张洁、田青译,中国人民大学出版社2003年版。

何包钢、王春光:《中国乡村协商民主:个案研究》,《社会学研究》2007年第3期。

何雪松:《社会理论的空间转向》,《社会》2006年第26卷第2期。

贺雪峰:《论半熟人社会——理解村委会选举的一个视角》,《政治学研究》2000年第3期。

贺雪峰:《论中国农村的区域差异——村庄社会结构的视角》,《开放时代》2012年第10期。

贺雪峰:《新乡土中国:转型期乡村社会调查笔记》,广西师范大学出版社2003年版。

贺雪峰:《中国农村社会转型及其困境》,《东岳论丛》2006年第2期。

贺雪峰、刘锐:《熟人社会的治理——以贵州湄潭县聚合村调查为例》,《中国农业大学学报》(社会科学版)2009年第26卷第2期。

贺雪峰、仝志辉:《论村庄社会关联——兼论村庄秩序的社会基础》,《中国社会科学》2002年第3期。

［法］亨利·勒斐弗:《空间与政治》第2版,李春译,上海人民出版社2008年版。

侯杰、段文艳:《信仰民俗的历史传承与乡村社会秩序探析——以河北省高碑店市大义店村冰雹会为中心的考察》,《民俗研究》2010年第4期。

胡河宁:《中国组织传播研究源起、脉络与发展》,《新闻与传播研究》2008年第6期。

胡河宁:《组织传播研究的方法与视角》,《新闻与传播研究》2007年第1期。

胡易容:《帕洛阿尔托学派及其"元传播"思想谱系:从神经控制论到符号语用论》,《国际新闻界》2017年第8期。

胡翼青:《人本主义范式的兴起:论传播学的科学革命(上)》,《淮海工学院学报》(人文社会科学版)2008年第6卷第3期。

胡翼青:《人本主义范式的兴起:论传播学的科学革命(下)》,《淮海工学院学报》(人文社会科学版)2008年第6卷第4期。

胡翼青:《重新发现传播学》,《社会科学报》2016年2月25日第5版。

黄光国、胡先缙:《人情与面子:中国人的权力游戏》,中国人民大学出版社2010年版。

黄琼:《对地市党报开发社区新闻的思考》,《新闻与传播研究》2009年第6期。

黄荣贵、张涛甫、桂勇:《抗争信息在互联网上的传播结构及其影响因素——基于业主论坛的经验研究》,《新闻与传播研究》2011年第2期。

黄宗智:《长江三角洲小农家庭与乡村发展》,中华书局1992年版。

黄宗智:《华北的小农经济与社会变迁》,中华书局1986年版。

黄宗智编:《中国乡村研究(第二辑)》,商务印书馆2003年版。

纪程:《话语政治:中国乡村社会变迁中的符号权力运作》,中国社会科学出版社2011年版。

[法]加布里埃尔·塔尔德:《传播与社会影响》,何道宽译,中国人民大学出版社2005年版。

贾茜、蔡雯:《中国社区媒体运行模式及其价值研究》,《当代传播》2015年第1期。

蒋旭峰：《乡村治理中的精英传播及其模式探讨》，《理论探讨》2012年第4期。

金玉萍：《电视实践：一个村庄的民族志研究》，上海交通大学出版社2015年版。

［美］康拉德·科塔克：《远逝的天堂：一个巴西小社区的全球化》，张经纬、向瑛瑛、马丹丹译，北京大学出版社2012年版。

［美］柯克·约翰逊：《电视与乡村社会变迁》，展明辉、张金玺译，中国人民大学出版社2005年版。

［美］克利福德·格尔茨：《文化的解释》，纳日碧力戈等译，上海人民出版社1999年版。

乐国安：《当前中国人际关系研究》，南开大学出版社2002年版。

李彬：《中国传播学，掠影三十年》，《新闻春秋》2013年第1期。

李春霞：《电视与中国彝民生活》，博士学位论文，四川大学，2005年。

李红艳：《乡村传播学》，北京大学出版社2014年版。

李红艳、谢咏才、谭英：《构建中国乡村传播学的基本思路——传播学本土化的一种探索》，《中国农业大学学报》（社会科学版）2005年第2期。

李红艳、左停：《乡村传播意义下的农村发展》，《新闻界》2007年第6期。

李华伟：《乡村公共空间的变迁与民众生活秩序的建构——以豫西李村宗族、庙会与乡村基督教的互动为例》，《民俗研究》2008年第4期。

李金铨：《传播研究的典范与认同》，《书城》2014年第2期。

李良荣：《序》，载方晓红编《大众传媒与农村》，中华书局2002年版。

李良荣：《中国社区媒体：建构社会生活共同体》，《中国报业》2013 年第 6 期。

李苓、李红涛：《媒介素养：考察农民与媒体关系的一种视野》，《新闻界》2005 年第 3 期。

李培林：《巨变：村落的终结——都市里的村庄研究》，《中国社会科学》2002 年第 1 期。

李培林：《译者前言》，载［法］孟德拉斯编《农民的终结》，李培林译，社会科学文献出版社 2005 年版。

李艳红、杨梵：《文化资本，传播赋权与"艺术家"都市空间抗争：对 J 市艺术区拆迁集体维权行动的研究》，《传播与社会学刊》（香港）2013 年第 26 期。

李永萍、杜鹏：《乡村庙会的社会整合功能及其实践特征——基于关中金村庙会的考察》，《湖南农业大学学报》（社会科学版）2016 年第 4 期。

梁漱溟：《乡村建设理论》，上海人民出版社 2006 年版。

林聚任：《论空间的社会性——一个理论议题的探讨》，《开放时代》2015 年第 6 期。

刘海龙：《从受众研究看"传播学本土化"话语》，《国际新闻界》2008 年第 7 期。

刘豪兴：《农村社会学》，中国人民大学出版社 2004 年版。

刘倩：《南街社会》，学林出版社 2004 年版。

刘锐：《电视对西部农村社会流动的影响——基于恩施州石栏村的民族志调查》，《新闻与传播研究》2010 年第 1 期。

刘世定、邱泽奇：《"内卷化"概念辨析》，《社会学研究》2004 年第 5 期。

刘小燕、李慧娟、王敏、赵雨思：《乡村传播基础结构、政治信任与政治参与的实证研究——"政府与乡村居民间的距离"研究报告之二》,《国际新闻界》2014年第7期。

刘彦随、杨忍:《中国县域城镇化的空间特征与形成机理》,《地理学报》2012年第67卷第8期。

刘展、姚君喜:《"媒介场域":乡村传播媒介的分析视域——以东北J村为例》,《西南民族大学学报》(人文社会科学版)2016年第1期。

卢岚兰:《阅听人与日常生活》,五南图书出版公司(台湾)2007年版。

陆学艺:《中国"三农"问题的由来和发展》,《当代中国史研究》2004年第3期。

陆益龙:《后乡土中国》,商务印书馆2017年版。

陆益龙:《后乡土中国的基本问题及其出路》,《社会科学研究》2015年第1期。

罗惠翾:《宗教信仰在乡村回族社区中的功能——以云南沙甸为例》,《西南民族大学学报》(人文社会科学版)2008年第29卷第6期。

罗自文:《媒介社区中的聚众传播:一种传播形态的新范式》,中国社会科学出版社2013年版。

马杰伟、陈韬文、黄煜、萧小穗、冯应谦、叶月瑜、罗文辉:《以"激进处境主义"为利刃的文化研究》,《传播与社会学刊》(香港)2009年第10期。

[德]马克斯·韦伯:《社会学的基本概念》,顾忠华译,广西师范大学出版社2005年版。

[德]马克斯·韦伯:《社会学的基本概念》,胡景北译,上海人民出版社2000年版。

[英] 马林诺斯基：《西太平洋的航海者》，梁永佳、李绍明译，华夏出版社 2001 年版。

马维强、邓宏琴：《信息传播与历史建构：新闻媒介何以参与乡村土改——以晋冀鲁豫〈人民日报〉、〈新华日报〉（太行版）为中心的考察》，《新闻与传播研究》2014 年第 3 期。

蚂蚁虫：《自媒体回乡札记之五线小城 y 市：酷似北京郊区，基础不错唯独欠缺发展机会》，https：//mp. weixin. qq. com/s/B8-Y7Zr8bI7SSUG1K3UwtQ，2018 年 12 月 12 日。

[澳] 迈克尔·豪格、[英] 多米尼克·阿布拉姆斯：《社会认同过程》，高明华译，中国人民大学出版社 2011 年版。

毛丹：《村落共同体的当代命运：四个观察维度》，《社会学研究》2010 年第 1 期。

[法] 孟德拉斯：《农民的终结》，李培林译，社会科学文献出版社 2005 年版。

孟书强：《我国社区报的发展态势及前瞻：2001—2014 年》，《重庆社会科学》2014 年第 12 期。

[法] 米歇尔·福柯：《规训与惩罚》第 4 版，刘北成、杨远婴译，生活·读书·新知三联书店 2012 年版。

[英] 奈吉尔·巴利：《天真的人类学家》，何颖怡译，广西师范大学出版社 2011 年版。

南刚志：《中国乡村治理模式的创新：从"乡政村治"到"乡村民主自治"》，《中国行政管理》2011 年第 5 期。

潘忠党、陆晔：《走向公共：新闻专业主义再出发》，《国际新闻界》2017 年第 10 期。

潘忠党、於红梅：《阈限性与城市空间的潜能——一个重新想象传播的维度》，《开放时代》2015 年第 3 期。

彭大鹏、吴毅：《单向度的农村：转型期乡村社会性质的一项探索》，湖北人民出版社2008年版。

彭兰：《网络新闻传播结构的构建与分析（上）》，《国际新闻界》2003年第1期。

乔同舟：《乡村社会冲突中的利益表达与信息传播研究——兼论大众传媒的角色与作用》，《新闻与传播评论》（辑刊）2010年。

秦广强：《农村人情及人情消费的变迁——鲁西北A村调查》，《青岛农业大学学报》（社会科学版）2006年第18卷第3期。

秦晖：《共同体·社会·大共同体：评滕尼斯〈共同体与社会〉》，《书屋》2000年第2期。

邱泽奇、邵敬：《乡村社会秩序的新格局：三秩并行——以某地"乡土人才职称评定"为例》，《国家行政学院学报》2015年第5期。

全国人大：《中华人民共和国老年人权益保障法》，http：//www.npc.gov.cn/wxzl/gongbao/1996－08/29/content_1479994.htm，2018年11月30日。

［法］让·梅松纳夫：《群体动力学》，殷世才、孙兆通译，商务印书馆1997年版。

沙垚：《从影戏到电视：乡村共同体想象的解构》，《新闻大学》2012年第1期。

沙垚：《民族志传播研究的问题与反思》，《国际新闻界》2018年第6期。

尚妍、彭光芒：《大众传媒与农村社会文化变迁》，《理论观察》2006年第3期。

申端锋：《电视下乡：大众媒介与乡村社会相关性的实证研究》，《华中科技大学学报》（社会科学版）2008年第22卷第6期。

［美］施坚雅：《中国农村的市场和社会结构》，史建云、徐秀丽译，中国社会科学出版社1998年版。

施芸卿：《再造城民：旧城改造与都市运动中的国家与个人》，社会科学文献出版社2015年版。

石蓬勃、白树亮：《网络媒体在新农村建设中的角色》，《新闻爱好者》2009年第9期。

隋岩：《群体传播时代：信息生产方式的变革与影响》，《中国社会科学》2018年第11期。

隋岩、曹飞：《论群体传播时代的莅临》，《北京大学学报》（哲学社会科学版）2012年第49卷第5期。

孙隆基：《中国文化的深层结构》，广西师范大学出版社2004年版。

孙玮：《作为媒介的城市：传播意义再阐释》，《新闻大学》2012年第2期。

孙信茹：《哈尼族村寨手机使用的传播人类学考察》，《传播与社会学刊》（香港）2011年第18期。

孙信茹、杨星星：《"媒介化社会"中的传播与乡村社会变迁》，《国际新闻界》2013年第7期。

谭必友：《古村社会变迁：一个话语群的分析实验》，民族出版社2005年版。

谭华：《关于乡村传播研究中"民族志"方法的一些思考——以一个土家村落的田野工作经验为例》，《湖北民族学院学报》（哲学社会科学版）2006年第24卷第5期。

谭同学：《桥村有道——转型乡村的道德、权力与社会结构》，生活·读书·新知三联书店2010年版。

谭英：《中国乡村传播实证研究》，社会科学文献出版社2007年版。

仝志辉、贺雪峰：《村庄权力结构的三层分析——兼论选举后村级权力的合法性》,《中国社会科学》2002 年第 1 期。

托内拉:《城市公共空间社会学》,《国际城市规划》2009 年第 24 卷第 4 期。

王斌:《社区传播论:新媒体赋权下的居民社区沟通机制》,中国人民大学出版社 2017 年版。

王晨燕:《鲍尔—洛基奇的传播基础结构理论探略》,《现代传播》2008 年第 2 期。

王德福:《做人之道:熟人社会里的自我实现》,商务印书馆 2014 年版。

王红生:《乡场 市场 官场:徐村精英与变动中的世界》,上海辞书出版社 2011 年版。

王会:《闲话的变迁及其功能异化:一个理解村庄社会性质的维度》,《中共宁波市委党校学报》2011 年第 1 期。

王金礼:《元传播:概念、意指与功能》,《新闻与传播研究》2017 年第 2 期。

王开庆、王毅杰:《大礼帐:姻亲的交往图景——以陈村为个案》,《青年研究》2010 年第 5 期。

王立新:《春晚如何?如何春晚?——一种仪式符号学读解》,《西南民族大学学报》(人文社会科学版) 2009 年第 30 卷第 12 期。

王铭铭:《村落视野中的文化与权力》,生活·读书·新知三联书店 1997 年版。

王朔柏、陈意新:《从血缘群到公民化:共和国时代安徽农村宗族变迁研究》,《中国社会科学》2004 年第 1 期。

王小丁:《汉族小农经济与宗族共同体》,《民族学研究》(辑刊) 1991 年。

王怡红:《传播学发展 30 年历史阶段考察》,《新闻与传播研究》

2009 年第 5 期。

王毅杰、袁亚愚：《对建国以来我国乡村家族的探讨》，《开放时代》2001 年第 11 期。

［美］威尔伯·施拉姆、［美］威廉·波特：《传播学概论》第 2 版，何道宽译，中国人民大学出版社 2010 年版。

［美］威廉·怀特：《街角社会：一个意大利人贫民区的社会结构》，黄育馥译，商务印书馆 1994 年版。

韦路、王梦迪：《微博空间的知识生产沟研究：以日本核危机期间中国网民的微博讨论为例》，《传播与社会学刊》（香港）2014 年第 27 期。

魏永征：《关于组织传播》，《新闻大学》1997 年第 3 期。

吴飞：《火塘·教堂·电视：一个少数民族社区的社会传播网络研究》，光明日报出版社 2008 年版。

吴文藻：《现代社区实地研究的意义和功用》，载陈恕、王庆仁编《论社会学中国化》，商务印书馆 2010 年版。

吴予敏：《从"媒介化生存"到"可沟通的城市"——关于城市传播研究及其公共性问题的思考》，《新闻与传播研究》2014 年第 3 期。

夏建中：《社会学的社区主义理论》，《学术交流》2009 年第 8 期。

向家弘：《日常生活·小区营造与社会实践——一个台湾小区工作者的观察》，硕士学位论文，（台湾）国立交通大学社会与文化研究所，2007 年。

项飚：《跨越边界的社区：北京"浙江村"的生活史》，生活·读书·新知三联书店 2000 年版。

萧楼：《夏村社会：中国"江南"农村的日常生活和社会结构（1976—2006）》，生活·读书·新知三联书店 2010 年版。

潇湘：《传播学本土化的选择、现状及未来发展》，《新闻与传播研究》1995年第4期。

谢芳：《美国社区》，中国社会出版社2004年版。

谢静：《传播的社区》，复旦大学出版社2013年版。

谢静：《地点制造：城市居民的空间实践与社区传播——J市"健身坡"的案例解读》，《新闻与传播研究》2013年第2期。

谢咏才、李红艳：《中国乡村传播学》，知识产权出版社2005年版。

薛冰：《自由、社群与协商共识——探究公共管理的思想基础》，《江海学刊》2007年第2期。

薛亚利：《村庄里的闲话：意义、功能和权力》，上海书店出版社2009年版。

闫丽娟、孔庆龙：《村庄共同体的终结与乡土重建》，《甘肃社会科学》2017年第3期。

［美］阎云翔：《差序格局与中国文化的等级观》，《社会学研究》2006年第4期。

［美］阎云翔：《礼物的流动：一个中国村庄中的互惠原则与社会网络》，李放春、刘瑜译，上海人民出版社2000年版。

［美］阎云翔：《私人生活的变革：一个中国村庄里的爱情、家庭与亲密关系》，龚小夏译，上海书店出版社2006年版。

［美］阎云翔：《中国社会的个体化》，陆洋等译，上海译文出版社2012年版。

杨念群：《导论：东西方思想交汇下的中国社会史研究——一个"问题史"的追溯》，载杨念群编《空间·记忆·社会转型："新社会史"研究论文精选》，上海人民出版社2001年版。

杨中芳：《如何理解中国人》，重庆大学出版社2009年版。

姚君喜：《传播结构与社会话语生产》，《当代传播》2009年第6期。

姚君喜：《中国当代社会的传播结构分析》，《上海交通大学学报》（哲学社会科学版）2007 年第 5 期。

［美］伊莱休·卡茨、［美］保罗·拉扎斯菲尔德：《人际影响：个人在大众传播中的作用》，张宁译，中国人民大学出版社 2016 年版。

尤西林：《"现代性"及其相关概念梳理》，《思想战线》2009 年第 5 期。

尤西林：《现代性与时间》，《学术月刊》2003 年第 8 期。

于建嵘：《岳村政治：转型期中国乡村政治结构的变迁》，商务印书馆 2001 年版。

於红梅：《数字媒体时代城市文化消费空间及其公共性——以苏州平江路为例》，《新闻与传播研究》2016 年第 8 期。

俞可平：《当代西方社群主义及其公益政治学评析》，《中国社会科学》1998 年第 3 期。

俞可平：《社群主义》，东方出版社 2015 年版。

喻发胜、张振宇、黄海燕：《从传播到"传联"：一个新概念提出的学理依据、现实背景与理论内涵》，《新闻大学》2017 年第 2 期。

喻国明：《互联网是一种高维媒介》，《南方电视学刊》2015 年第 1 期。

袁靖华：《新型社区媒体：社区传播与公民素养——基于小区业主论坛的田野调查》，《浙江传媒学院学报》2014 年第 3 期。

袁镜身编：《当代中国的乡村建设》，中国社会科学出版社 1987 年版。

袁松、张月盈：《电视与村庄政治——对豫中付村的传播社会学考察》，《新闻与传播评论》2010 年第 1 期。

原永涛：《"去公共性"：青年知识社群的议题偏向——基于水木社区和网易热门话题的考察》，《当代青年研究》2018年第3期。

［美］约翰·斯图尔特编：《沟通之桥：人际传播经典读本》第10版，王怡红、陈方明译，北京大学出版社2017年版。

［澳］约翰·特纳等：《自我归类论》，杨宜音译，中国人民大学出版社2011年版。

翟学伟：《社会学本土化是个伪问题吗》，《探索与争鸣》2018年第9期。

翟学伟：《中国人的关系原理：时空秩序，生活欲念及其流变》，北京大学出版社2011年版。

翟学伟：《中国人际关系的特质——本土的概念及其模式》，《社会学研究》1993年第4期。

翟学伟：《中国社会中的日常权威：概念、个案及其分析》，《浙江学刊》2002年第3期。

［美］詹姆斯·凯瑞：《作为文化的传播》，丁未译，华夏出版社2005年版。

张鹂：《城市里的陌生人：中国流动人口的空间、权力与社会网络的重构》，袁长庚译，江苏人民出版社2014年版。

张梅：《城市网络社区中的权威形成（一）——以A小区网上论坛为个案》，《东南传播》2010年第12期。

张明新、韦路：《知识，态度与乡村社会的家庭互联网采纳》，《传播与社会学刊》（香港）2009年第10期。

张丕万：《电视与柳村的日常生活》，博士学位论文，武汉大学，2011年。

张涛甫：《中部农村地区信息传播与农民观念、交往状况变迁——以安徽六安农村为例》，《西南民族大学学报》（人文社会科学版）2009 年第 8 期。

张小林：《乡村概念辨析》，《地理学报》1998 年第 4 期。

张咏华：《传播基础结构，社区归属感与和谐社会构建——论美国南加州大学大型研究项目〈传媒转型〉及其对我们的启示》，《新闻与传播研究》2005 年第 2 期。

张铮、周明洁：《媒介使用与中国农村居民的现代性——对湖南浏阳农村的实证研究》，《国际新闻界》2007 年第 5 期。

张志安、黄卫：《社区报的定位及经营策略》，《新闻记者》2004 年第 10 期。

赵鹏升：《城村电视传播——大众传媒与乡村的民族志研究》，《安徽农业大学学报》（社会科学版）2012 年第 21 卷第 4 期。

赵星植：《元媒介与元传播：新语境下传播符号学的学理建构》，《现代传播》2018 年第 2 期。

赵月枝：《生态社会主义：乡村视野的历史文化和生态意义》，《天府新论》2015 年第 6 期。

赵月枝、龚伟亮：《乡村主体性与农民文化自信：乡村春晚的启示》，《新闻与传播评论》2018 年第 2 期。

赵月枝、林安芹：《乡村、文化与传播：一种研究范式的转移（上）》，《教育传媒研究》2017 年第 4 期。

折晓叶：《村庄的再造：一个"超级村庄"的社会变迁》，中国社会科学出版社 1997 年版。

折晓叶、陈婴婴：《超级村庄的基本特征及"中间"形态》，《社会学研究》1997 年第 6 期。

中国互联网络信息中心：《2015 年农村互联网发展状况研究报告》，2016 年，http：//www.cnnic.net.cn/hlwfzyj/hlwxzbg/ncbg/201608/t20160829_54453.htm，2019 年 6 月 7 日。

中国互联网络信息中心：《第 42 次中国互联网络发展状况统计报告》，2018 年，http：//www.cnnic.net.cn/hlwfzyj/hlwxzbg/hlwtjbg/201808/t20180820_70488.htm，2019 年 6 月 7 日。

中华人民共和国工业和信息化部：《2018 年 9 月电话用户分省情况》，http：//www.miit.gov.cn/n1146312/n1146904/n1648372/c6446477/content.html，2018 年 11 月 10 日。

中华人民共和国工业和信息化部：《2018 年第 3 季度通信水平分省情况》，http：//www.miit.gov.cn/n1146312/n1146904/n1648372/c6446459/content.html，2018 年 11 月 10 日。

周晓虹：《传统与变迁：江浙农民的社会心理及其近代以来的嬗变》，生活·读书·新知三联书店 1998 年版。

周晓虹：《流动与城市体验对中国农民现代性的影响——北京"浙江村"与温州一个农村社区的考察》，《社会学研究》1998 年第 5 期。

周裕琼、齐发鹏：《策略性框架与框架化机制：乌坎事件中抗争性话语的建构与传播》，《新闻与传播研究》2014 年第 8 期。

朱康对：《宗族文化与乡村社会秩序建构——温州农村宗族问题思考》，《中共浙江省委党校学报》1997 年第 1 期。

朱启臻：《农村社会学》，中国农业大学出版社 2002 年版。

朱晓莹：《"人情"的泛化及其负功能——对苏北一农户人情消费的个案分析》，《社会》2003 年第 9 期。

祝建华：《上海郊区农村传播网络的调查分析》，《复旦学报》（社会科学版）1984 年第 6 期。

Barry Wellman, "The Community Question: The Intimate Networks of East Yorkers", *American Journal of Sociology*, Vol. 84, No. 5, 1979.

Clifford Geertz, *Agricultural Involution: The Process of Ecological Change in Indonesia*, Berkeley: University of California Press, 1963.

Clifford Geertz, "Thick Description: Toward an Interpretive Theory of Culture", In: C. Geertz, ed., *The Interpretation of Cultures*, New York: Basic Books, 1973.

Craig Mcgarty, Ana Maria Bliuc, Emma F. Thomas and Renata Bongiorno, "Collective Action as the Material Expression of Opinion-Based Group Membership", *Journal of Social Issues*, Vol. 65, No. 4, 2009.

David Inglis, *Culture and Everyday Life*, London: Routledge, 2005.

David Morley, *Family Television: Cultural Power and Domestic Leisure*, London: Routledge, 1986.

David Morley, *Television, Audiences and Cultural Studies*, New York: Routledge, 1992.

Denis Mcquail, *Mcquail's Mass Communication Theory*, 6th ed, London: Sage publications, 2010.

Dennis K. Mumby, *Communication and Power in Organizations: Discourse, Ideology, and Domination*, New Jersey: Ablex Publishing Corporation, 1988.

Doreen Massey, *Spatial Divisions of Labour: Social Structures and the Geography of Production*, New York: Routledge, 1995.

D. M. Chavis and A. Wandersman, "Sense of Community in the Urban Environment: A Catalyst for Participation and Community Development", *American Journal of Community Psychology*, Vol. 18, No. 1, 1990.

Edward W. Soja, "The Spatiality of Social Life: Towards a Transformative Retheorisation", In: D. Gregory and J. Urry, eds. *Social Relations and Spatial Structures*, London: Macmillan Education UK, 1985.

Eric S. Knowles, "Spatial Behavior of Individuals and Groups", In: P. B. Paulus, ed., *Psychology of Group Influence*, New Jersey: Lawrence Erlbaum Associates, 1989.

Erving Goffman, *Interaction Ritual: Essays in Face-to-Face Behavior*, New York: Routledge, 1967.

Erving Goffman, *The Presentation of Self in Everyday Life*, New York: Doubleday Anchor Books, 1959.

Erving Goffman, "On Face-Work an Analysis of Ritual Elements in Social Interaction", *Psychiatry*, Vol. 18, No. 3, 1955.

Everett M. Rogers, *Diffusion of Innovations*, 3th ed, New York: Free Press, 1983.

Georg Simmel, "The Metropolis and Mental Life", In: G. Bridge and S. Watson, eds. *The Blackwell City Reader*, Oxford: Wiley-Blackwell, 1903/2002.

George A. Hillery, "Villages, Cities, and Total Institutions", *American Sociological Review*, Vol. 28, No. 5, 1963.

George A. Hillery, "Definitions of Community: Areas of Agreement", *Rural Sociology*, Vol. 20, No. 2, 1955.

Graham Day, *Community and Everyday Life*, New York: Routledge, 2006.

Henri Lefebvre, *The Production of Space*, Malden: Blackwell Publishing, 1991.

Jan Servaes, "Conclusion", In: J. Servaes, ed., *Communication for*

Development and Social Change, London: SAGE Publications, 2008.

John Dewey, *The Public and Its Problems: An Essay in Political Inquiry*, University Park, PA: The Pennsylvania State University Press, 2012.

L. A. Friedland, "Communication, Community, and Democracy: Toward a Theory of the Communicatively Integrated Community", *Communication Research*, Vol. 28, No. 4, 2001.

Manuel Castells, *The Rise of the Network Society*, Malden, Mass.: Blackwell Publishers, 1996.

Margaret Kohn, *Brave New Neighborhoods: The Privatization of Public Space*, London: Routledge, 2004.

Michel Foucalt, "Questions on Geography", In: C. Gordon, ed., *Power-Knowledge: Selected Interviews and Other Writings, 1972 – 1977*, New York: Pantheon Books, 1980.

Mike Crang and Nigel Thrift eds., *Thinking Space*, London: Routledge, 2000.

Norm Friesen and Theo Hug, "The Mediatic Turn: Exploring Concepts for Media Pedagogy", In: K. Lundby, ed., *Mediatization: Concept, Changes, Consequences*, New York: Peter Lang, 2009.

Robert J. Doolittle and Donald Macdonald, "Communication and a Sense of Community in a Metropolitan Neighborhood: A Factor Analytic Examination", *Communication Quarterly*, Vol. 26, No. 3, 1978.

Robert K. Yin, *Case Study Research: Design and Methods*, 3rd ed, Thousand Oaks: Sage Publications, 2003.

Sandra J. Ball-Rokeach, Yong Chan Kim and Sorin Matei, "Storytelling Neighborhood: Paths to Belonging in Diverse Urban Environments", *Communication Research*, Vol. 28, No. 4, 2001.

Stephanie Riger and Paul J. Lavrakas, "Community Ties: Patterns of Attachment and Social Interaction in Urban Neighborhoods", *American Journal of Community Psychology*, Vol. 9, No. 1, 1981.

Thomas R. Lindlof, "Interpretive Community: An Approach to Media and Religion", *Journal of Media and Religion*, Vol. 1, No. 1, 2002.

Todd Gitlin, *The Whole World Is Watching: Mass Media in the Making and Unmaking of the New Left*, University of California Press, 1980.

William A. Gamson, "Reflection on the Strategy of Social Protest", *Sociological Forum*, Vol. 4, No. 3, 1989.

Yong Chan Kim and Sandra J. Ball-Rokeach, "Civic Engagement from a Communication Infrastructure Perspective", *Communication Theory*, Vol. 16, No. 2, 2006.